Ungültig

Schriftenreihe

Rostocker Beiträge zu Controlling und Rechnungswesen

Band 4

Herausgegeben von Prof. Dr. Jürgen Graßhoff

Lehrstuhl für Allgemeine Betriebswirtschaftslehre:
Rechnungswesen, Controlling, Wirtschaftsprüfung

Universität Rostock

ISSN 1437-7802

In der Schriftenreihe werden innovative wissenschaftliche Ergebnisse
zu einem rechnungswesenbasierten Controlling veröffentlicht,
deren Praxisrelevanz und Umsetzbarkeit seitens der Autoren bereits nachgewiesen wurden.

Mark Richter

Controllingkonzeption für öffentliche Verwaltungsbetriebe

Verlag Dr. Kovač

VERLAG DR. KOVAČ

Arnoldstraße 49 · 22763 Hamburg · Tel. 040 - 39 88 80-0 · Fax 040 - 39 88 80-55

Die Deutsche Bibliothek - CIP-Einheitsaufnahme

Richter, Mark:
Controllingkonzeption für öffentliche Verwaltungsbetriebe /
Mark Richter. – Hamburg : Kovač, 2000
(Schriftenreihe Rostocker Beiträge zu Controlling und Rechnungswesen ; Bd. 4)
Zugl.: Rostock, Univ., Diss., 2000

ISSN 1437-7802
ISBN 3-8300-0206-8
© VERLAG DR. KOVAČ in Hamburg 2000

Printed in Germany
Alle Rechte vorbehalten. Nachdruck, fotomechanische Wiedergabe, Aufnahme in Online-Dienste und Internet sowie Vervielfältigung auf Datenträgern wie CD-ROM etc. nur nach schriftlicher Zustimmung des Verlages.

Gedruckt auf säurefreiem, alterungsbeständigem Recyclingpapier „RecyStar",
(Nordic Environmental Label – Blauer Engel – DIN ISO 9706)

Geleitwort

Controlling als ergebniszielorientierte Managementfunktion setzt sich zunehmend auch in Unternehmen durch, deren Tätigkeit nicht gewinnorientiert abläuft. In Zeiten knapper Ressourcen wird ein Kosten-Nutzen-Denken zum unerläßlichen Erfordernis für jede Wirtschaftstätigkeit. Insofern werden auch öffentliche Verwaltungen mit dieser Notwendigkeit konfrontiert.

In den letzten Jahren haben sich verschiedene Autoren mit der Gestaltung des Controlling in ausgewählten öffentlichen Verwaltungsbetrieben beschäftigt. Überwiegend betrafen die Untersuchungen spezielle Teilaspekte des Controlling sowie spezifische Ausprägungen unter differenzierten Anwendungsbedingungen (z.B. Controlling für Universitäten, in Krankenhäusern). Ein komplex abgeleitetes Controllingsystem für die öffentliche Verwaltung, das möglichst universell anwendbar gemacht werden kann, existiert höchstens in Ansätzen.

Der Verfasser stellt sich diesem Anliegen, ein möglichst umfassend nutzbares Controllingkonzept für öffentliche Verwaltungsbetriebe zu entwickeln und seine Nutzungsmöglichkeiten zu belegen.

Dazu behandelt er zunächst Grundlagen der öffentlichen Verwaltung. Darauf aufbauend werden Grundlagen und spezifische Ziele des Verwaltungscontrolling abgeleitet. Für deren Realisierung werden Instrumente, unterschieden nach strategischen und operativen Anforderungen, anwendungsbereit dargestellt. Am Beispiel einer Kassenärztlichen Vereinigung belegt der Verfasser die Nutzungsfähigkeit seines Konzepts.

In einem Problembereich, in dem vieles noch unklar und in seiner Komplexität noch nicht umfassend beherrschbar ist, wird folgerichtig auch das vorliegende Konzept noch Verbesserungsmöglichkeiten aufweisen. Mit Hilfe der Arbeit kann aber die Neueinführung und Ausgestaltung des Controlling in öffentlichen Verwaltungsbetrieben erheblich unterstützt werden.

Rostock, den 31. März 2000   Prof. Dr. Jürgen Graßhoff

Inhaltsverzeichnis

Geleitwort V
Inhaltsverzeichnis VII
Abbildungsverzeichnis XI
Abkürzungsverzeichnis XIII

1   EINLEITUNG 1
   1.1   PROBLEMSTELLUNG 1
   1.2   ZIELSETZUNG UND GANG DER UNTERSUCHUNG 2

2   GRUNDLAGEN ZUR ÖFFENTLICHEN VERWALTUNG 5
   2.1   DER ÖFFENTLICHE VERWALTUNGSBETRIEB 5
       2.1.1   Betriebseigenschaft der öffentlichen Verwaltung 5
       2.1.2   Öffentliche Verwaltungen und Regierung 7
       2.1.3   Öffentliche Verwaltungen und öffentliche Unternehmen 7
       2.1.4   Öffentliche Verwaltungen in der Volkswirtschaftslehre 8
       2.1.5   Öffentliche Verwaltungen in der Verwaltungswissenschaft 9
       2.1.6   Öffentliche Verwaltungen im Verwaltungsrecht 10
       2.1.7   Träger der öffentlichen Verwaltung 12
       2.1.8   Der öffentliche Verwaltungsbetrieb als Gegenstand der Arbeit 13
   2.2   ZIELE UND AUFGABEN ÖFFENTLICHER VERWALTUNGEN 14
       2.2.1   Funktionen von politischen Zielen 14
       2.2.2   Der politische Zielbildungsprozeß 17
       2.2.3   Aufgaben der öffentlichen Verwaltung 19
       2.2.4   Betriebliche Ziele öffentlicher Verwaltungsbetriebe 20
   2.3   DIE ÖFFENTLICHE LEISTUNGSERSTELLUNG 24
       2.3.1   Das Bürokratiemodell 24
       2.3.2   Verfassungsmäßige Grundsätze der öffentlichen Leistungserstellung 25
       2.3.3   Öffentliche Leistungen als Dienstleistungen 27
       2.3.4   Effektivität, Effizienz und Wirtschaftlichkeit des Verwaltungshandelns .. 29

3   STRATEGISCHES CONTROLLING FÜR ÖFFENTLICHE VERWALTUNGSBETRIEBE 32
   3.1   GRUNDLAGEN UND ZIELE DES VERWALTUNGSCONTROLLING 32
       3.1.1   Grundlagen des Verwaltungscontrolling 32
       3.1.2   Direkte Ziele des Verwaltungscontrolling 38
       3.1.3   Indirekte Ziele des Verwaltungscontrolling 39

3.2	**AUFGABEN DES STRATEGISCHEN VERWALTUNGSCONTROLLING**		**41**
	3.2.1	Unterstützung des politischen Zielbildungsprozesses	42
	3.2.2	Unterstützung des strategischen Planungsprozesses des Verwaltungsbetriebes	43
	3.2.3	Umsetzung der strategischen in die operative Planung	48
	3.2.4	Strategische Kontrolle	50
	3.2.5	Gesamtsicht	52
3.3	**INSTRUMENTE DES STRATEGISCHEN VERWALTUNGSCONTROLLING**		**53**
	3.3.1	Ermittlung und Analyse strategischer Erfolgsfaktoren	53
	3.3.2	Strategische Budgetierung	56
	3.3.3	Erfahrungskurvenkonzept	59
	3.3.4	Produktlebenszykluskonzept	61
	3.3.5	Portfolioanalysen	62
	3.3.6	Balanced Scorecard	68
4	**OPERATIVES CONTROLLING FÜR ÖFFENTLICHE VERWALTUNGSBETRIEBE**		**75**
4.1	**AUFGABEN DES OPERATIVEN VERWALTUNGSCONTROLLING**		**75**
	4.1.1	Entscheidungsvorbereitende Informationsversorgung	75
	4.1.2	Unterstützung der operativen Planung und Budgetierung	77
	4.1.3	Operative Kontrolle und Abweichungsanalysen	81
	4.1.4	Gesamtsicht	82
4.2	**INSTRUMENTE DES OPERATIVEN VERWALTUNGSCONTROLLING**		**83**
	4.2.1	Leistungsrechnung	83
		4.2.1.1 Zwecke der Leistungsrechnung	83
		4.2.1.2 Produktbeschreibungen als Informationsträger	85
		4.2.1.3 Messung der Verwaltungsleistungen	89
		4.2.1.4 Bewertung der Verwaltungsleistungen	90
	4.2.2	Kostenrechnung	92
		4.2.2.1 Zwecke der Kostenrechnung	92
		4.2.2.2 Kostenarten- und Kostenstellenrechnung	93
		4.2.2.3 Prozeßorientierte Kostenrechnung	95
	4.2.3	Wirkungsrechnung	99
		4.2.3.1 Zwecke der Wirkungsrechnung	99
		4.2.3.2 Bestimmung und Auswahl von Indikatoren zur Abbildung von Wirkungen	100
		4.2.3.3 Messung der Wirkung des Verwaltungshandelns	104
	4.2.4	Instrumente der Entscheidungsunterstützung	105
	4.2.5	Budgetierung	108
		4.2.5.1 Grundprämissen der Budgetierung	108
		4.2.5.2 Inputorientierte Budgetierung	109
		4.2.5.3 Outputorientierte Budgetierung	111
		4.2.5.4 Budgetierung und Kontraktmanagement	112
	4.2.6	Berichtswesen	115
	4.2.7	Benchmarking	119

5 ORGANISATION UND ZUSAMMENFASSENDE DARSTELLUNG DER KONZEPTION DES VERWALTUNGSCONTROLLING 124

5.1 ORGANISATION DES VERWALTUNGSCONTROLLING 124

5.1.1 Bestimmungsgrößen der Organisation des Verwaltungscontrolling 124
5.1.2 Aufbauorganisatorische Aspekte des Verwaltungscontrolling 127
5.1.3 Ablauforganisatorische Aspekte des Verwaltungscontrolling 130

5.2 ZUSAMMENFASSENDE DARSTELLUNG DER CONTROLLINGKONZEPTION 131

6 AUSGEWÄHLTE ASPEKTE DES CONTROLLINGSYSTEMS FÜR KASSENÄRZTLICHE VEREINIGUNGEN 132

6.1 KASSENÄRZTLICHE VEREINIGUNGEN IM SYSTEM DER GESETZLICHEN KRANKENVERSICHERUNG 132

6.1.1 Die Struktur Kassenärztlicher Vereinigungen 132
6.1.2 Die Aufgaben Kassenärztlicher Vereinigungen 135

6.2 ZIELE DES CONTROLLING IN KASSENÄRZTLICHEN VEREINIGUNGEN 137

6.2.1 Direkte Controllingziele Kassenärztlicher Vereinigungen 137
6.2.2 Indirekte Controllingziele Kassenärztlicher Vereinigungen 138

6.3 STRATEGISCHES CONTROLLING IN KASSENÄRZTLICHEN VEREINIGUNGEN 139

6.3.1 Aufgaben des strategischen Controlling 139
6.3.1.1 Unterstützung des politischen Zielbildungsprozesses 139
6.3.1.2 Unterstützung des strategischen Planungsprozesses Kassenärztlicher Vereinigungen 140
6.3.1.3 Umsetzung der strategischen in die operative Planung und strategische Kontrolle 141

6.3.2 Die Mitgliederbefragung als ein Instrument des strategischen Controlling 142
6.3.2.1 Zwecke der Mitgliederbefragung 142
6.3.2.2 Vorarbeiten und Durchführung 142
6.3.2.3 Analyse der Befragungsergebnisse 145
6.3.2.4 Schlußfolgerungen aus den Befragungsergebnissen 149

6.4 OPERATIVES CONTROLLING IN KASSENÄRZTLICHEN VEREINIGUNGEN 149

6.4.1 Aufgaben des operativen Controlling 150
6.4.1.1 Entscheidungsvorbereitende Informationsversorgung 150
6.4.1.2 Unterstützung der operativen Planung und Budgetierung 150
6.4.1.3 Operative Kontrolle und Abweichungsanalysen 151

6.4.2 Einführung einer prozeßorientierten Leistungs- und Kostenrechnung als ein Instrument des operativen Controlling 152
6.4.2.1 Zwecke der Leistungs- und Kostenrechnung in einer KV 152
6.4.2.2 Produktbeschreibung der Quartalsabrechnung 153
6.4.2.3 Messung und Bewertung der Leistungen 153

7 FAZI UND AUSBLICK 156

8 DISSERTATIONSTHESEN 158

Literaturverzeichnis XV

Abbildungsverzeichnis

Abb. 1   Träger öffentlicher Verwaltungsbetriebe 12
Abb. 2   Funktionen politischer Ziele und Zielformulierung 16
Abb. 3   Ablauf des Politikprozesses 20
Abb. 4   Zielinhalte öffentlicher Verwaltungsbetriebe 21
Abb. 5   Wirtschaftlichkeit des Verwaltungshandelns 30
Abb. 6   Controlling im Führungssystem 33
Abb. 7   Umfang der Controllingaufgaben 35
Abb. 8   Differenzierung der Controllingaufgaben 36
Abb. 9   Struktur des Controlling 37
Abb. 10 Controlling als Koordinationssubsystem der Verwaltungsführung 39
Abb. 11 Wesentliche Ziele des Verwaltungsbetriebes 41
Abb. 12 Planungsprozeß als Teil des Führungsprozesses 44
Abb. 13 Ableitung und Beziehungen von Teilstrategien 47
Abb. 14 Aufgaben des strategischen Controlling öffentlicher Verwaltungsbetriebe 52
Abb. 15 Strategische Erfolgsfaktoren 54
Abb. 16 Budgetierung im Rahmen der Planungsstufen 57
Abb. 17 Strategische Budgetierung für Unternehmen 58
Abb. 18 Strategische Wirksamkeitsrechnung 59
Abb. 19 Ursachen für Kostendegressionseffekte 60
Abb. 20 Beispiel einer auf die strategische Planung öffentlicher Aufgaben ausgerichteten Portfolioanalyse 63
Abb. 21 Spezifität und strategische Bedeutung öffentlicher Leistungen 64
Abb. 22 Notwendigkeit und Wirtschaftlichkeit öffentlicher Leistungserbringung 66
Abb. 23 Strategisches Niveauportfolio 67
Abb. 24 Perspektiven einer Balanced Scorecard nach Kaplan/Norton 69
Abb. 25 Analytische Herleitung der Perspektivenkennzahlen 71

Abb. 26	Balanced Scorecard für öffentliche Verwaltungsbetriebe	73
Abb. 27	Entscheidungssituationen öffentlicher Verwaltungsbetriebe	76
Abb. 28	Abgrenzung zwischen Planung und Budgetierung	77
Abb. 29	Funktionen der Budgetierung	80
Abb. 30	Aufgaben des operativen Controlling öffentlicher Verwaltungsbrtriebe	82
Abb. 31	Zwecke der Leistungsrechnung in öffentlichen Verwaltungsbetrieben	84
Abb. 32	Hierarchien der Produktbildung nach KGSt	86
Abb. 33	Produktbildung als Grundlage von Strukturen und Prozessen	88
Abb. 34	Bewertungsmaßstäbe der Verwaltungsleistungen	92
Abb. 35	Zwecke der Kostenrechnung in öffentlichen Verwaltungsbetrieben	93
Abb. 36	Zwecke der Wirkungsrechnung im öffentlichen Verwaltungsbetrieb	100
Abb. 37	Anforderungen an Indikatoren	101
Abb. 38	Indikatoren für die Beurteilung der Lehrtätigkeit einer Universität	104
Abb. 39	Schrittfolge des Zero-Base-Budgeting	112
Abb. 40	Budgetierung und Kontraktmanagement	114
Abb. 41	Methoden der Informationsbedarfsermittlung	117
Abb. 42	Formen des Benchmarking	120
Abb. 43	Phasen des Benchmarkingprozesses	121
Abb. 44	Bestimmungsgrößen der Organisation des Verwaltungscontrolling	126
Abb. 45	Gesamtsicht der Controllingkonzeption öffentlicher Verwaltungsbetriebe	131
Abb. 46	Kassenärztliche Vereinigungen im System der GKV	135
Abb. 47	Controllingsystem im Führungssystem Kassenärztlicher Vereinigungen	138
Abb. 48	Leitbild und Aufgaben einer KV aus Sicht ihrer Mitglieder	144
Abb. 49	Beurteilung der Quartalsabrechnung aus Sicht der Mitglieder	145
Abb. 50	Befragungsergebnisse Leitbild der KV	146
Abb. 51	Konkretisierung des Leitbildes	147
Abb. 52	Beurteilung der Quartalsabrechnung	148
Abb. 53	Verständlichkeit der Honorarabrechnungen	148
Abb. 54	Kosten der Quartalsabrechnung	154

Abkürzungsverzeichnis

Abb.	Abbildung
AWA	Administrative Wertanalyse
BGB	Bürgerliches Gesetzbuch
BHO	Bundeshaushaltsordnung
DV	Datenverarbeitung
EBM	Einheitlicher Bewertungsmaßstab
GKV	Gesetzliche Krankenversicherung
GO	Gebührenordnung
GWA	Gemeinkostenwertanalyse
HGrG	Haushaltsgrundsätzegesetz
HVM	Honorarverteilungsmaßstab
i.d.R.	in der Regel
i.e.S.	im engeren Sinn
i.w.S.	im weiteren Sinn
KBV	Kassenärztliche Bundesvereinigung
KGSt	Kommunale Gemeinschaftsstelle
KV	Kassenärztliche Vereinigung
LHO	Landeshaushaltsordnung
o.V.	ohne Verfasser
OVA	Overhead-Value-Analysis
PPBS	Planungs-, Programmierungs- und Budgetierungssystem
SGB V	Fünftes Buch des Sozialgesetzbuches
ZBB	Zero-Base-Budgeting

1 Einleitung

1.1 Problemstellung

Fragen der Steuerung öffentlicher Institutionen rücken seit einigen Jahren vermehrt in den Mittelpunkt der öffentlichen und wissenschaftlichen Diskussion. Hauptursache ist die Verschlechterung der finanziellen Lage der öffentlichen Haushalte. Die Einnahmenseite ist dabei vorwiegend vom Steueraufkommen abhängig. Auf der Ausgabenseite wirken sich vor allem die steigende Aufgabenvielfalt und die zunehmende Differenzierung des Leistungsangebotes negativ aus. Das Anspruchsdenken der Bürger nimmt zu. Der Legitimationsdruck der öffentlichen Verwaltung gegenüber der Politik steigt.

Die öffentliche Verwaltung hat auf der einen Seite die richtigen Leistungen in entsprechender Qualität zu erbringen und auf der anderen Seite den Prozeß der Leistungserstellung möglichst effizient zu gestalten. Beide Aspekte zu unterstützen, ist Aufgabe des Controlling öffentlicher Verwaltungsbetriebe.

Ein entscheidendes Problem in der wissenschaftlichen Auseinandersetzung liegt zunächst in der unklaren inhaltlichen Bestimmung des jeweiligen Objektbereiches einer Untersuchung. Vor allem fachgebietsübergreifend ist ein sehr heterogenes Bild des Begriffes der öffentlichen Verwaltung zu konstatieren. Eine Vereinheitlichung ist vonnöten.

Im allgemeinen wird das Konzept des Controlling implizit auf industrielle Fertigungsbetriebe und -prozesse der Privatwirtschaft bezogen. Das Controlling für Dienstleistungsbetriebe und -prozesse ist demgegenüber konzeptionell und methodisch noch nicht so weit entwickelt. In der Regel werden hier Branchenlösungen konzipiert, wie z.B. für Finanzdienstleister, Softwareentwickler und Hotels.[1] Das gleiche gilt für das Controlling öffentlicher Verwaltungen. Der Schwerpunkt der Veröffentlichungen liegt auf Insellösungen für einzelne Bereiche der Kommunalverwaltungen.[2] Eine allgemeingültige und umfassende

---

[1] Vgl. Hossenfelder/ Schreyer (1996), pass.; Baumöl (1999), pass.; Gewald (1999), pass.

[2] Vgl. u.a. Braun/ Bozem (1990), pass.; Brokemper (1997), pass.; Felix (1997), pass.; Postleb (1994), pass.; Reichard (1994), pass.; Reinermann (1984), pass.

Controllingkonzeption für öffentliche Verwaltungsbetriebe findet sich nicht im neueren Schrifttum.[3]

In der Verwaltungspraxis wird das Controlling oft zur Sicherung des vorhandenen Aufgabenbestandes eingesetzt, weil keine aufgabenadäquate Konzeption zugrunde gelegt wird und die Controllingfunktion an ungeeignete Stellen übertragen wird.[4] Eine derartige Konzeption soll einerseits dem aktuellen Entwicklungsstand des Controlling entsprechen und andererseits grundsätzlich für alle öffentlichen Verwaltungsbetriebe Geltung haben. Die spezifischen Merkmale der Zielbildung und der Leistungserstellung in der öffentlichen Verwaltung sollen den Ausgangspunkt und die Beurteilungsmaßstäbe für Konzeptionen des Verwaltungscontrolling bilden. Von besonderer Bedeutung ist die Rolle der Politik im Prozeß der öffentlichen Leistungserstellung.

Um zu praxisrelevanten Aussagen zum Verwaltungscontrolling zu gelangen, sind in Kooperation mit der Verwaltungspraxis als Konkretisierung einer allgemeingültigen Konzeption des Verwaltungscontrolling „Controlling-Musterkonzeptionen"[5] für einzelne Typen von öffentlichen Verwaltungsbetrieben zu erarbeiten.

1.2 Zielsetzung und Gang der Untersuchung

Das Ziel der Arbeit besteht darin, Controlling als Führungsfunktion öffentlicher Verwaltungsbetriebe konzeptionell zu gestalten und anschließend ausgewählte Aspekte für einen konkreten Verwaltungsbetrieb zu spezifizieren. Es erfolgt eine klare Abgrenzung zum politischen Controlling. In dieser Arbeit wird nicht der Frage nachgegangen, ob bestimmte öffentliche Aufgaben von der öffentlichen Verwaltung wahrgenommen werden sollen[6], sondern wie dies geschehen soll. Es wird also von einem bestehenden Aufgabenspektrum eines öffentlichen Verwaltungsbetriebes ausgegangen. Das oberste Ziel des öffentlichen Verwaltungsbetriebes besteht darin, die übernommenen öffentlichen Aufgaben möglichst

---

[3] Die Dissertation von Schmidberger, die einen ersten konzeptionellen Ansatz des Controlling für öffentliche Verwaltungen darstellt, liegt bereits 8 Jahre zurück und basiert auf dem damaligen Erkenntnisstand zum Controlling als Führungsfunktion. Vgl. Schmidberger (1994), pass.

[4] Vgl. Promberger (1995), S. 16 f.

[5] Vgl. Lüder (1993), S. 271.

[6] Hierzu vgl. Eichhorn/Noll (1983), pass.; Naschold (1995), S. 41 ff.; Naschold (1994), S. 380 ff. und S. 391 ff.; Picot/Wolff (1994), S. 61 ff.

effektiv und effizient zu erfüllen.[7] Ausdrücklich geht es nicht um die Neugestaltung des politisch-administrativen Systems oder die Entwicklung neuer Managementkonzepte für öffentliche Verwaltungen. Statt dessen wird untersucht, wie das Controlling als Funktion der Führung öffentlicher Verwaltungsbetriebe unter den gegenwärtigen Rahmenbedingungen zu gestalten ist, bzw. wie es bei der (realistischen) Modernisierung der öffentlichen Verwaltung mitwirken kann.

Besonderer Wert wird demzufolge innerhalb der Grundlagen zur öffentlichen Verwaltung auf die Rahmenbedingungen für die Steuerung der öffentlichen Verwaltungsbetriebe gelegt. Nach einer eingehenden Diskussion und Abgrenzung des öffentlichen Verwaltungsbetriebes als Untersuchungsobjekt werden die Bedeutung und die Funktionen von Zielen im politisch-administrativen System erörtert. Es wird herausgearbeitet, daß Politik und Verwaltungsführung gemeinsam die Planung politischer Ziele und die Ableitung der betrieblichen Leistungsziele des Verwaltungsbetriebes betreiben müssen. Außerdem werden die verfassungsrechtlichen Grundsätze des Verwaltungshandelns und das Bürokratiemodell als Rahmenbedingungen in wesentlichen Punkten dargestellt. Schließlich wird herausgearbeitet, daß in öffentlichen Verwaltungsbetrieben vorrangig Sachziele verfolgt werden. Alle darzustellenden Rahmenbedingungen sind auch als Rahmen für die Konzeption des Controlling öffentlicher Verwaltungsbetriebe anzusehen.

Da die Auffassungen zur Abgrenzung des Controlling (in der Privatwirtschaft) sowohl in der wissenschaftlichen Diskussion als auch in der Praxis in einigen Fragen auseinander gehen, wird zunächst das vom Verfasser vertretene Controllingverständnis dargelegt. Darauf aufbauend wird eine Controllingkonzeption in Form konkreter Aussagen zu Zielen, Aufgaben, Instrumenten und Organisation des Controlling öffentlicher Verwaltungsbetriebe entwickelt. Es erfolgt eine differenzierte Behandlung von strategischem und operativem Verwaltungscontrolling. Die Aussagen zu den jeweiligen Instrumenten betreffen hauptsächlich die Einsatzfähigkeit und den Nutzen und weniger deren detaillierte Beschreibung.

Die Controllingkonzeption muß zwangsläufig so allgemein gehalten sein, daß sie das breite Spektrum öffentlicher Verwaltungsbetriebe abdeckt. Eine zusammenfassende Darstellung der

---

[7] Wenn von vorgegebenen öffentlichen Aufgaben ausgegangen wird, dann wird auch von Verwaltungseffizienz als Ziel des Verwaltungshandelns gesprochen. Werden die öffentlichen Aufgaben selbst in die Betrachtung einbezogen, entsteht eine „höhere" Form der Effizienz, die auch als Politikeffizienz bezeichnet wird. Vgl. hierzu ausführlich Kohn (1978), pass.

Konzeption erfolgt im Zusammenhang mit der Behandlung der Organisation des Verwaltungscontrolling.

Um zu praxisrelevanten Aussagen zu gelangen, ist die Controllingkonzeption auf niedriger Abstraktionsebene für einen konkreten Typ öffentlicher Verwaltungsbetriebe zu spezifizieren. Dies erfolgt am Beispiel von Kassenärztlichen Vereinigungen als eine konkrete Form der Personalkörperschaften. Die Darstellung folgt der Systematik der vorher entwickelten allgemeinen Controllingkonzeption. Dadurch wird die Struktur des Controlling öffentlicher Verwaltungsbetriebe für ausgewählte Aspekte exemplarisch veranschaulicht. Schwerpunktmäßig wird die enge Verbindung von strategischem und operativem Controlling thematisiert.

2 Grundlagen zur öffentlichen Verwaltung

2.1 Der öffentliche Verwaltungsbetrieb

Der Begriff der öffentlichen Verwaltung umfaßt eine Vielzahl von Tätigkeiten und Institutionen. Je nach Wissenschaftsdisziplin und konkreter Problemsicht werden unterschiedliche Definitionen für die öffentliche Verwaltung entwickelt, so daß bis heute noch keine allgemein anerkannte Definition für den Objektbereich der öffentlichen Verwaltung existiert.[8]

Darum werden im Anschluß an die Erörterung der Betriebseigenschaften der öffentlichen Verwaltung verschiedene Erklärungsansätze unterschiedlicher Wissenschaftsdisziplinen und Autoren diskutiert, um daraus die relevanten Merkmale für die nachfolgende Themenbearbeitung ableiten zu können.

2.1.1 Betriebseigenschaft der öffentlichen Verwaltung

Öffentliche Verwaltungen treffen Dispositionen über Güter und Dienstleistungen zur Erreichung öffentlicher Ziele unter Wahrung des finanziellen Gleichgewichts. Ihr Handeln unterliegt dem Wirtschaftlichkeitsprinzip, wobei hier nicht dessen Postulierung in Verwaltungsvorschriften[9] im Vordergrund steht, sondern die Notwendigkeit wirtschaftlichen Handelns aufgrund begrenzter Mittel. Damit besitzen Einrichtungen der öffentlichen Verwaltung die Eigenschaften des Betriebes[10] als Erkenntnisobjekt der Betriebswirtschaftslehre.[11]

---

[8] Chmielewicz plädiert für eine an den betrieblichen Funktionen ausgerichtete, baukastenartig gestaltete Betriebswirtschaftslehre, die sich dann weitgehend auf die öffentliche Verwaltung übertragen ließe. Der entscheidende Vorteil liegt darin, daß „Übergangsfälle nicht mehr gewaltsam in eine der drei Kategorien (öffentliche Verwaltung, öffentliche Unternehmung, private Unternehmung – Anm. d. Verf.) gezwängt werden müssen". Vgl. Chmielewicz (1971), pass. Dies führt jedoch dazu, daß immer nur ein ganz konkreter Betrieb mit seinen individuellen Merkmalsausprägungen untersucht werden kann. Verallgemeinernde Aussagen sind somit kaum herzuleiten.

[9] Vgl. z.B. § 6 Abs. 1 HGrG, § 7 Abs. 1 BHO, § 7 Abs. 1 NW LHO, § 62 NW GO.

[10] Die Charakterisierung des Betriebes aufgrund der drei Merkmale: Kombination von Produktionsfaktoren, Handeln nach dem Wirtschaftlichkeitsprinzip und Streben nach finanziellem Gleichgewicht gehen auf Gutenberg zurück. Vgl. Gutenberg (1983), S. 457 ff.

[11] Vgl. u.a. Eichhorn (1976a), S. 16 ff.; Kosiol (1961), S. 130; Braun (1988), S. 30 ff.; Schauer (1984), S. 27 ff.

Der finanzielle Bereich des Betriebstyps[12] öffentliche Verwaltung wird als öffentlicher Haushalt bezeichnet.[13]

Die Wahrung des finanziellen Gleichgewichts trifft eigentlich nur für solche Institutionen der öffentlichen Verwaltung zu, die einen eigenen Wirtschaftsplan aufstellen. Institutionen, die nur mit ihrem finanziellen Saldo in den Haushalt einer übergeordneten öffentlichen Verwaltung eingehen, müßten demzufolge als eigenständiges Untersuchungsobjekt der Betriebswirtschaftslehre ausscheiden. Da auch hier zumindest die Forderung nach der Einhaltung dieses Prinzips zu erheben ist, scheint es notwendig, den Betriebsbegriff weiter zu fassen, als es eine enge Auslegung der Merkmale des Betriebes nach Gutenberg zulassen würde. Insofern sind auch einzelne Behörden und Ämter zu den betrieblichen Einrichtungen der öffentlichen Verwaltung zu zählen.

Für die Konzeption des Controlling wird nachfolgend nur noch der öffentliche Verwaltungsbetrieb und „nicht die gesamte öffentliche Verwaltung als konzernähnlich verflochtenes Mehrbetriebssystem" betrachtet.[14] Als öffentlicher Verwaltungsbetrieb kann „eine einzelne Leistungseinheit der öffentlichen Verwaltung:

- mit einem relativ einheitlichen und eigenständigen Zielsystem,
- mit hinreichender organisatorischer Selbständigkeit,
- mit entsprechender Ressourcenausstattung (Personal, Räume, Sachmittel),
- in der auf Dauer betriebliche Leistungsprozesse vollzogen werden,

angesehen werden."[15]

Die Grenzen zwischen den einzelnen Verwaltungsbetrieben sind jedoch aufgrund der gegenseitigen Verflechtungen und Abhängigkeiten unscharf.[16] Die Abgrenzungen sind jeweils im Einzelfall unter Beachtung der wahrzunehmenden Aufgaben und der organisatorischen Struktur zu treffen.

---

[12] Zur Systematik der verschiedenen Betriebstypen von Einrichtungen der öffentlichen Verwaltung vgl. u.a. Braun (1988), S. 30 ff. und Lüder (1982), S. 539 ff.

[13] Vgl. Eichhorn (1971), S. 619.

[14] Vgl. Chmielewicz (1971), S. 583.

[15] Vgl. Reichard (1987), S. 18 f.

[16] Vgl. Reichard (1987), S. 19.

Aufgrund gesetzlicher Beschränkungen oder der Möglichkeit, mit Hilfe staatlicher Alimentation Wettbewerber vom Markt zu verdrängen bzw. deren Marktzutritt zu verhindern, besitzen öffentliche Verwaltungen häufig eine Monopolstellung innerhalb eines bestimmten Gebietes.[17]

Öffentliche Verwaltungen sind keine reinen Konsumtionswirtschaften, sondern agieren als Nachfrager und Anbieter, als Produzenten und Konsumenten.[18]

2.1.2 Öffentliche Verwaltungen und Regierung

Häufig wird keine klare Trennung zwischen Regierung und Verwaltung vorgenommen. Die Regierung übernimmt eine Doppelfunktion. Sie ist Teil der gesetzgebenden Gewalt in Verbindung mit dem Parlament und gleichzeitig übernimmt sie die Führung der ministeriellen Verwaltung. Die Regierung ist gekennzeichnet durch eine eher freie und leitende Tätigkeit und die Verwaltung überwiegend durch eine stärker rechtlich gebundene und vollziehende Tätigkeit. Während die Verwaltung bei allen Handlungen streng an rechtliche Regelungen gebunden ist, betrifft die Tätigkeit der Regierung hauptsächlich politische Fragen, die weniger rechtlich zu fassen sind.[19]

Aufgrund dieses Unterschiedes in der Regelgebundenheit wird die Regierung nachfolgend der politischen Ebene und nicht der öffentlichen Verwaltung zugeordnet.

2.1.3 Öffentliche Verwaltungen und öffentliche Unternehmen

Öffentliche Verwaltungsbetriebe sind von öffentlichen Unternehmen abzugrenzen. Öffentliche Unternehmen sind selbständige Wirtschaftssubjekte, die eigenverantwortlich und gegen Entgelt Fremdbedarf decken und überwiegend in öffentlichem Eigentum stehen.[20] Sie handeln gemeinwirtschaftlich und erstellen Leistungen mit marktwirtschaftlichem Charakter.[21] Der wesentliche Unterschied zu öffentlichen Verwaltungsbetrieben besteht darin,

---

[17] Vgl. Brümmerhoff (1996), S. 119; Chmielewicz (1971), S. 590.

[18] Vgl. Eichhorn (1979), Sp. 2148.

[19] Vgl. Mattern (1994), S. 35 ff.

[20] Vgl. Strunz (1990), S. 169. Die prozentuale Höhe der öffentlichen Beteiligung wird i.d.R. mit mindestens 50 % angegeben. Da bei bestimmten Rechtsformen jedoch schon bei 25 %iger Beteiligung ein maßgeblicher Einfluß auf Unternehmensentscheidungen vorliegen kann, kann auch schon bei diesem Anteil von einem öffentlichen Unternehmen gesprochen werden. Vgl. Reichard (1987), S. 16 ff.

[21] Vgl. Reichard (1987), S. 16.

daß öffentliche Unternehmen sich überwiegend durch Leistungsentgelte über den Markt finanzieren.

Öffentliche Unternehmen wiederum sind von Unternehmen der Privatwirtschaft vorrangig dadurch abzugrenzen, daß sie öffentliche bzw. gemeinwirtschaftliche Leistungsaufgaben wahrnehmen und vorrangig Sachziele[22] verfolgen[23] und weniger durch die andersartigen Eigentumsverhältnisse[24]. Da sich die Eigentumsverhältnisse nicht als ausschlaggebendes Abgrenzungskriterium eignen, unterscheiden sich öffentliche Verwaltungen und öffentliche Unternehmen von privaten Unternehmungen vorrangig durch ihre Sachzieldominanz.[25] Öffentliche und private Unternehmen werden aus der weiteren Betrachtung ausgeklammert.

2.1.4 Öffentliche Verwaltungen in der Volkswirtschaftslehre

Die Volkswirtschaftslehre beschäftigt sich mit der öffentlichen Verwaltung vornehmlich aus Sicht der Finanzwissenschaft. Im Vordergrund stehen Fragen der Finanzierung des staatlichen Handelns. In der finanzwissenschaftlichen Literatur wird zumeist nicht die öffentliche Verwaltung, sondern der Staat definiert als die Gesamtheit aller Gebietskörperschaften (Bund, Länder, Gemeinden) und der Sozialversicherung. Nicht zum Staat werden die öffentlichen Unternehmen (Eigenbetriebe, Sondervermögen, Betriebe mit unternehmerischer Aufgabenstellung) und die rechtlich selbständigen Stiftungen gezählt.[26] Zusätzlich wird auch die Europäische Union als weitere Ebene zum Staat gerechnet.[27]

In der Finanzwissenschaft besteht jedoch keine Einigkeit über den exakten Inhalt des Begriffes. Entscheidend sollten, genauso wie bei betriebswirtschaftlichen Untersuchungen, ökonomische Kriterien sein, wobei auch hier jeder Abgrenzungsansatz unvollkommen bleiben muß.[28] Für die betriebswirtschaftliche Auseinandersetzung mit der öffentlichen Verwaltung sind die volkswirtschaftlichen Abgrenzungen wenig geeignet.

---

[22] Das betriebliche Sachziel bezieht sich auf Art, Menge und Zeitpunkt der abzusetzenden Leistung. Vgl. Kosiol (1972), S. 223. Vgl. ausführlich Abschnitt 2.2.4.

[23] Vgl. Haeseler (1976), S. 12; Strebel (1978), S. 69.

[24] Vgl. Oettle/ Thiemeyer (1969), S. 5 f.; Oettle (1966), S. 246.

[25] Zu einer Gegenüberstellung der Merkmale von privaten Unternehmungen und öffentlichen Unternehmen und Verwaltungsbetrieben vgl. Chmielewicz (1971), pass.

[26] Statistisches Jahrbuch, 1998, S. 648; Brümmerhoff (1996), S. 9 ff.

[27] Vgl. Rosen (1992), S. 32 f.

[28] Vgl. Brümmerhoff (1996), S. 2 ff.

2.1.5 Öffentliche Verwaltungen in der Verwaltungswissenschaft

Aus verwaltungswissenschaftlicher Sicht wird eine Dreiteilung in die Bereiche Markt, Staat und Dritter Sektor[29] vorgenommen. „Institutionen des Dritten Sektors sind [...] idealtypisch (teil-)autonome Nonprofit-Organisationen mit eher informalen, mitgliedschaftlichen, voluntaristischen Strukturen, einer deutlichen Solidaritätshaltung und direkten, reziproken Tauschbeziehungen."[30] Diesen Idealtypus kann man sich im Zentrum eines Raumes zwischen Markt und Staat vorstellen.[31] Zu den Rändern hin gibt es Organisationen, die nicht alle Merkmale erfüllen und deshalb eher zum Markt oder zum Staat hin tendieren.

Der Teilbereich, der dem staatlichen Sektor am nächsten ist, umfaßt diejenigen Organisationen:[32]

- die sich in öffentlicher Trägerschaft befinden,
- losgelöst von der unmittelbaren Staatsverwaltung sind und
- kein ausgeprägtes marktliches Engagement aufweisen.

Als Unterscheidungsmerkmal dient also eine eher vage formulierte Teilautonomie. Aufgrund dessen ist dieser Teilbereich des Dritten Sektors problemlos unter die öffentlichen Verwaltungsbetriebe zu subsumieren, wie sie oben beschrieben sind. Auf die restlichen staatsferneren Teilbereiche des Dritten Sektors wird hier nicht weiter eingegangen, da sie für die vorliegende Arbeit nicht relevant sind.

Eine ähnliche Einteilung findet sich bei Strunz. Er nimmt eine Trennung zwischen der öffentlichen Verwaltung, den Verbänden und öffentlichen Unternehmen vor.[33] Verbände sind hier inhaltlich ähnlich charakterisiert wie die Institutionen des Dritten Sektors. Als entscheidendes Abgrenzungskriterium von der öffentlichen Verwaltung wird die relative Autonomie der Verbände bei der Zielbildung angeführt. Ein weiterer Unterschied wird in der Finanzierung der Verbände aus Mitgliedsbeiträgen gegenüber der (überwiegenden)

---

[29] Auch hierfür gibt es eine Fülle von Begriffen zur Kennzeichnung des Sektors, die jedoch nicht überschneidungsfrei sind und zum Teil unterschiedliche Inhalte haben.

[30] Vgl. Reichard (1988), S. 364.

[31] Vgl. Reichard (1988), S. 365. Reichard spricht allerdings von drei Polen, zwischen denen der dritte Sektor angesiedelt ist. Zusätzlich zu Markt und Staat nennt er die Familie als Ausdruck eines hohen Selbstversorgungsgrades. Dies ist für die Abgrenzung des öffentlichen Verwaltungsbetriebes nicht bedeutend, und wird deshalb nicht betrachtet. Vgl. außerdem Reese (1988), pass.

[32] Vgl. Reichard (1988), S. 365 ff.

[33] Vgl. Strunz (1993), S. 168.

Steuerfinanzierung der Gebietskörperschaften gesehen. Da die Höhe des Beitrages bei den Verbänden jedoch überwiegend unabhängig von der Leistungsabnahme des einzelnen Mitgliedes bemessen wird, besteht Ähnlichkeit mit der Steuerfinanzierung der Gebietskörperschaften. Somit kann dieses Unterscheidungsmerkmal nicht als zwingend angesehen werden.

Auch Strunz stellt fest, daß die Eigentumsverhältnisse als Kriterium zur Unterscheidung von Organisationen tendenziell an Bedeutung verlieren. Statt dessen stellen Richtung und Inhalt der verfolgten Zielsetzung ein aussagefähiges Abgrenzungskriterium von Wirtschaftssubjekten und Organisationsformen dar.[34]

Im folgenden werden die Verbände mit öffentlicher Trägerschaft[35] den öffentlichen Verwaltungsbetrieben zugeordnet, wenn:

- ihre Aufgaben überwiegend aus politischen Zielsetzungen abgeleitet sind bzw. aufgrund gesetzlicher Bestimmungen zustande kommen,
- ihre Tätigkeit von einer übergeordneten Behörde kontrolliert wird und
- die erbrachten Leistungen als marktfern zu charakterisieren sind.

Eine weitere Kategorie von Organisationen, die in der Verwaltungswissenschaft im Zusammenhang mit der öffentlichen Verwaltung diskutiert wird, sind die sogenannten Para-Government Organizations. Hiermit sind verschiedene Organisationsformen gemeint, die zwar außerhalb der unmittelbaren Staatsverwaltung handeln, aber noch zum Staatssektor zählen oder zumindest öffentliche Aufgaben wahrnehmen.[36] Die definitorische Abgrenzung dieser Organisationen ist ähnlich uneinheitlich wie die des Dritten Sektors und hilft deshalb für betriebswirtschaftliche Untersuchungen nicht weiter.

2.1.6 Öffentliche Verwaltungen im Verwaltungsrecht

Im funktionellen Sinn wird vor allem in der älteren rechts- und verwaltungswissenschaftlichen Literatur der Begriff allgemein negativ abgegrenzt. Basierend auf der Unterscheidung staatlicher Gewalt in gesetzgebende und ausführende Gewalt sowie Rechtsprechung, wird die öffentliche Verwaltung als die Tätigkeit des Staates oder sonstiger

---

[34] Vgl. Strunz (1993), S. 175.

[35] Zu den Trägern öffentlicher Verwaltungsbetriebe vgl. Abschnitt 2.1.7.

[36] Vgl. Hood/ Schuppert (1988), pass.; Reichard (1990), pass.

Träger öffentlicher Gewalt zur Erreichung staatlicher Ziele außerhalb von Rechtsetzung und Rechtsprechung verstanden. Aus institutioneller Sicht wird die öffentliche Verwaltung, ausgehend von den sie tragenden Institutionen, als öffentliche Gewalt verstanden, die weder von gesetzgebenden noch richterlichen Organen ausgeübt wird.[37]

Da diese Negativabgrenzung nicht befriedigen kann, wurde auch hier versucht, eine positive Begriffsbestimmung vorzunehmen. In der heutigen verwaltungsrechtlichen Literatur werden alle Institutionen öffentlich-rechtlich organisierter Träger zur öffentlichen Verwaltung im *institutionellen Sinn* gerechnet, die überwiegend Verwaltungsaufgaben im funktionellen Sinn wahrnehmen.[38] Hierzu zählen neben der unmittelbaren Staatsverwaltung (sämtliche Behörden des Bundes und der Länder) auch die Träger der mittelbaren Staatsverwaltung, d.h. rechtsfähige Körperschaften, Anstalten und Stiftungen des öffentlichen Rechts. Es wird von mittelbarer Staatsverwaltung gesprochen, wenn öffentliche Aufgaben nicht von Behörden des Bundes oder der Länder erledigt werden (unmittelbare Staatsverwaltung), sondern an andere, selbständige, vom Staat getrennte juristische Personen des öffentlichen Rechts übertragen werden. Ein bedeutendes Beispiel ist die kommunale Selbstverwaltung der Gemeinden. Öffentliche Unternehmen und Beliehene[39] zählen nicht zur mittelbaren Staatsverwaltung im institutionellen Sinn.[40]

Die öffentliche Verwaltung im *funktionellen Sinne* ist dadurch gekennzeichnet, daß:[41]

- ihre Tätigkeit durch Gesetz oder Regierung fremdbestimmt ist und
- Angelegenheiten in fremdem (öffentlichem) Interesse
- von eigens dafür eingerichteten Organen wahrgenommen und durchgesetzt werden.

Entscheidende Merkmale der öffentlichen Verwaltung aus verwaltungsrechtlicher Sicht sind also die Erfüllung öffentlicher Aufgaben und die öffentlich-rechtliche Trägerschaft.

---

[37] Vgl. Suplie/ Finke/ Sundermann/ Vahle (1987), S. 23.

[38] Vgl. Huber, P. (1997), S. 10. Huber verwendet statt institutionell und funktionell die Begriffe formell und materiell.

[39] Beliehene sind natürliche oder juristische Personen des Privatrechts, denen öffentliche Aufgaben übertragen werden, welche sie in eigenem Namen wahrnehmen. Vgl. Huber, P. (1997), S. 162.

[40] Vgl. Huber, P. (1997), S. 10 f.

[41] Vgl. Huber, P. (1997), S. 11 f.

2.1.7 Träger der öffentlichen Verwaltung

Die Systematisierung der öffentlichen Verwaltung nach ihren Trägern soll zusammen mit den bereits beschriebenen Merkmalen die Anschaulichkeit des öffentlichen Verwaltungsbetriebes erhöhen.

Träger der öffentlichen Verwaltung sind juristische Personen mit eigener Rechtspersönlichkeit, deren Verfassungsgrundlage das öffentliche Recht ist. Sie werden nach § 89 BGB entsprechend der Abb. 1 unterschieden in:[42]

- Stiftungen,
- Anstalten und
- Körperschaften.

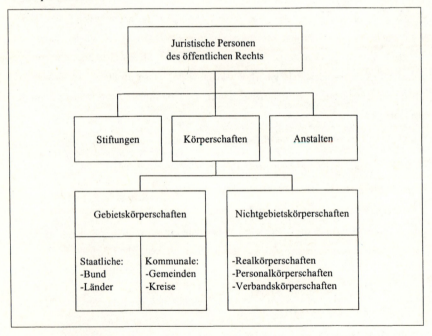

Abb. 1 Träger öffentlicher Verwaltungsbetriebe

---

[42] Vgl. ausführlich zu Stiftungen Flämig (1989), pass.; zu Anstalten Rüfner (1989), pass. und zu Körperschaften Arnim (1989), pass.

Stiftungen sind Vermögensmassen, die einem als gemeinnützig anerkannten Zweck gewidmet sind. *Anstalten* sind Verwaltungseinrichtungen, die von anderen juristischen Personen des öffentlichen Rechts zur Erfüllung öffentlicher Aufgaben errichtet werden. Körperschaften sind zu unterteilen in Gebiets- und Nichtgebietskörperschaften.

Die *Gebietskörperschaften* des Bundes, der Länder und Gemeinden erfassen alle Personen ihres Gebietes. Neben einer allgemeinen Aufgabenzuständigkeit besitzen sie die Gebietshoheit, d.h. die Gewalt, über alle Personen und Sachen ihres Gebietes hoheitlich zu bestimmen, sowie eine unmittelbar gewählte Vertretung, z.B. in Form des Bundestages, der Landtage, der Kreistage und Gemeinderäte.

Die *Nichtgebietskörperschaften*, deren Existenz häufig auf Bundes- oder Landesgesetze gegründet ist, besitzen im Gegensatz zu den Gebietskörperschaften Einzelzuständigkeiten für eine eingeschränkte Anzahl von Mitgliedern und eine mittelbar gewählte Vertretung. Nach der Art ihrer Mitglieder, deren Mitgliedschaft freiwillig oder erzwungen ist, sind:

- Realkörperschaften (Grundstückseigentümer, Eigentümer bestimmter Gewerbebetriebe),
- Personalkörperschaften (Zugehörigkeit zu bestimmten Berufsgruppen oder andere persönliche Eigenschaften) und
- Verbandskörperschaften (juristische Personen) zu unterscheiden.

Nichtgebietskörperschaften sind relativ selbständige Verwaltungsträger, die ihre Aufgaben in eigener Verantwortung unter staatlicher Aufsicht wahrnehmen. Diese Form der weisungsfrei besorgten Verwaltung im eigenen Wirkungskreis wird Selbstverwaltung genannt.[43]

Die Träger öffentlicher Verwaltungsbetriebe sind für die Bereitstellung der personellen, finanziellen und materiellen Mittel verantwortlich, die für die Erfüllung der öffentlichen Aufgaben notwendig sind.

2.1.8 Der öffentliche Verwaltungsbetrieb als Gegenstand der Arbeit

Aufgrund der Heterogenität der öffentlichen Verwaltung ist eine umfassende und eindeutige Definition nicht möglich.

Aus den dargestellten Abgrenzungs- und Definitionsversuchen aus unterschiedlichen Wissenschaftsdisziplinen wird folgende Beschreibung des öffentlichen Verwaltungsbetriebes abgeleitet.

---

[43] Vgl. u.a. Arnim (1989), Sp. 777; Schauer (1984), S. 79.

Öffentliche Verwaltungsbetriebe sind Institutionen:

- die nicht zu Gesetzgebung, Rechtsprechung oder Regierung gehören,
- überwiegend öffentliche Aufgaben wahrnehmen,
- kaum marktorientiert und nicht erwerbsorientiert handeln,
- in öffentlich-rechtlicher Trägerschaft stehen,
- deren Tätigkeit überwiegend durch Gesetz oder Regierung fremdbestimmt ist,
- die organisatorisch hinreichend selbständig sind und
- in denen auf Dauer betriebliche Leistungsprozesse vollzogen werden.

2.2 Ziele und Aufgaben öffentlicher Verwaltungen

Ziele sind die Voraussetzung für rationales Handeln. Sie sind sowohl Grundlage der Planung als auch Maßstab der Erfolgsbeurteilung. Ziele können durch bestimmte Merkmale beschrieben werden und übernehmen verschiedene Funktionen im politisch-administrativen System. Die Zielbildung erfolgt durch einen Prozeß, an dem unterschiedliche Einflußträger teilnehmen.

2.2.1 Funktionen von politischen Zielen

Ziele erfüllen in Organisationen verschiedene Funktionen. Auch das politische Zielsystem, das der öffentlichen Verwaltung von den dazu legitimierten politischen Instanzen vorgegeben wird, erfüllt unterschiedliche Funktionen im politisch-administrativen System. Nachfolgend werden die wichtigsten Funktionen und die jeweiligen Anforderungen an die Zielformulierung zur Erfüllung dieser Funktionen dargestellt. Es geht um die Frage, wie politische Zielvorgaben zu gestalten sind, damit die politischen, ökonomischen und administrativen Funktionen unterstützt werden.

Am politischen Zielbildungsprozeß sind viele verschiedene Interessengruppen beteiligt.[44] Es bestehen häufig Interessenkonflikte zwischen diesen Anspruchsgruppen, die i.d.R. durch Verhandlungen auszugleichen sind. Der Verhandlungsprozeß kann durch eine geeignete Formulierung von Zielen unterstützt werden. Die Ziele dienen dazu, „...einen gewissen Konsens zwischen grundlegenden Werten, Zielen und Überzeugungen der beteiligten

---

[44] Zu den Einflußträgern des politischen Zielbildungsprozesses und ihren Beziehungen vgl. z.B. Oettle/Thiemeyer (1969), S. 6; Reichard (1987), S. 36 ff. Zur Analyse öffentlicher Zielsetzungen vgl. Oettle (1966), pass.

Anspruchsgruppen herbeizuführen."⁴⁵ Politische Ziele sollen Spielräume für ihre Auslegung beinhalten. Damit wird die Möglichkeit einer Konsensfindung im Rahmen des politischen Interessenausgleiches geschaffen. Je vager politische Ziele formuliert sind, um so mehr sind sie für die *politischen Funktionen* der Konsensbildung und Konfliktlösung geeignet, da sich tendenziell mehr Beteiligte mit ihnen identifizieren können.⁴⁶

Politische Ziele sind dazu geeignet, eine optimale Allokation knapper Ressourcen herbeizuführen.⁴⁷ Diese Funktion betrifft einerseits die Ressourcenzuteilung auf verschiedene politische Programme und andererseits die detaillierte Ressourcenplanung innerhalb des öffentlichen Verwaltungsbetriebes. Dabei geht es in der Planungsphase um die zielgerichtete Entwicklung, Beschreibung und Bewertung von Handlungsalternativen. In der Phase der Ausführung werden die Motivation und Information der Mitarbeiter durch Ziele unterstützt.⁴⁸ Auch die Beurteilung und Kontrolle der Ergebnisse des Verwaltungshandelns erfolgt schließlich auf Grundlage der gesetzten Ziele.⁴⁹ Diese genannten *ökonomischen Funktionen* können um so besser realisiert werden, je eindeutiger politische Ziele formuliert sind.⁵⁰

Öffentliche Verwaltungsbetriebe bzw. deren Führung sind an der Erhaltung bzw. dem Ausbau der Organisation interessiert. Daraus resultiert das Bestreben, immer neue umfangreichere Aufgaben wahrnehmen zu wollen, wodurch ein immer größerer Bedarf an Personal und Sachmitteln begründet wird (Budgetmaximierung). Der in der Privatwirtschaft als natürliche Bremse dieses Bestrebens wirkende Marktmechanismus kommt in der öffentlichen Verwaltung nicht zum Tragen. Weder die Abnehmer der Leistungen noch deren Produzenten sind an einer Leistungsbeschränkung auf das Notwendige interessiert. Die eigentliche

---

[45] Vgl. Braun (1988), S. 136.

[46] Vgl. Braun (1988), S. 141; Kirsch (1971b), S. 157 f.

[47] Vgl. Braun (1988), S. 134.

[48] Vgl. Hauswirth (1994), S. 48 ff. und S. 63. Ziele können motivierend wirken, wenn der Handelnde den Zweck seines Tuns kennt und sich damit identifizieren kann. Vgl. Korndörfer (1989), S. 42 f.; Krönes (1998), S. 284. Neben der bloßen Kenntnis der Ziele wirkt auch der Grad der Beteiligung des Adressaten einer Zielvorgabe am Zielplanungsprozeß auf seine Leistungsmotivation. Vgl. Laske (1978), S. 192.

[49] Vgl. Braun (1988), S. 137 f. Braun ordnet neben der Alternativenauswahl auch die Ausführung und die Kontrolle dem Planungsprozeß zu. Er legt insofern einen weit gefaßten Planungsbegriff zugrunde.

[50] Vgl. Braun (1988), S. 141 und S. 144; Krönes (1998), S. 284.

Leistungsoptimierung steht somit nicht mehr im Mittelpunkt des Handelns öffentlicher Verwaltungsbetriebe.[51]

Die von der öffentlichen Verwaltung im Rahmen ihres Spielraumes selbst gesetzten Ziele erfüllen somit eine eigenständige administrative bzw. institutionelle Funktion. Ebenso kann die Verwaltung durch ihre Einflußnahme auf den politischen Zielbildungsprozeß diese Funktion unterstützen. Des weiteren dienen Ziele der Selbstdarstellung des Verwaltungsbetriebes nach außen, im Sinne einer marketinggerechten Präsentation.[52] Entscheidungen der Organisation sind hinsichtlich ihrer Übereinstimmung mit den übergeordneten Zielen der Organisation vor internen und externen Anspruchsgruppen zu begründen. Somit haben die politischen Ziele eine Legitimationsfunktion für die Entscheidungen und Handlungen der Verwaltung.[53] Die genannten *administrativen Funktionen* sind sowohl mit eindeutig als auch mit vage formulierten Zielen zu realisieren.[54]

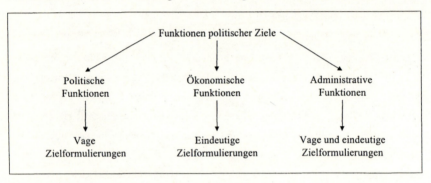

Abb. 2 Funktionen politischer Ziele und Zielformulierung

Die Abb. 2 verdeutlicht den Zusammenhang zwischen dem Grad der Eindeutigkeit der Zielformulierung und der Erfüllung der unterschiedlichen Funktionen der politischen Ziele. Vage Zielformulierungen unterstützen die politischen Funktionen, eindeutige Zielformulierungen dagegen die ökonomischen Funktionen. Deshalb ist bereits bei der politischen Zielsetzung die den Zielen vorrangig zugedachte Funktion zu berücksichtigen.

---

[51] Vgl. Mayntz (1997), S. 70 f. und S. 128 f.; Braun (1988), S. 122 f.
[52] Vgl. Braun (1988), S. 137.
[53] Vgl. Staehle (1994), S. 412.
[54] Vgl. Braun (1988), S. 143.

Wenn also eine stärkere ökonomische Steuerung des Verwaltungshandelns gefordert wird, dann sind hierfür zunächst eindeutig formulierte politische Ziele die Voraussetzung.

2.2.2 Der politische Zielbildungsprozeß

Um Orientierung für Handelnde zu geben, sind die politischen Ziele hinreichend genau nach Inhalt, Ausmaß und Zeitbezug zu bestimmen.[55] Die Zielvorgaben öffentlicher Verwaltungen sind häufig Leerformeln.[56] Dafür gibt es zwei wesentliche Gründe. Erstens sind die an der Zielformulierung beteiligten Akteure zum großen Teil nicht an einer präzisen, operationalen Zielformulierung interessiert. Die Gründe dafür wurden im vorigen Abschnitt ausgeführt. Zweitens handelt es sich bei den betrieblichen Zielen öffentlicher Verwaltungen vorrangig um Leistungsziele, die schwer operationalisierbar sind, da sie vor allem durch qualitative Merkmale bestimmt werden. Selbst wenn sie quantitativ bestimmbar sind, tragen sie doch i.d.R. zur Erreichung eines übergeordneten politischen Zieles bei. Dieser Ergebnisbeitrag in Form der Wirkung bezüglich des politischen Zieles ist ebenfalls äußerst schwierig zu messen.[57] Die hier unterstellte Vagheit der Ziele öffentlicher Verwaltungen ist eine pauschale Feststellung und deshalb jeweils für den konkreten Verwaltungsbetrieb zu spezifizieren.[58]

Das Verwaltungshandeln ist nicht ausschließlich auf die Ziele eines Interessenträgers gerichtet, sondern am Prozeß der Zielbildung können sehr viele und sehr unterschiedliche Einflußträger beteiligt sein.[59]

Die Entscheidung über die zu verfolgenden Ziele und ihre Gewichtung liegt bei den politischen Entscheidungsträgern. Die öffentliche Verwaltung hat primär eine Aufgaben- und Problemlösungsverantwortung.[60] Aufgrund der vagen Zielformulierungen ist die öffentliche Verwaltung jedoch häufig gezwungen, diese selbständig zu interpretieren und zu

---

[55] Vgl. u.a. Diederich (1989), Sp. 1846; Reichard (1987), S. 33.

[56] Vgl. u.a. Brede (1989), Sp. 1870; Eichhorn (1979), Sp. 2149; Oettle (1966), S. 247; Oettle/Thiemeyer (1969), S. 6.

[57] Vgl. Schmidberger (1994), S. 177 und S. 186.

[58] Zu Situationsmerkmalen für die Spezifizierung der Vagheit vgl. Braun (1988), S. 162 ff.

[59] Zu den verschiedenen Einflußträgern und ihren Beziehungen vgl. Reichard (1987), S. 36 ff.; Oettle/Thiemeyer (1969), S. 6. Zur Analyse öffentlicher Zielsetzungen vgl. Oettle (1966), pass.

[60] Vgl. Mayntz (1997), S. 60 ff.; Schmidberger (1994), S. 187.

konkretisieren.[61] Gelingt es den übergeordneten politischen Instanzen nicht, umweltbedingte Veränderungsbedarfe der öffentlichen Aufgabenwahrnehmung zu erkennen und umzusetzen, ist es Aufgabe der einzelnen Verwaltungsführung, eigene Vorschläge zu unterbreiten und damit notwendige Anpassungen selbst anzustoßen.[62]

Folgende Mängel sind im bestehenden politischen Zielbildungsprozeß zu sehen:[63]

- Vorgabe allgemeiner Oberziele, die nicht in Handlungsanweisungen umgesetzt sind oder werden können.
- Fehlende Aufgliederung der Oberziele in Unterziele.
- Übersehene oder aufgrund fehlender Priorisierung nicht widerspruchsfrei auflösbare Zielkonflikte.
- Formulierung von Leistungszielen ohne konkreten Bezug zu übergeordneten Zielen.
- Mangelnde Berücksichtigung von Umsetzungsstrategien und benötigten Ressourcen bei der Zielplanung.
- Mangelnde Berücksichtigung der Finanzierbarkeit politischer Programme.
- Mangelnde Einbeziehung des Management öffentlicher Verwaltungen in die Zielplanung.
- Fehlende Evaluation politischer Programme hinsichtlich ursprünglicher Zielsetzung und Aktualität der Planungsprämissen.

Als Konsequenz dieser Mängel kann es sein, daß Handelnde in der öffentlichen Verwaltung:[64]

- Entscheidungen nicht zielgerecht treffen und falsche Mittel oder Maßnahmen einsetzen,
- verstärkt eigene Ziele suchen,
- Zielkonflikte nicht sachgerecht lösen (können),
- gar nicht handeln (können) und/oder
- wenig motiviert sind.

Aus den im politischen Zielbildungsprozeß festgelegten Zielen werden öffentliche Aufgaben abgeleitet. Öffentliche Aufgaben sind den öffentlichen Zielen also nachgelagert.[65]

---

[61] Vgl. Eichhorn (1979), Sp. 2152.

[62] Vgl. Weber (1990), S. 589; Weber (1988), S. 179; Weber (1987), S. 266.

[63] Vgl. Joerger/Geppert (1983), S. 49; Ott (1992), S. 88; Promberger (1995), S. 78 ff.; Weber (1990), S. 585 ff.

[64] Vgl. Joerger/Geppert (1983), S. 50.

[65] Vgl. Eichhorn/Noll (1983), S. 40 f.; Erhardt (1989), Sp. 1003.

2.2.3 Aufgaben der öffentlichen Verwaltung

Bei öffentlichen Aufgaben handelt es sich um Tätigkeiten, die aufgrund von Rechtsnormen oder von politischer Willensäußerung der dazu legitimierten politischen Führungsgremien von der öffentlichen Verwaltung zu erbringen sind. Öffentliche Aufgaben können also im Sinne von Tätigkeitsgebieten interpretiert werden. Dabei ist es unerheblich, ob diese Aufgaben auch tatsächlich von öffentlichen Trägern wahrgenommen werden.[66] Im folgenden werden jedoch nur die tatsächlich von öffentlichen Trägern wahrgenommenen öffentlichen Aufgaben betrachtet. Es handelt sich dann um Aufgaben der öffentlichen Verwaltung.[67]

Öffentliche Aufgaben können nach verschiedenen Kriterien gegliedert werden, z.B. nach den Aufgabenträgern, der Art der Haushaltspläne, den Adressaten, fachlichen Bereichen, den Ebenen der Verwaltung, funktionellen Gesichtspunkten und nach den generellen Sachzielen und Handlungsweisen.[68]

Hinsichtlich der Handlungsspielräume der Verwaltungsführung besteht ein Zusammenhang zwischen den Aufgaben, den Bedingungen und den Instrumenten des Verwaltungshandelns.[69] Vor allem die Regelgebundenheit und der Freiheitsgrad der Organisationsgestaltung sind abhängig davon, welche konkreten Aufgaben ein öffentlicher Verwaltungsbetrieb wahrnimmt und in welcher Trägerschaft er sich befindet.

Neben den Aufgaben des Politikvollzuges hat die öffentliche Verwaltung auch die Aufgabe, politische Entscheidungen vorzubereiten. Hierzu gehört die Erhebung, Aufbereitung und Auswertung entscheidungsrelevanter Informationen, die Entwicklung von Lösungsalternativen und die allgemeine Unterstützung der politischen Entscheidungsträger bei ihrer Entscheidungsfindung.[70] Die Politikvorbereitung wird im folgenden weniger als allgemeine Politikunterstützung angesehen, sondern vor dem Hintergrund eines effektiven und effizienten Politikvollzuges betrachtet.

---

[66] Vgl. Eichhorn (1984), S. 245; Erhardt (1989), Sp. 1003 ff.; Joerger/Geppert (1983), S. 47 f.; Mattern (1994), S. 28. Zur Trennung von öffentlichen und staatlichen Aufgaben vgl. Klein, H. (1965), pass.

[67] Vgl. Mattern (1994), S. 28 f.

[68] Zu den verschiedenen Gliederungsvarianten vgl. Huber, P. (1997), S. 17 f.; Joerger/Geppert (1983), S. 60 ff.; Mattern (1994), S. 28 ff.; Mayntz (1997), S. 42 ff.; Picot/Wolff (1994), S. 62 ff. Für einen Überblick vgl. Schuppert (1980), pass.

[69] Vgl. Mayntz (1997), S. 58.

[70] Vgl. Mattern (1994), S. 16.

2.2.4 Betriebliche Ziele öffentlicher Verwaltungsbetriebe

Die konkreten betrieblichen Ziele öffentlicher Verwaltungsbetriebe werden aus den übernommenen öffentlichen Aufgaben abgeleitet. Die Abb. 3 zeigt die ablaufende Schrittfolge.

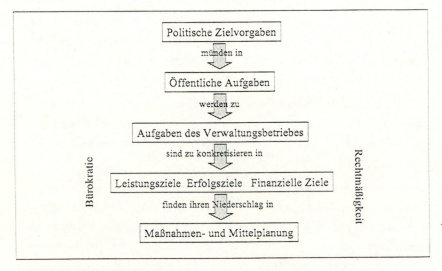

Abb. 3 Ablauf des Politikprozesses

Bei den betrieblichen Zielen öffentlicher Verwaltungsbetriebe handelt es sich um angestrebte Ereignisse oder gewünschte Zustände, bestimmt nach Inhalt, Ausmaß und Zeitbezug.[71]

Der *Zielinhalt* kennzeichnet den sachlichen Gegenstand dessen, was angestrebt wird. Zielinhalte öffentlicher Verwaltungsbetriebe werden entsprechend der Abb. 4 unterschieden in Leistungsziele, Erfolgsziele und finanzielle Ziele.[72] Zielinhalte werden teilweise auch

---

[71] Vgl. Diederich (1989), Sp. 1856; ausführlich Heinen (1976), S. 59 ff. Weitere Bestimmungsmerkmale können der Raumbezug, der Akteurbezug und der Wirkungsbezug sein. Vgl. Krönes (1998), S. 278 f. und die dort angegebene Literatur.

[72] Vgl. u.a. Chmielewicz (1971), S. 589 ff.; Reichard (1973), S. 50 ff.; Reichard (1987), S. 35 f. Eine ausführliche Differenzierung der verschiedenen Zielinhalte findet sich bei Braun. Er kommt zu dem Schluß, daß die Eigeninteressen von Politik (Stimmenmaximierung) und Verwaltung (Budgetmaximierung) die Ausprägung aller anderen Zielinhalte dominieren. Vgl. Braun (1988), S. 99 ff. und die dort angegebene Literatur.

differenziert in Sach- und Formalziele, wobei Sachziele gleichgesetzt werden können mit den Leistungszielen. Formalziele beziehen sich auf die finanziellen und Erfolgsziele.[73]

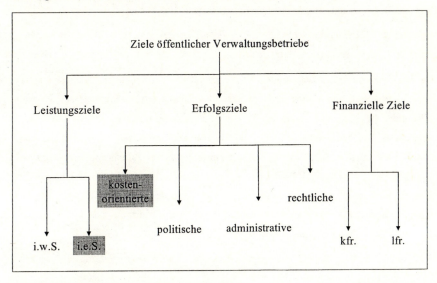

Abb. 4 Zielinhalte öffentlicher Verwaltungsbetriebe

Die Leistungsziele sind weiter zu unterteilen in Leistungen i.e.S. und Leistungen i.w.S. Die Leistungen i.e.S. werden auch als extern orientierte Leistungen bezeichnet und beziehen sich auf diejenigen Leistungen, die der eigentliche Grund für die Existenz der Organisation sind, also auf ihren primären Zweck. Die Leistungen i.w.S. sind alle übrigen Leistungen, die von einem öffentlichen Verwaltungsbetrieb erbracht werden. Hierzu zählen neben den Verwaltungsleistungen im internen Bereich vor allem diejenigen Leistungen, die zur Erfüllung anderer Ziele aus anderen Politikbereichen dienen. Bildet z.B. ein Finanzamt mehr Personal aus, als es für die Sicherung der eigenen zukünftigen Leistungsbereitschaft benötigt, wird zwar die Arbeitsmarktpolitik unterstützt, mit seinem primären Zweck hat dies jedoch nichts zu tun. Die konkrete Auslegung der Leistungsziele hat Einfluß auf die Beurteilung der Wirtschaftlichkeit. Bei einer weiten Auslegung können Handlungen, die nicht dem primären

---

[73] Als materielles oder Sachziel wird die Bedarfsdeckung verstanden. Das betriebliche Sachziel bezieht sich auf Art, Menge und Zeitpunkt der abzusetzenden Leistung. Es handelt sich um das naturale, technische Ziel des Wirtschaftens. Formalziele dagegen beziehen sich auf den ökonomischen Gehalt des Wirtschaftens. Sie beziehen sich auf die vom Inhalt des Wirtschaftens unabhängige Rationalität des Handelns. Vgl. Kosiol (1961), S. 130; Kosiol (1972), S. 223.

Zweck des Verwaltungsbetriebes dienen, dennoch wirtschaftlich sein. Leistungsziele i.e.S. und i.w.S. sind getrennt zu analysieren. Auf diese Weise können verschiedene Sichten bei der Wirtschaftlichkeitsanalyse und –beurteilung entstehen.[74]

Erfolgsziele werden unterschieden in gewinnorientierte, kostenorientierte, politische, administrative und rechtliche Erfolgsziele.[75]

Gewinnorientierte Erfolgsziele spielen für die öffentliche Verwaltung aufgrund ihres nicht erwerbswirtschaftlichen Charakters keine Rolle. Kostenorientierte Erfolgsziele können sich sowohl auf die Budgeteinhaltung, das Kostendeckungsprinzip oder auch auf die allgemeine Sparsamkeit beziehen. Politische Erfolgsziele dagegen können auf die Stimmenmaximierung gerichtet sein oder/und der Förderung des Gemeinwohles dienen. Administrative Erfolgsziele beziehen sich auf die öffentliche Verwaltung selbst. Hier steht das Streben nach Budgetmaximierung und der positiven Anerkennung der eigenen Tätigkeit in der Öffentlichkeit im Mittelpunkt. Der rechtliche Aspekt bezieht sich auf den Grundsatz der Rechtmäßigkeit des Verwaltungshandelns.[76]

Finanzielle Ziele betreffen die Sicherung der Liquidität und die langfristige Ausgeglichenheit von Einnahmen und Ausgaben.

Nachfolgend werden schwerpunktmäßig die Leistungsziele öffentlicher Verwaltungsbetriebe i.e.S. betrachtet. Sie sind der zentrale Gegenstand des Verwaltungshandelns, weil sie auf den eigentlichen Zweck des Verwaltungsbetriebes gerichtet sind. Je eindeutiger die politischen Zielvorgaben sind, um so zielgerichteter können die Leistungsziele eines öffentlichen Verwaltungsbetriebes abgeleitet werden. In enger Verbindung mit den Leistungszielen stehen auch die kostenorientierten Erfolgsziele. Die Ausgabendeckung und die Sicherung der Rechtmäßigkeit des Verwaltungshandelns sind eher als Nebenbedingungen anzusehen.

Entscheidend für das Controlling öffentlicher Verwaltungsbetriebe ist nicht die Frage, ob bestimmte öffentliche Aufgaben von der öffentlichen Verwaltung wahrgenommen werden sollen[77], sondern wie dies geschehen soll. Es wird also von einem bestehenden

---

[74] Vgl. Braun (1986), S. 187 ff.; Braun (1988), S. 100 ff.

[75] Vgl. Braun (1988), S. 102 ff.

[76] Zum Rechtmäßigkeitsgrundsatz vgl. Abschnitt 2.3.2.

[77] Hierzu vgl. Eichhorn/Noll (1983), pass.; Naschold (1995), S. 41 ff.; Naschold (1994), S. 380 ff. und S. 391 ff.; Picot/Wolff (1994), S. 61 ff.

Aufgabenspektrum eines öffentlichen Verwaltungsbetriebes ausgegangen. Das oberste Ziel des öffentlichen Verwaltungsbetriebes besteht darin, die übernommenen öffentlichen Aufgaben möglichst effektiv und effizient zu erfüllen.

Mit dem *Zielausmaß* wird der angestrebte absolute und/oder relative Zielerreichungsgrad mit Hilfe von Meßgrößen festgelegt. Für ein zielgerichtetes Handeln ist die Bestimmung des Zielausmaßes zunächst nicht zwingend notwendig, für die Messung der Zielerreichung jedoch schon.

Der *zeitliche Bezug* bestimmt den Zeitraum oder Zeitpunkt, in bzw. zu welchem das Zielausmaß erreicht werden soll.[78]

Entscheidungen der öffentlichen Verwaltung liegt i.d.R. nicht ein einziges Ziel, sondern ein Zielbündel zugrunde.[79] Werden die Elemente des Zielbündels nach bestimmten Kriterien geordnet, liegt ein Zielsystem mit konkreten Zielstrukturen vor.[80] Ziele können nach ihrer Verträglichkeit und nach ihrem hierarchischen Rang geordnet werden.

Die *gegenseitige Verträglichkeit* von Zielen kann durch fünf Grundtypen beschrieben werden: Zielidentität, Zielunvereinbarkeit, Zielneutralität, Zielkomplementarität und Zielkonkurrenz.[81] Größere Bedeutung für die Gestaltung und Analyse von Zielsystemen haben nur die Zielkomplementarität und die Zielkonkurrenz.

Zwei Ziele sind komplementär, wenn der Zielerreichungsgrad eines Zieles um so größer (kleiner) ist, je größer (kleiner) der Zielerreichungsgrad des jeweils anderen Zieles ist. Zwei Ziele stehen in Konkurrenz zueinander, wenn der Zielerreichungsgrad eines Zieles mit steigendem (sinkendem) Zielerreichungsgrad des jeweils anderen Zieles sinkt (steigt). Die gegenseitige Verträglichkeit von Zielen kann nur bezüglich konkreter zielbezogener Maßnahmen überprüft werden, denn nur diese können Auswirkungen auf andere Ziele haben.[82]

---

[78] Vgl. Diederich (1989), Sp. 1856; Schmidt, R. (1993), Sp. 4796.

[79] Vgl. Reichard (1987), S. 34 ff.

[80] Vgl. Bamberg (1994), S. 26 ff.

[81] Zu den verschiedenen Typen vgl. Heinen (1976), S. 94 ff. und für die verschiedenen Varianten der Grundtypen Gäfgen (1974), S.119 ff.; Strebel (1981), S. 460.

[82] Vgl. Schierenbeck (1998), S. 78.

Die relative Einordnung von Zielen auf verschiedenen (i.d.R. direkt aufeinander folgenden) Ebenen der *Zielhierarchie* wird durch hierarchische Zielbeziehungen zum Ausdruck gebracht. Hierarchische Zielbeziehungen werden i.d.R. beschrieben als Ober-/ Unterziele, Haupt-/ Nebenziele oder Zweck/ Mittel.[83]

2.3 Die öffentliche Leistungserstellung

Öffentliche Verwaltungsbetriebe erstellen vorrangig Dienstleistungen zur Erfüllung öffentlicher Aufgaben. Die öffentliche Leistungserstellung unterliegt bestimmten Rahmenbedingungen, die sie von der Leistungserstellung privatwirtschaftlicher Betriebe unterscheidet. Die Kriterien zur Beurteilung der Wirtschaftlichkeit des Handelns sind ungleich vielschichtiger als in der privaten Wirtschaft.

2.3.1 Das Bürokratiemodell

Trotz vielfältiger Modifikationen kann in den Einrichtungen der öffentlichen Verwaltung überwiegend von einer bürokratischen Struktur ausgegangen werden. Von bürokratischer Struktur wird immer dann gesprochen, wenn folgende strukturelle Merkmale in einer Organisation vorliegen:[84]

- genau festgelegte Autoritätshierarchie und Amtskompetenzen,
- ein festes System von Kommunikationswegen (Dienstwege),
- eine auf Spezialisierung beruhende Arbeitsteilung,
- eine Gebundenheit des Handelns an sachliche Regeln,
- Schriftlichkeit und Aktenmäßigkeit des Handelns,
- Unpersönlichkeit des Handelns,
- hauptberufliche Beschäftigung gegen hierarchisierten Lohn.

Diese Organisationsstrukturen liegen in der Realität der öffentlichen Verwaltung i.d.R. nicht in ihrer Reinform vor. So gibt es zahlreiche Modifikationen wie z.B. Stabseinheiten, Elemente

---

[83] Vgl. Heinen (1976), S. 102 f.

[84] Vgl. u.a. Weber, M. (1972), S. 126 f.; Dammann (1989), Sp. 183 f.; Eichhorn (1991c), S. 153; Mayntz (1997), S. 110.

der Matrixorganisation, Projektgruppen und informelle Beziehungen unterschiedlicher Art zwischen den handelnden Personen.[85]

Die bürokratische Struktur ist nicht nur in der öffentlichen Verwaltung zu finden, sondern genauso in Unternehmen der privaten Wirtschaft. Sie stellt eine Form der Organisationsstruktur dar, die durchaus eine zielgerichtete Aufgabenerfüllung gewährleisten kann. Ein pauschales Urteil über die Wirtschaftlichkeit von Bürokratien kann nicht gefällt werden.[86]

Die bürokratische Struktur ist zwar kein unumstößliches Dogma in der öffentlichen Verwaltung und bei entsprechendem Willen zumindest in Teilbereichen änderbar. Da sie aber historisch gewachsen ist, ist sie nur in kleinen Schritten beeinflußbar.[87] Die konkrete Ausprägung der bürokratischen Struktur kann in den verschiedenen Verwaltungsbetrieben sehr unterschiedlich sein. Sie ist sowohl abhängig von der Aufgabenstellung als auch vom Aufgabenträger.

2.3.2 Verfassungsmäßige Grundsätze der öffentlichen Leistungserstellung

Im folgenden werden einige verfassungsrechtliche Grundsätze des Verwaltungshandelns dargestellt[88], um den besonderen Rahmenbedingungen für die Festlegung öffentlicher Ziele und deren Umsetzung durch die öffentliche Verwaltung Rechnung zu tragen. Eine zu sehr privatwirtschaftlich geprägte Auseinandersetzung mit der öffentlichen Verwaltung würde die Bemühungen um Konzepte zur Steigerung von Effektivität und Effizienz des Verwaltungshandelns von vornherein zum Scheitern verurteilen. Die nachfolgenden Grundsätze sind als Nebenbedingung anzusehen.[89]

Von besonderer Bedeutung sind das Demokratiegebot, der Grundsatz der Rechtsstaatlichkeit, das Sozialstaatsgebot, der Gleichheitsgrundsatz und die Bürgerfreundlichkeit. Sie stellen

---

[85] Vgl. Mayntz (1997), S. 112 f.

[86] Vgl. Reinermann (1985), pass. Zur Beurteilung der Wirtschaftlichkeit des bürokratischen Verwaltungshandelns vgl. insbesondere S. 111 ff.; Weber (1991), S. 54. Bei Max Weber erfüllt die Bürokratie sogar generell die höchste Zweckmäßigkeit bei der Durchsetzung politischer Zielvorgaben durch die öffentliche Verwaltung. Vgl. Weber, M. (1972), S. 128.

[87] Vgl. Chmielewicz (1971), S. 588; Mayntz (1997), S. 123.

[88] Vgl. z.B. Albers/ Hardt (1994), S. 114 ff.

[89] Die Einhaltung verfassungsrechtlicher Normen kann auch als Ziel der öffentlichen Verwaltung interpretiert werden. Vgl. Abschnitt 2.2.4.

einen Rahmen für alle Bestrebungen der Verwaltungsmodernisierung dar. Demzufolge haben auch betriebswirtschaftliche Steuerungsinstrumente diesen Grundsätzen zu genügen.

Das *Demokratiegebot* fordert, daß eine hohe Bürgerbeteiligung bei öffentlichen Planungen und hinsichtlich des Leistungsangebotes eine Orientierung an den Bürgerwünschen anzustreben ist.

Das Prinzip der *Rechtsstaatlichkeit* fordert von der öffentlichen Verwaltung, daß die Rechtsnorm, die einen rechtlichen Eingriff der Verwaltung gegenüber dem Bürger ermöglicht, nach Inhalt, Gegenstand, Zweck und Ausmaß hinreichend bestimmt und begrenzt ist, so daß der Eingriff meßbar und in gewissem Umfang für den Bürger vorhersehbar und berechenbar wird. Hierdurch wird die Flexibilität des Verwaltungshandelns von vornherein beschränkt. Also ist bereits bei der Entwicklung von Rechtsnormen darauf zu achten, daß ein hohes Maß an Handlungs- und Entscheidungsspielraum für die Verwaltung gewährt wird, ohne den Grundsatz an sich zu verletzen. Da eine Reihe von Normen von übergeordneten Instanzen erlassen wird, kommt der Koordination zwischen diesen und den ausführenden Verwaltungsbetrieben große Bedeutung zu.

Das *Sozialstaatsgebot* beeinflußt einerseits die Festlegung des angebotenen Leistungsspektrums und andererseits die Gestaltung der Preise bzw. Gebühren für diese Leistungen. Der Konflikt zwischen Haushaltskonsolidierung, alternativen öffentlichen Leistungen und dem Gebot der Sozialstaatlichkeit wird vielfach als hinderlich für die Anwendung neuer Steuerungsinstrumente angesehen.[90] Das Gegenteil ist der Fall. Indem Zielvorstellungen präzise formuliert, bewertet und gegeneinander abgegrenzt werden, sind Entscheidungen zwischen verschiedenen Handlungsalternativen auf rationaler Basis herbeizuführen. Dadurch werden neue Steuerungsinstrumente nicht zu „Feinden" der Sozialstaatlichkeit, sondern können zu ihrer langfristigen Bewahrung beitragen.

Nach dem *Gleichheitsgrundsatz* muß jedem Bürger unter den gleichen Umständen die gleiche Behandlung zukommen. Das ist die Ursache dafür, daß Gesetze und andere Rechtsnormen immer differenzierter und komplizierter geworden sind.[91] Eine weitere Folge des Gleichheitsgrundsatzes ist die starke Zentralisation von Entscheidungsbefugnissen in der

---

[90] Vgl. Albers/ Hardt (1994), S. 118.

[91] Vgl. Lange (1985), S. 273 f.

öffentlichen Verwaltung.[92] Weiterhin sind Leistungen allen Bürgern zur Verfügung zu stellen, an die sich ein entsprechendes Angebot richtet. Ein Ausschluß bestimmter Bürger, z.B. aus Rentabilitätsgründen, kommt demzufolge nicht in Betracht. Preislichen Differenzierungen sind als Steuerungsinstrument ebenfalls enge Grenzen gesetzt.[93]

Mit dem Grundsatz der *Bürgerfreundlichkeit* sind verschiedene Ansprüche an das Verwaltungshandeln verbunden.[94] Die Bürger als Betroffene des Verwaltungshandelns sind möglichst früh und weitreichend in die Verwaltungsabläufe und die Entscheidungen der Verwaltung einzubeziehen (Partizipation). Die Verwaltungsvorgänge sind dem Bürger möglichst durchschaubar zu machen, zu erklären und zu begründen (Transparenz). Die Verwaltungen sollen dem Bürger gegenüber möglichst freundlich und hilfsbereit sein.

Die genannten Grundsätze stehen sich vielfach konfliktär gegenüber. Es besteht keine eindeutige Hierarchie zwischen ihnen, so daß sie häufig nicht gleichmäßig beachtet werden können. Für alle verfassungsrechtlichen Grundsätze gilt gemeinsam, daß sie einen Rahmen für neue Steuerungskonzepte darstellen und somit bei deren Konzipierung zu berücksichtigen sind.

2.3.3 Öffentliche Leistungen als Dienstleistungen

Öffentliche Verwaltungsbetriebe erstellen überwiegend nicht-marktfähige Leistungen.[95] Das Leistungsspektrum ist sehr heterogen.[96] Typisch für öffentliche Verwaltungsbetriebe ist die Vielzahl indirekter Leistungen sowie Leistungsverflechtungen zwischen den einzelnen Organisationseinheiten.[97] Häufig sind mehrere Abteilungen, Referate oder Behörden an der Erstellung einer öffentlichen Leistung beteiligt. Öffentliche Verwaltungsbetriebe erbringen vorrangig Dienstleistungen.[98] Vielfach handelt es sich um Leistungsbündel.

---

[92] Vgl. Lange (1985), S. 272.

[93] Vgl. Albers/ Hardt (1994), S. 119 f.

[94] Vgl. Joerger/ Geppert (1983), S. 55.

[95] Vgl. Brede (1989), Sp. 1868; Schmidberger (1994), S. 15; Hieber, F. (1996), S. 25.

[96] Vgl. Hieber, F. (1996), S. 25.

[97] Vgl. Reichmann/ Haiber (1994), S. 186.

[98] Vgl. u.a. Eichhorn, (1976a), S. 15 f.; Reichard (1987), S. 47 f. Strebel argumentiert dagegen, daß öffentliche Leistungen keine Dienstleistungen sind, da es sich bei ihnen um Kollektivgüter und nicht um Individualgüter handelt. Einen alternativen Begriff bietet er jedoch ebenfalls nicht an. Vgl. Strebel (1978), S. 71.

Unter dem Begriff Dienstleistung werden in der betriebswirtschaftlichen Literatur unter Einsatz externer Produktionsfaktoren für den fremden Bedarf produzierte immaterielle Wirtschaftsgüter verstanden,[99] wobei die Immaterialität das Nichtvorhandensein interner materieller Produktionsfaktoren in Form von Rohstoffen beschreibt[100]. Bei einer Dienstleistung kann es sich sowohl um das Ergebnis eines Leistungserstellungsprozesses als auch um den Prozeß der Leistungserstellung selbst handeln. Ob es sich um eine ergebnisorientierte oder um eine prozeßorientierte Dienstleistung handelt, hängt davon ab, ob das Ergebnis oder der Prozeß als Leistung im Sinne eines absetzbaren Produktes anzusehen ist.[101] Stellt das Prozeßergebnis die eigentliche absetzbare Leistung dar, ist vor allem dieses den Abnehmerbedürfnissen entsprechend auszugestalten und weniger der Prozeß. Die kundenorientierte Gestaltung des Prozesses ist um so bedeutsamer, je mehr der Abnehmer am Prozeß der Leistungserstellung selbst teilnimmt bzw. diesen wahrnimmt. Ist der Prozeß an sich die abzusetzende Leistung, versteht es sich von selbst, daß dessen Gestaltung vor allem an den Bedürfnissen des Abnehmers auszurichten ist. Neben ergebnis- und prozeßorientierter gibt es noch die potentialorientierte Dienstleistungsdimension. Bereits die Schaffung einer Leistungsbereitschaft[102] kann als Dienstleistung interpretiert werden.

Unter dem Prozeß der öffentlichen Dienstleistungserstellung sind alle Tätigkeiten zu verstehen, die direkt zur Erstellung einer öffentlichen Dienstleistung erbracht werden. Er kann grundsätzlich in zwei Phasen untergliedert werden.[103]

In der Phase der Vorkombination werden die zur Leistungserstellung notwendigen Leistungspotentiale bereitgestellt. Leistungspotentiale sind zu unterscheiden in die Kapazität als generelles und die Leistungsbereitschaft als zu einem bestimmten Zeitpunkt verfügbares Leistungspotential, wobei letzteres das Ergebnis der Vorkombination ist. Die Kapazität stellt die Obergrenze der Leistungsbereitschaft dar. In die Phase der Vorkombination fällt auch die Erstellung von Eigenleistungen, die als derivative Produktionsfaktoren benötigt werden.

---

[99] Vgl. Corsten (1990), S. 23; Meffert/ Bruhn (1997), S. 27.

[100] Vgl. Maleri (1997), S. 3.

[101] Vgl. Maleri (1997), S. 37 f.; Meffert/ Bruhn (1997), S. 27 ff.

[102] Im Fall der Feuerwehr besteht z.B. ein großer Teil der Leistung in der Schaffung der Leistungsbereitschaft für den Ernstfall.

[103] Vgl. Corsten (1990), S. 103.

Im Rahmen der Endkombination werden unter Einsatz der Leistungsbereitschaft die internen und der/die externe(n) Produktionsfaktor(en) kombiniert.[104] Das Ergebnis der Endkombination ist die Dienstleistung.

2.3.4 Effektivität, Effizienz und Wirtschaftlichkeit des Verwaltungshandelns

Das Handeln öffentlicher Verwaltungsbetriebe unterliegt grundsätzlich dem Wirtschaftlichkeitsprinzip. Unter Wirtschaftlichkeit wird allgemein ein bestimmtes Verhältnis von Mitteleinsatz und erstelltem Ergebnis verstanden, wobei häufig ökonomische Kategorien zugrunde gelegt werden.[105] Die Erreichung eines möglichst günstigen Verhältnisses wird i.d.R. extremierend beschrieben. Das Maximalprinzip fordert ein maximales Ergebnis bei gegebenem Mitteleinsatz. Als Minimalprinzip wird das Streben nach einem minimalen Mitteleinsatz für ein vorgegebenes Ergebnis bezeichnet. Das in der öffentlichen Verwaltung vorherrschende Sparsamkeitsprinzip ist ein Unterfall des Minimalprinzips.[106] Es wird häufig verkürzt als Minimierung von Ausgaben interpretiert, was im Widerspruch zum Wirtschaftlichkeitsprinzip stehen kann.[107]

Formaljuristisch ist das Wirtschaftlichkeitsprinzip in der Bundeshaushaltsordnung, dem Haushaltsgrundsätzegesetz und vielen anderen Rechtsvorschriften als Grundsatz des Verwaltungshandelns festgeschrieben. Eine nähere Bestimmung des Begriffes Wirtschaftlichkeit findet sich jedoch nicht in Gesetzestexten. Es fehlt an einheitlichen Maßstäben sowie Anreizen und Sanktionen.[108]

In der Literatur sind unterschiedliche Begriffe und Relationen zur Beschreibung der Wirtschaftlichkeit zu finden. In der Abb. 5 sind sechs Relationen dargestellt, die zur Beschreibung der Wirtschaftlichkeit des Verwaltungshandelns tauglich sind.[109]

---

[104] Für die öffentliche Verwaltung sind im Gegensatz zur Privatwirtschaft auch die Güter des Naturhaushaltes aus Gründen der Vermeidung sozialer Kosten als Produktionsfaktor anzusehen. Vgl. Eichhorn (1979), Sp. 2151 f. und weiter zur Frage der natürlichen Umwelt als Produktionsfaktor: Corsten (1990), S. 98 ff.; Eichhorn (1977), S. 42; Maleri (1997), S. 153 ff.; Meffert/ Bruhn (1997), S. 50 ff.

[105] Vgl. u.a. Eichhorn (1991d), S. 956; Eichhorn (1978), S. 740; Semper (1982), S. 35.

[106] Zum Verhältnis von Wirtschaftlichkeit und Sparsamkeit vgl. u.a. Braun (1988), S. 104 f.; Eichhorn (1991d), S. 956.

[107] Vgl. Weber (1988), S. 176.

[108] Vgl. Gurtz/ Urbich (1990), S. 8.

[109] Die nachfolgende Numerierung in den Klammern bezieht sich auf die Abb. 5.

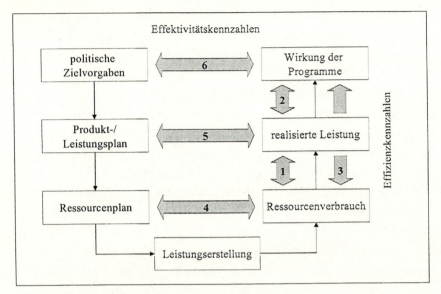

Abb. 5 Wirtschaftlichkeit des Verwaltungshandelns[110]

Da öffentliche Verwaltungen vorrangig Sachziele verfolgen, bezieht sich die Wirtschaftlichkeit zunächst auf das Verhältnis von Sachzielerfüllung (Output) und den dafür benötigten Personal-, Sach- und Finanzmitteln (Input). Da die erbrachten Leistungen i.d.R. nicht monetär bewertbar sind, ist der Output als Mengengröße anzugeben. Die benötigten Ressourcen dagegen sind zu Kosten zu bewerten. Da im Mittelpunkt der Controllingkonzeption die Leistungsziele i.e.S. stehen, also der eigentliche Betriebszweck, erfolgt die Bewertung des entsprechenden Ressourcenverbrauches zu Kosten. Aus der Gegenüberstellung ergibt sich die *Effizienz* (1) des Verwaltungshandelns.[111]

Die Leistungen öffentlicher Verwaltungsbetriebe dienen der Erreichung übergeordneter politischer oder gesetzlicher Ziele, wie z.B. der Erhöhung der Verkehrssicherheit. Die erstellten Leistungen sollen Wirkungen bezüglich dieser Formalziele herbeiführen. Die Wirksamkeit der erstellten Leistungen kann durch das Verhältnis der Wirkungen zu den Leistungen ausgedrückt werden. Dieses wird als Leistungs- oder *Produktwirksamkeit* (2)

---

[110] In Anlehnung an Schedler (1995), S. 77.

[111] Vgl. Eichhorn (1991d), S. 956. Die Relation wird auch als Kostenwirtschaftlichkeit (vgl. Eichhorn (1978), S. 740), Produktionseffizienz (vgl. Semper (1982), S. 44 ff.) oder Mitteleffizienz (vgl. Schedler (1995), S. 76 f.) bezeichnet.

bezeichnet.[112] Werden nun noch die erreichten Wirkungen der erstellten Leistungen zu den eingesetzten Personal-, Sach- und Finanzmitteln in Beziehung gesetzt, ergibt sich die *Kostenwirksamkeit* (3).[113] Die Quantifizierung der angestrebten und erreichten Wirkungen ist jedoch nicht oder nur sehr schwer möglich. Die Wirkungen sind deshalb indirekt zu ermitteln. Dafür sind Indikatoren notwendig, die in Form operabler Ziele formuliert werden, wie z.B. die Senkung der Verkehrstoten um 10 %. Diese Indikatoren werden auch als Outcome bezeichnet.[114]

Schließlich kann Wirtschaftlichkeit auch als Verhältnis von Soll- und Istgrößen interpretiert werden.[115] Hier kommen sowohl Solloutput-Istoutput-Verhältnisse als auch Sollinput-Istinput-Verhältnisse in Betracht. Hieraus können weitere Ausprägungen der Wirtschaftlichkeit abgeleitet werden. Werden die Sollkosten den Istkosten gegenübergestellt, ergibt sich die *Wirtschaftlichkeit im engeren Sinne* (4). Unter Sollkosten werden die Plankosten der tatsächlich erbrachten Leistung verstanden. Dadurch wird bei der Kostenbetrachtung gleichzeitig der Stand der Leistungserbringung berücksichtigt.[116] Analog kann die Outputseite durch die Relation Solleistung zu Istleistung betrachtet werden. Hier entspricht die Solleistung der Planleistung, bezogen auf den tatsächlichen Ressourcenverbrauch. Es ergibt sich der *Grad der Sachzielerreichung* (5). Um die Sachzielerreichung unabhängig von Ressourcenverbrauch zu beurteilen, wird die Istleistung der Planleistung gegenübergestellt. Stellt man auf der Ebene der Wirkungen der Verwaltungsleistungen den Sollwirkungen die Istwirkungen gegenüber, ergibt sich die *Effektivität* (6) des Verwaltungshandelns.[117]

Welche Form der Wirtschaftlichkeit zugrunde gelegt wird, hängt vom konkreten Analysezweck ab. Für eine ergebniszielorientierte Verwaltungsführung sind jedoch alle Sichten der Wirtschaftlichkeit gleichermaßen bedeutsam. Effektivitäts- und Effizienzrelationen sind deshalb als Einheit zu betrachten.

---

[112] Vgl. Schedler (1995), S. 77 f.

[113] Vgl. Budäus (1997), S. 51; Eichhorn (1991b), S. 244; Eichhorn (1978), S. 740. Schedler verwendet die Bezeichnung Mittelwirksamkeit. Vgl. Schedler (1995), S. 79.

[114] Vgl. ausführlich zur Messung der Wirkungen des Verwaltungshandelns Abschnitt 2.6.3.

[115] Vgl. Eichhorn (1989), Sp. 1801 ff.; Eichhorn (1991d), S. 958.

[116] Vgl. Fässler (1991), S. 501 f.; Hahn (1994), S. 29; Hummel/Männel (1990), S. 114; International Group of Controlling (IGC) (1999), S. 140.

[117] Vgl. Budäus (1997), S. 50; Eichhorn (1991a), S. 244.

3 Strategisches Controlling für öffentliche Verwaltungsbetriebe

3.1 Grundlagen und Ziele des Verwaltungscontrolling

Einleitend werden die Stellung des Verwaltungscontrolling im Führungssystem des öffentlichen Verwaltungsbetriebes und die inhaltlichen Grundlagen der Strukturelemente des Verwaltungscontrolling diskutiert. Sie bilden die Basis für die zu entwickelnde Controllingkonzeption.

Aufgrund der besonderen Bedeutung der Ziele des Verwaltungscontrolling werden diese unterschieden in direkte und indirekte Ziele und separat behandelt.

3.1.1 Grundlagen des Verwaltungscontrolling

Controlling ist eine Komponente der Verwaltungsführung. Es unterstützt das Management bei seiner Führungsaufgabe. Seine Funktion besteht in der Koordination[118] des gesamten Führungssystems zur Sicherung einer ergebniszielorientierten Lenkung.[119] Controlling umfaßt somit Aspekte der Planung, Kontrolle, Informationsversorgung, Organisation und Personalführung als Einheit, wobei der Schwerpunkt des Controlling in der Koordination von Planungs-, Kontroll- und Informationsversorgungssystem besteht.[120] Die Beziehungen der Führungssubsysteme untereinander verdeutlicht Abb. 6.

Die Ergebniszielorientierung des Controlling kann sich prinzipiell auf alle Formen von Oberzielen beziehen.[121] In der Privatwirtschaft handelt es sich regelmäßig um Gewinn- oder Rentabilitätsziele. Für öffentliche Verwaltungsbetriebe stellen die Effektivität und die Effizienz des Verwaltungshandelns unter Beachtung der rechtlichen Grundsätze die obersten Ergebnisziele dar.

---

[118] Zur Herleitung der Koordination als eigenständige Führungsfunktion vgl. Küpper (1997), S. 13 ff.

[119] Vgl. Eschenbach/ Niedermayr (1994), S. 67; Horváth (1996), S. 134 ff.; Küpper (1997), S. 13 ff.; Küpper/Weber/Zünd (1990), S. 283; Weber (1995), S. 49 f.

[120] Vgl. Küpper/Weber/Zünd (1990), S. 283 f.; Horváth (1996), S. 141; Weber (1991), S. 50.

[121] An dieser Stelle unterscheiden sich die Controllingauffassungen. Während einige Autoren die Ergebnisziele (Wertziele) in den Vordergrund stellen (Vgl. Hahn (1996), S. 182 f.; Horváth (1996), S. 144; Reichmann (1997), S. 3), sehen andere Autoren jegliche Ziele einer Organisation als mögliche Blickpunkte des Controlling (Vgl. Küpper (1997), S. 18; Küpper/Weber/Zünd (1990), S. 282 f.; Weber (1983a), S. 439 f.).

Während das Management die Ergebnisverantwortung trägt, ist der Controller dafür verantwortlich, alle ergebnisbeeinflussenden Faktoren transparent zu machen und Beeinflussungsmöglichkeiten aufzuzeigen.[122]

Die funktionelle Betrachtung des Systems der Verwaltungsführung ermöglicht es, verschiedene Einfluß- und Entscheidungsträger einzubeziehen. Damit ist es nicht notwendig, von vornherein eine absolute Aufgabentrennung zwischen Politik und Verwaltung als Voraussetzung für das Controlling öffentlicher Verwaltungsbetriebe zu fordern.

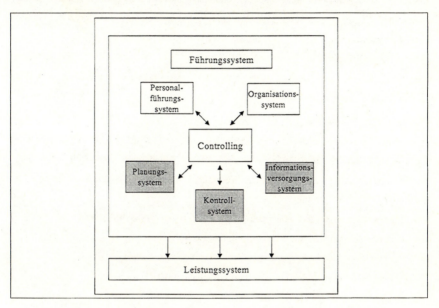

Abb. 6 Controlling im Führungssystem[123]

Als Grundlage für eine tragfähige Definition des Verwaltungscontrolling ist eine in sich logische, geschlossene Controllingkonzeption notwendig. Die Struktur des Controlling läßt sich entsprechend der Abb. 9 darstellen durch Controllingziele, Controllingaufgaben, die

---

[122] Vgl. Deyhle (1993), S. 19 f.; Horváth (1996), S. 109 ff.; International Group of Controlling (IGC) (1999), S. 34; KGSt (1994), S. 16; Mellerowicz (1976), S. 342; Weber (1995), S.347 f.

[123] In Anlehnung an Küpper (1997), S. 15.

Controllingkonzeption, das Controllingsystem, die Controllinginstrumente und die Controllingorganisation.[124]

Die *Controllingziele* sind Grundlage und Ursache für den Aufbau von Controllingsystemen und die wahrzunehmenden Controllingaufgaben.[125] Sie lassen sich in direkte und indirekte Ziele unterteilen.[126] Die direkten Controllingziele grenzen den Umfang der Controllingaufgaben ein. Sie stehen in einer Mittel-Zweck-Beziehung zu den Zielen der Führung. Die direkten Controllingziele bestehen in der Sicherung und Erhaltung der Koordinations-, Reaktions- und Anpassungsfähigkeit des Führungsgesamtsystems, damit dieses die Ziele der Organisation realisieren kann.[127] Die indirekten Controllingziele sind die Ziele der Organisation, deren Erreichung das Controlling unterstützen soll. Sie präzisieren die direkten Controllingziele inhaltlich und sind aus den jeweiligen Oberzielen der Organisation abzuleiten. Es ist grundsätzlich nicht möglich, Controllingziele unabhängig von den Oberzielen der Organisation zu konzipieren.[128]

Die *Controllingaufgaben* sind deduktiv aus den Controllingzielen abzuleiten.[129] Gleichzeitig sind die Controllingaufgaben empirisch-induktiv zu überprüfen und gegebenenfalls anzupassen. Controllingaufgaben sind auf ihre Wesentlichkeit in Bezug auf die Erreichung der Organisationsziele zu überprüfen. Die Wesentlichkeit stellt ein Abgrenzungskriterium zur Beurteilung der Controllingrelevanz einzelner Aufgaben dar.[130] Der Umfang der Controllingaufgaben läßt sich entsprechend der Abb. 7 auch grafisch darstellen. Die Summe der Controllingaufgaben wird als Controllingfunktion bezeichnet.[131]

---

[124] Vgl. Küpper/Weber/Zünd (1990), S. 283; Reichmann (1997), S. 2 f.; Horváth (1998), S. 143 ff.

[125] Vgl. Eschenbach/ Niedermayr (1994), S. 65; Reichmann (1997), S. 3.

[126] Vgl. Eschenbach/ Niedermayr (1994), S. 52.

[127] Vgl. Hahn (1996), S. 182 f.; Horváth (1998), S. 143.

[128] Vgl. Reichmann (1997), S. 3.

[129] Vgl. Hahn (1996), S. 186; Reichmann (1997), S. 3 f.

[130] Vgl. Reichmann (1997), S. 3 ff.

[131] Vgl. Horváth (1998), S. 143; Reichmann (1997), S. 4.

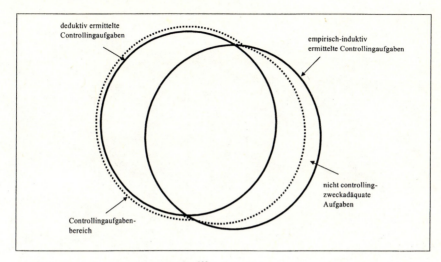

Abb. 7 Umfang der Controllingaufgaben[132]

Die Aufgaben des Verwaltungscontrolling werden aus den Zielen des Verwaltungscontrolling abgeleitet. Sie lassen sich nach verschiedenen Kriterien gliedern, wie die Abb. 8 zeigt.

- Im Hinblick auf die Organisationsziele lassen sich strategische und operative Controllingaufgaben unterscheiden.
- Hinsichtlich der Verrichtung können systembildende und systemkoppelnde Controllingaufgaben unterschieden werden. Zu den systembildenden Controllingaufgaben gehören die funktionale Verkettung von Planungs-, Kontroll- und Informationsversorgungssystem sowie die Schaffung besonderer Koordinationsorgane und/oder Regelungen zur Lösung von Koordinationsproblemen. Unter systemkoppelnden Controllingaufgaben werden die Koordinationsaktivitäten verstanden, die im Rahmen der bestehenden Systemstruktur durch die Aufrechterhaltung oder Anpassung bestehender Informationsverbindungen zwischen den Teilsystemen der Organisation zwecks Problemlösung stattfinden.[133]
- Bezüglich des Objektes können die Controllingaufgaben nach den betreffenden Führungsteilsystemen gegliedert werden, wobei der Schwerpunkt in der Koordination von Planung, Kontrolle und Informationsversorgung besteht. Dies schließt Schnittmengen mit der Personalführung und Organisation ein.

---

[132] Vgl. Reichmann (1997), S. 5.

[133] Vgl. Horváth (1996), S. 118 f.

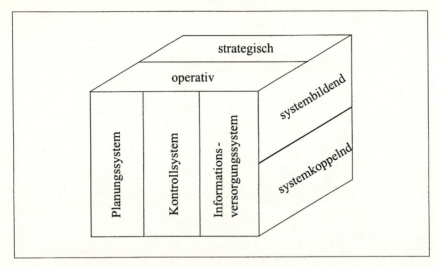

Abb. 8 Differenzierung der Controllingaufgaben[134]

Die *Controllingkonzeption* dient als Bezugsrahmen für die konkrete Ausgestaltung des Controllingsystems. Mit ihr werden diejenigen Bereiche abgesteckt, die einer inhaltlichen Spezifikation bedürfen.[135] Die Controllingkonzeption umfaßt insofern Ziele, Aufgaben, Instrumente und Organisation des Verwaltungscontrolling auf einem relativ hohen Abstraktionsniveau, ohne den konkreten Bezug zu einer speziellen Organisation. Controlling darf nicht zum Selbstzweck betrieben werden, sondern ist aus den spezifischen Anforderungen der konkreten Organisation abzuleiten.[136] Dazu bedarf es eines Controllingsystems.

Unter einem *Controllingsystem* wird die branchen- und organisationsbezogene Spezifikation der Controllingkonzeption verstanden. Ein Controllingsystem bezieht sich somit auf eine ganz konkrete Organisation und ihre spezifischen Kontextfaktoren. Im Controllingsystem wird festgelegt, welche Aufgaben in welchen Bereichen der Organisation durch das Controlling wahrzunehmen sind, welche Instrumente dabei zum Einsatz gelangen und welche Rechengrößen und Systemelemente dazu verwendet werden.[137]

---

[134] In Anlehnung an Horváth (1996), S. 140.

[135] Vgl. Reichmann (1997), S. 5.

[136] Vgl. Brüggemeier/ Küpper (1992), S. 570 f.

[137] Vgl. Eschenbach/ Niedermayr (1994), S. 95; Horváth (1996), S. 140; Reichmann (1997), S. 13 f.

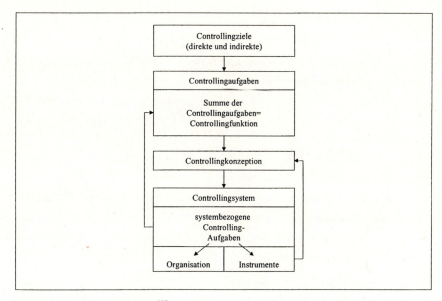

Abb. 9 Struktur des Controlling[138]

Unter *Controllinginstrumenten* werden alle betriebswirtschaftlichen und DV-technischen Instrumente in ihrer konkreten Ausprägung zur Wahrnehmung der Controllingaufgaben verstanden. Die Instrumente des Controlling sind aus den Controllingaufgaben heraus zu entwickeln und zu beurteilen. Dazu sind aus der Gesamtheit aller im Rahmen der Controllingkonzeption entwickelten Methoden und Techniken diejenigen auszuwählen, die für das organisationsbezogene Controllingsystem notwendig sind. Außerdem sind Instrumente, die aufgrund praktischer Erfahrungen bereits entwickelt und eingesetzt werden, ihrerseits in die Controllingkonzeption aufzunehmen.[139]

Das Controlling entwickelt i.d.R. keine eigenständigen Instrumente, sondern verwendet Instrumente anderer Führungssubsysteme mit. Lediglich die Instrumente, die keinem anderen Führungssubsystem allein zuordenbar sind, können als originäre Controllinginstrumente angesehen werden.[140] Im folgenden wird dieser Unterteilung keine Bedeutung beigemessen.

---

[138] In Anlehnung an Reichmann (1997), S. 13.

[139] Vgl. Reichmann (1997), S. 14 ff.

[140] Vgl. Küpper (1997), S. 24 ff. Küpper unterscheidet in isolierte und übergreifende Controllinginstrumente, wobei nur die führungssubsystemübergreifenden Instrumente originäre Controllinginstrumente sind. Als Beispiele werden Budgetierungs- und Kennzahlensysteme genannt.

Die Instrumente des Controlling lassen sich grob den strategischen und operativen Aufgaben zuordnen, wobei eine eindeutige Abgrenzung nicht immer möglich ist.

Unter dem Begriff der *Controllingorganisation* werden alle organisatorischen Einheiten und ihre Beziehungen zueinander subsumiert, die als Aufgabenträger die Gesamtheit aller Controllingaufgaben erfüllen. Dieser institutionelle Aspekt des Controlling umfaßt auch die Beziehungen zwischen den Trägern der Controllingaufgaben und den übrigen Systemmitgliedern.[141]

3.1.2 Direkte Ziele des Verwaltungscontrolling

Die direkten Ziele des Verwaltungscontrolling bestehen in der Sicherung und Erhaltung der Koordinations-, Reaktions- und Anpassungsfähigkeit der Verwaltungsführung und der entscheidungsorientierten Informationsversorgung aller Führungsebenen der Verwaltung und der übergeordneten politischen Instanzen.

Das Verwaltungscontrolling ist, wie in der Abb. 10 dargestellt, ein Subsystem der Verwaltungsführung. Das Verwaltungscontrolling ist für die ergebniszielorientierte Koordination von Planungs-, Kontroll- und Informationsversorgungssystem verantwortlich. Somit stehen die Effektivität und die Effizienz des Verwaltungshandelns im Fokus des Verwaltungscontrolling. Die Effektivität des Verwaltungshandelns wird stark durch politische Entscheidungen beeinflußt, während die Effizienz überwiegend im Verantwortungsbereich der Verwaltungsführung liegt. Das Controlling öffentlicher Verwaltungsbetriebe kann deshalb die Effektivität vorrangig dadurch beeinflussen, daß es zu einer stärkeren Versachlichung des politischen Entscheidungsprozesses beiträgt und die ökonomische Abstimmung innerhalb des Verwaltungsbetriebes sowie zwischen dem Verwaltungsbetrieb und seiner Umwelt verbessert.[142]

---

[141] Vgl. Horváth (1996), S. 140 und S. 789 ff.; Reichmann (1997), S. 16 ff.
[142] Vgl. Weber (1990), S. 607; Weber (1988), S. 172.

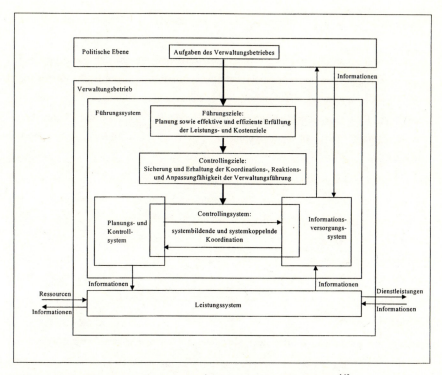

Abb. 10 Controlling als Koordinationssubsystem der Verwaltungsführung[143]

3.1.3 Indirekte Ziele des Verwaltungscontrolling

Indirekte Controllingziele sind die aus den Oberzielen des öffentlichen Verwaltungsbetriebes abzuleitenden Ziele des Verwaltungscontrolling. Es geht also einerseits darum, den Vollzug der übernommenen öffentlichen Aufgaben so effektiv und so effizient wie möglich unter Beachtung der rechtlichen Grundsätze des Verwaltungshandelns wahrzunehmen. Andererseits sind bereits im Rahmen der Politikvorbereitung[144] die Voraussetzungen für einen effektiven und effizienten Politikvollzug zu schaffen.[145] In der öffentlichen Verwaltung ist zu beachten, daß die Verwaltungsführung durch die Einbindung in das Gesamtsystem öffentlicher

---

[143] In Anlehnung an Horváth (1998), S. 143.

[144] Politikvorbereitung wird hier nicht als allgemeine Politikunterstützung, sondern als konkrete Entscheidungsvorbereitung verstanden. Vgl. hierzu den Abschnitt 1.2.3.

[145] Vgl. Abschnitt 1.2.4.

Aufgabenerfüllung in ihrer Entscheidungsfreiheit eingeschränkt ist.[146] Dies bezieht sich zum einen auf die Vorgabe der politischen Ziele und zum anderen auf die bürokratische Organisation sowie auf die rechtlichen Grundsätze des Verwaltungshandelns. Alle drei sind als Rahmenbedingungen des Verwaltungscontrolling anzusehen.[147] Somit ist das Controlling öffentlicher Verwaltungsbetriebe abzugrenzen von einem politischen Controlling oder einem Controlling öffentlicher Aufgabenwahrnehmung.[148] Gegenstand des politischen Controlling sind die Bestimmung des Umfanges öffentlicher Aufgaben und die Festlegung der jeweiligen Aufgabenträger.[149]

Im Mittelpunkt des Verwaltungscontrolling stehen die effektivitäts- und effizienzorientierte Planung, Steuerung und Kontrolle der Leistungsziele des Verwaltungsbetriebes i.e.S.,[150] da sie auf den eigentlichen Zweck des Verwaltungsbetriebes gerichtet sind.[151] In enger Verbindung mit den Leistungszielen stehen aufgrund der Forderung nach effizienter Aufgabenerfüllung auch die kostenorientierten Erfolgsziele im Fokus des Verwaltungscontrolling. Die Ausgabendeckung und die Sicherung der Rechtmäßigkeit des Verwaltungshandelns sind als Nebenbedingungen anzusehen. Die wesentlichen Ziele des Verwaltungsbetriebes sind in der Abb. 11 hervorgehoben.

Politische und administrative Erfolgsziele sind nicht auf den eigentlichen Zweck öffentlicher Verwaltungsbetriebe gerichtet[152] und sind demzufolge auch keine Controllingziele. Die Leistungsziele i.w.S. werden nur am Rande betrachtet.

---

[146] Vgl. Weber (1990), S. 286; Weber (1988), S. 176; Weber (1987), S. 266; Weber (1991), S. 52.

[147] Vgl. Abschnitte 1.2.4, 1.3.1 und 1.3.2.

[148] Andere Autoren nehmen hier keine Trennung vor. Ihre Vorstellung von Verwaltungscontrolling geht über die betriebliche Sphäre der öffentlichen Institutionen hinaus. Vgl. u.a. Weber (1988), S. 172; Weber (1990), S. 583. Dies ist nach Ansicht des Verfassers nicht zulässig, da das Verwaltungscontrolling als betriebliche Führungsfunktion anzusehen ist.

[149] Vgl. hierzu u.a. Naschold (1995), S. 41 ff.; Naschold (1994), pass.; Oettle (1998), pass.

[150] Zur Kritik an der Beschränkung des Zielspektrums vgl. Eschenbach/ Niedermayr (1994), S. 68 f.

[151] Zur Unterscheidung von Leistungszielen i.e.S. und i.w.S. vgl. Abschnitt 1.2.4.

[152] Vgl. Abschnitt 1.2.4

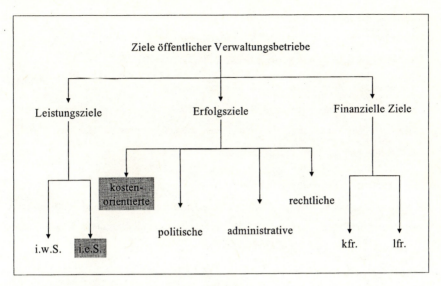

Abb. 11 Wesentliche Ziele des Verwaltungsbetriebes

3.2 Aufgaben des strategischen Verwaltungscontrolling

Ausgehend vom zugrunde gelegten Controllingverständnis besteht die Aufgabe des strategischen Verwaltungscontrolling in der Koordination von strategischer Planung und Kontrolle sowie strategischer Informationsversorgung zur ergebniszielorientierten Unterstützung der strategischen Verwaltungsführung. Der Zeithorizont ist unbeschränkt. Er ergibt sich aus den mit den Strategien abzudeckenden Zeiträumen.[153]

Die Zielgrößen des strategischen Controlling in der Privatwirtschaft sind die bestehenden und zukünftigen Erfolgspotentiale und strategischen Fähigkeiten, also die langfristig wirksamen Erfolgsvoraussetzungen, die dem Unternehmen den künftigen Markterfolg sichern sollen.[154] Für öffentliche Verwaltungsbetriebe kann der Erfolg nicht am Markt beurteilt werden. Statt dessen besteht ihr oberstes Ziel in der effektiven und effizienten Erfüllung der ihnen

---

[153] Vgl. International Group of Controlling (IGC) (1999), S. 36; Liessmann (1993), S. 126 ff.; Weber (1988), S. 178. Reichmann dagegen verwendet die Bezeichnungen „strategisch" und „operativ" zur Beschreibung zeitlicher Dimensionen. Vgl. Reichmann (1997), S. 6 f. Dieser Terminologie wird hier ausdrücklich nicht gefolgt.

[154] Vgl. Gälweiler (1981), S. 383-399; Reichmann (1997), S. 409; International Group of Controlling (IGC) (1999), S. 36; Horváth (1996), S. 244;

übertragenen öffentlichen Aufgaben. Somit ist die Strategieentwicklung öffentlicher Verwaltungsbetriebe auf die Effektivität und Effizienz der Leistungsziele auszurichten.

Die Aufgaben des strategischen Verwaltungscontrolling bestehen in:[155]

- der Unterstützung des politischen Zielbildungsprozesses,
- der Unterstützung der strategischen Planung des Verwaltungsbetriebes,
- der Koordination der Umsetzung der strategischen Planung in operative Pläne und
- dem Aufbau und der Durchführung der strategischen Kontrolle.

3.2.1 Unterstützung des politischen Zielbildungsprozesses

Die Auswahlentscheidung über die wahrzunehmenden öffentlichen Aufgaben fällt in die Verantwortung der Politik. Dennoch ist die Verwaltung in den politischen Zielbildungsprozeß zu integrieren.[156] Dafür sprechen folgende Gründe:

- Der erste Schritt der politischen Zielplanung ist die Problemfestlegung und –analyse.[157] Durch ihre ausführende Tätigkeit wird die Verwaltung auf Problemstellungen aufmerksam, welche sie in den politischen Zielplanungsprozeß einbringen kann.

- Die Zielbildung geht der Mittelentscheidung nicht immer zeitlich voraus, d.h. die Zielformulierung erfolgt nicht unabhängig von den wahrgenommenen Realisationsalternativen. Problemlösung und politische Zielbildung sind somit ebenfalls nicht voneinander trennbar.[158] Durch die frühzeitige Einbeziehung der Verwaltung können Kriterien der Effektivität, Effizienz und Finanzierbarkeit von politischen Programmen rechtzeitig in die Planungen einbezogen werden. Die öffentliche Verwaltung ist auch deshalb in den Prozeß der Zielplanung zu integrieren, weil sie aufgrund ihres Fachwissens und ihres Kontaktes zu den Bürgern den Sachverstand besitzt und die Umsetzung von politischen Zielvorstellungen antizipieren kann.

---

[155] Vgl. Peemöller (1999), S. 92; Weber (1988), S. 177 f.; Weber (1990), S. 589; Weber (1987), S. 266.

[156] Vgl. Joerger/Geppert (1983), S. 49. Dadurch wird den Mängeln des politischen Zielbildungs-prozesses entgegengewirkt. Vgl. Abschnitt 1.2.2.

[157] Vgl. Coenenberg/Baum (1987), S. 14; Küpper (1997), S. 60; Promberger (1995), S. 85.

[158] Vgl. Hauschild (1977), S. 245 f.; Schneider (1998), S. 567; Reichwald (1979), S. 530.

- Das überlegene Fachwissen und –können versetzt die Verwaltung häufig in die Lage, politische Zielvorgaben zu unterlaufen oder zu boykottieren.[159] Deshalb sind öffentliche Ziele ohne oder gegen die öffentliche Verwaltung nicht durchsetzbar.[160] Die Beteiligung der Verwaltung am politischen Zielplanungsprozeß fördert deren Identifikation mit den ihr übertragenen öffentlichen Aufgaben.

Daraus folgt die Notwendigkeit, daß Politik und Verwaltungsführung zusammenarbeiten müssen, um eine zielorientierte Führung des politisch-administrativen Systems gewährleisten zu können.

Eine Aufgabe des strategischen Controlling öffentlicher Verwaltungsbetriebe besteht in der problemorientierten Gewinnung und Aufbereitung von Informationen für den politischen Zielbildungsprozeß. Dabei stehen folgende Komplexe im Mittelpunkt:

- Aufdecken von Problemfeldern,
- Antizipation von Lösungsalternativen,
- Antizipation von Umsetzungsstrategien und
- frühzeitige Abschätzung der anfallenden Kosten von Maßnahmenpaketen.

Diese Aufgaben sind integraler Bestandteil des strategischen Planungsprozesses des Verwaltungsbetriebes.

3.2.2 Unterstützung des strategischen Planungsprozesses des Verwaltungsbetriebes

Ziel der strategischen Planung des Verwaltungsbetriebes ist die Ableitung eines strategischen Leistungsprogrammes (strategische Leistungsziele) und die Entwicklung einer korrespondierenden Ressourcenstrategie.[161] Das Ergebnis der Planungsprozesse sind Maßnahmenkataloge, mit denen eine antizipative Abstimmung von angestrebten Leistungszielen und benötigten Ressourcen angestrebt wird.[162]

---

[159] Vgl. Mayntz (1997), S. 63. Mayntz zeigt Tendenzen der Verwaltung zur Verselbständigung und Eigenmacht auf. Vgl. ebenda S. 64 ff.

[160] Vgl. Brümmerhoff (1996), S. 118.

[161] Vgl. Coenenberg/Baum (1987), S. 33 ff.

[162] Vgl. Coenenberg/Baum (1987), S.13.

Die strategische Planung läßt sich als Teil des Führungsprozesses in verschiedene Ablaufschritte unterteilen, wobei es sich primär um eine sachliche und nicht um eine zeitliche Reihung handelt. Der Planungsprozeß besteht, wie in der Abb. 12 dargestellt, aus der Problemstellungsphase, der Suchphase, der Beurteilungsphase und der Entscheidungsphase.[163] Werden die Komponenten vernetzt, spricht man von einem Planungssystem.[164] Ausgangspunkt der strategischen Planung öffentlicher Verwaltungsbetriebe sind die allgemeinen Oberziele, welche vorrangig durch die politischen Entscheidungsträger und gesetzliche Anforderungen bestimmt werden.

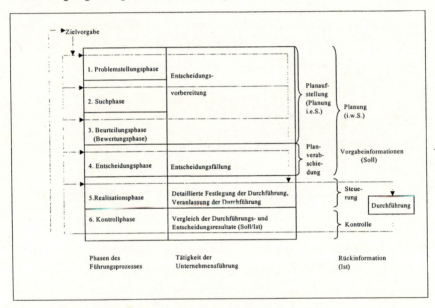

Abb. 12 Planungsprozeß als Teil des Führungsprozesses[165]

In der *Problemstellungsphase* gilt es, ein Bild über die aktuelle Lage zu gewinnen. Hierzu zählt die Beurteilung des politischen, wirtschaftlichen und gesellschaftlichen Umfeldes. Zur Beurteilung der Zweckmäßigkeit einer öffentlichen Aufgabenwahrnehmung ist die relative Position zu anderen Anbietern gleicher oder ähnlicher Leistungen zu analysieren. Dies ist vergleichbar mit der strategischen Positionsbestimmung gegenüber den Wettbewerbern bei

---

[163] Vgl. Hahn (1996), S. 37 ff.

[164] Vgl. Coenenberg/Baum (1987), S. 14.

[165] Vgl. Hahn (1996), S. 46.

Erwerbsunternehmen in der Privatwirtschaft. Neben der Konkurrenzanalyse ist auch die Beziehung zu den Leistungsabnehmern zu betrachten. Die Leistungen der öffentlichen Verwaltung sind auf die Bedürfnisse der Bürger hin auszurichten. Voraussetzung dafür ist die zielgerichtete Analyse der Bedürfnisse.

Ein weiterer Planungsparameter der Unternehmensplanung in der Privatwirtschaft ist die Suche und die Auswahl lukrativer Marktsegmente entsprechend der eigenen Fähigkeiten und Möglichkeiten.[166] Auf die öffentliche Verwaltung übertragen bedeutet dies die Suche und Auswahl der zu bearbeitenden Politikfelder. Dies ist vorrangig Aufgabe der Politik und nicht des öffentlichen Verwaltungsbetriebes. Dennoch sind die Methoden auch für strategische Überlegungen der Verwaltungsführung im Rahmen ihrer Vorschlagsverantwortung relevant. Dieser Analyseschritt führt dazu, bereits übernommene öffentliche Aufgaben in Frage zu stellen.[167] Die Ergebnisse der Analyse und Prognosetätigkeiten sind naturgemäß unsicher.[168]

In der *Suchphase* sind mögliche Produktprogramm- und Potentialalternativen zu entwickeln. Die Ableitung der Alternativen erfolgt in einem mehrstufigen Prozeß. Die allgemeinen Oberziele bilden den Rahmen für die strategische Planung. Sie sollen die Kontinuität und Konsistenz der Gesamtplanung sichern und werden der öffentlichen Verwaltung im wesentlichen durch die Politik und gesetzliche Rahmenbedingungen vorgegeben. Aus den allgemeinen Oberzielen sind die strategischen Leistungsziele des Verwaltungsbetriebes abzuleiten, in welchen das dauerhaft wirkende Produktkonzept entsprechend der wahrzunehmenden öffentlichen Aufgaben festgelegt wird.

Für eine Reihe von Aufgaben der öffentlichen Verwaltung besteht ein Spielraum hinsichtlich des Niveaus der Leistungserfüllung. Somit ist häufig nicht nur die Frage, ob eine Leistung

---

[166] Vgl. Coenenberg/Baum (1987), S. 31.

[167] Weber sieht das ständige Hinterfragen des Aufgabenspektrums sogar als wesentliche Aufgabe des strategischen Verwaltungscontrolling an. Vgl. Weber (1988), S. 172 und S. 178 f. Dadurch könnten unter Umständen sogar die Existenzberechtigung des eigenen Verwaltungsbetriebes oder zumindest Teile des wahrgenommenen Aufgabenspektrums verlorengehen. Das steht in Widerspruch zu den administrativen Zielen der Verwaltung selbst. Zwar wird auch in dieser Arbeit weitgehend von den administrativen Zielinhalten abstrahiert, ganz zu vernachlässigen sind sie jedoch nicht. Zu administrativen Zielinhalten vgl. Abschnitt 1.2.1.

[168] Vgl. Coenenberg/Baum (1987), S. 14 f.

erbracht werden soll, zu stellen, sondern auch auf welchem Niveau dies erfolgen soll. Das Niveau der Leistungserbringung ist ein Parameter der strategischen Planung.[169]

Zur Verwirklichung der strategischen Leistungsziele werden Ressourcen benötigt. Die auf diese Ziele hin ausgerichtete Konfiguration des zukünftigen Ressourcenpotentials wird als Ressourcenstrategie bezeichnet. Das Ressourcenpotential grenzt den Aktionsraum der strategischen Leistungsziele ein. Das Ressourcenpotential wiederum ist durch sein schwächstes Glied begrenzt. Somit kommt der gleichmäßigen und alle Teilpotentiale berücksichtigenden Ressourcenstrategie große Bedeutung zu.[170] Finanzielle, personelle und sächliche Ressourcenpotentiale sind im Gesamtzusammenhang zu betrachten. Bei der Ressourcenplanung sind vor allem auch die Folgekosten geplanter Strategien zu berücksichtigen.[171]

Schließlich sind die Leistungs- und Ressourcenstrategien durch geeignete Strategien zur Organisationsstruktur zu untermauern.[172] Dies betrifft sowohl die Aufbau- als auch die Ablauforganisation. Die Aufbauorganisation stellt auf statische Hierarchien und die damit verbundenen Leistungs- und Informationsbeziehungen ab. Die Ablauforganisation betrifft die dynamischen Komponenten, also die Prozesse in der organisatorischen Abwicklung der Leistungserstellung. Bei Strategien zur Organisationsstruktur geht es z.B. um die Entwicklung projektorientierter Organisationsformen zur Bewältigung einzelner Leistungs- und Ressourcenstrategien.[173] Weiterhin sind hier bereits Überlegungen zur Leistungsmotivation der Führungskräfte und Mitarbeiter anzustellen. Die Abb. 13 veranschaulicht die Interdependenzen der verschiedenen Teilstrategien.

In der *Beurteilungsphase* erfolgt die zielorientierte Alternativenbewertung. Hierfür sind möglichst eindeutig und überschneidungsfrei formulierte, detaillierende Zielvorgaben und entsprechende Meßgrößen notwendig, welche die Auswirkungen einzelner Strategien auf die Erreichung der Oberziele abbilden. In erster Linie sind strategische Kosteninformationen bereitzustellen und Wirkungsbeiträge zu ermitteln. Strategische Kosteninformationen

---

[169] Vgl. Reichmann/Haiber (1994), S. 190 ff.

[170] Vgl. Coenenberg/Baum (1987), S. 34 ff.

[171] Vgl. Schmidberger (1994), S. 201.

[172] Bei der Entwicklung von Strategien zur Organisationsstruktur gibt es unterschiedliche Gestaltungsspielräume für die einzelnen Verwaltungsbetriebe. Sie sind u.a. abhängig von der wahrgenommenen Aufgabe.

[173] Vgl. Hahn (1996), S. 346 ff.; Henzler (1988), S. 1299 f.

beziehen sich auf den Ressourcenbedarf der Strategiealternativen. Eine Quantifizierung der Wirkungbeiträge ist schwierig. Sie sind indirekt zu ermitteln. Dafür sind Indikatoren zur Abbildung der Oberziele notwendig.[174]

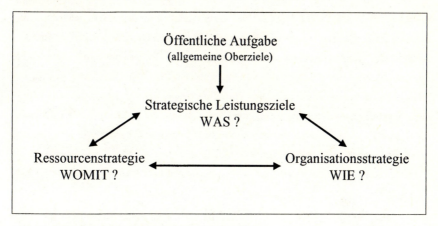

Abb. 13 Ableitung und Beziehungen von Teilstrategien

Auf der Basis der Beurteilung der Kosten und Wirkungen einzelner Strategien erfolgt in der *Entscheidungsphase* die Alternativenauswahl, wobei nur im Fall wohlstrukturierter Problemkomplexe ein Maßnahmenbündel mit maximalem Zielerreichungsgrad bestimmt werden kann.[175]

Im Rahmen des skizzierten strategischen Planungsprozesses unterstützt das strategische Controlling die Verwaltungsführung bei der Auswahl und der Entwicklung von strategischen Planungsinstrumenten. Ferner obliegt dem strategischen Controlling die Unterstützung und Koordination der Gewinnung und Aufbereitung relevanter Informationen über die gesellschaftliche Entwicklung, die Wettbewerber, die Kunden sowie über die eigenen Stärken und Schwächen.[176]

---

[174] Zur Wirkungsrechnung vgl. Abschnitt 3.2.3.

[175] Vgl. Coenenberg/Baum (1987), S. 16.

[176] Vgl. Peemöller (1999), S. 92; Reichmann (1997), S. 410; Weber (1988), S. 178.

Daneben ist das strategische Controlling im Rahmen seiner Koordinationsaufgabe verantwortlich für die Standardisierung, die Organisation und die zeitliche Abstimmung des strategischen Planungsprozesses.[177]

Bezüglich der strategischen Leistungs-, Ressourcen- und Organisationsstrukturplanung wirkt das strategische Controlling systembildend, indem es die Teilkomplexe der Strategieplanung festlegt, und systemkoppelnd, indem es deren Integration sichert. Das strategische Controlling hat ein System von Verfahren und Instrumenten zur Beurteilung der jeweiligen Strategiealternativen bereitzustellen und zu nutzen. Dabei kommt qualitativen und nicht-monetären quantitativen Informationen große Bedeutung zu. Zur frühzeitigen Bewertung von Strategiealternativen sind auch strategische Kostendaten bereitzustellen, welche überwiegend durch ein prozeß- und outputorientiertes Kostenrechnungssystem zu gewinnen sind.[178] Ebenfalls ist die Abstimmung der strategischen Planung mit der Investitions-, Ergebnis- und Finanzplanung Aufgabe des strategischen Verwaltungscontrolling.[179]

Hinsichtlich der Gestaltung von monetären Anreizsystemen zur Mitarbeitermotivation besteht die Aufgabe des Controlling in der Entwicklung und Pflege eines entsprechenden Planungs- und Berichtssystems, wobei die Formulierung und Abstimmung von strategischen und operativen Zielen jeweils zwischen Angehörigen zweier Hierarchiestufen zu erfolgen hat.[180]

3.2.3 Umsetzung der strategischen in die operative Planung

Zur Sicherung der Ausführung sind die Planentscheidungen den Ausführungsorganen disaggregiert als Ziele vorzugeben. Diese Ziele sind zu operationalisieren. Unter Operationalisierung von Zielen wird die Verringerung des Abstraktionsniveaus von Zielen durch Herunterbrechen relativ allgemeiner, übergeordneter Ziele auf konkrete, untergeordnete Ziele verstanden.[181] So wird die Planung zu einem Instrument der Transformation und Realisation von Organisationszielen.[182]

---

[177] Vgl. Peemöller (1999), S. 92.
[178] Vgl. Abschnitte 3.2.1 und 3.2.2.
[179] Vgl. Hahn (1991), S. 131 ff.
[180] Vgl. Hahn (1991), S. 136 f.
[181] Vgl. Krönes (1998), S. 283.
[182] Vgl. Coenenberg/Baum (1987), S. 16; Hahn (1991), S. 137 f.

Die eher abstrakte, bereichsübergreifende und weitgehend langfristig orientierte strategische Planung ist in konkrete, bereichsspezifische und kurzfristig orientierte operative Teilpläne umzusetzen. Dazu sind aus der strategischen Planung Rahmenbedingungen für die Funktionalbereiche der Organisation abzuleiten, die als Vorgaben für die operative Planung dienen. Im Anschluß daran sind die Strategien durch die operative Planung zu konkretisieren.

Es sollte nicht versucht werden, ein flächendeckendes, geschlossenes System öffentlicher Aufgabenwahrnehmung für die Gesamtverwaltung über mehrere Ebenen hinweg top-down zu entwerfen, auf welches dann die detaillierte, operative Leistungs- und Ressourcenplanung aufsetzt. Ein derartiges Vorgehen ist nicht handhabbar, was die gescheiterten Versuche der komplexen Programmbudgetierung z.B. in Form des Planungs-, Programmierungs- und Budgetierungssystems (PPBS) gezeigt haben.[183]

Statt dessen sollten die Führungen der öffentlichen Verwaltungsbetriebe im Rahmen ihrer Aufgaben- und Problemlösungsverantwortung Vorschläge für die Leistungs- und Ressourcenplanung entwickeln, die eine effektive und effiziente Erfüllung der übergeordneten politischen und/oder gesetzlichen Aufgaben ermöglichen. Dies setzt jedoch eine möglichst eindeutige Formulierung der vorgegebenen Oberziele voraus. Ist dies nicht der Fall, kann die Verwaltungsführung keine selbständigen, zielgerichteten Planungen vornehmen und nicht eigenverantwortlich handeln.

Allerdings wird die Politik nur Handlungs- und Entscheidungsspielraum an die Verwaltungsführung abgeben, wenn hinreichend klare Informationen über die Verknüpfung von Zielen, Maßnahmen und Ressourcen vorliegen.[184] Die Verwaltungsführung muß also in „Vorleistung" gehen, um größeren Handlungs- und Entscheidungsspielraum zu erhalten. Deshalb hat das Verwaltungscontrolling ein Informationssystem bereitzustellen, welches auch die Wirkungen des Verwaltungshandelns auf die vorgegebenen Oberziele abbildet.[185] Hier wird die enge Verknüpfung von strategischem und operativem Verwaltungscontrolling deutlich.

---

[183] Vgl. u.a. Buschor (1991), S. 311 f.; Engelhardt (1987), S. 133 ff.; Reinermann (1976), pass.; Schauer (1989), S. 293; Schmidberger (1994), S. 187.

[184] Vgl. Schmidberger (1994), S. 215.

[185] Zur Beurteilung der Wirkung des Verwaltungshandelns vgl. Abschnitt 3.2.3.

In der Phase der Umsetzung der strategischen in die operative Planung hat das strategische Verwaltungscontrolling koordinierende und moderierende Aufgaben.[186]

3.2.4 Strategische Kontrolle

Kontrolle hat eine korrigierende Funktion und kann als abweichungsinduzierte Entscheidung bezeichnet werden. Der Eingriff in unerwünschte Prozeßabläufe bleibt dem Entscheidungsträger vorbehalten, dem Controlling obliegt die Empfehlung für Korrekturhandlungen zur Verbesserung des Realisationsprozesses.[187] Die strategische Kontrolle dient der Aufdeckung geänderter Planungsprämissen und der Verbesserung des strategischen Planungsprozesses. Damit ist die strategische Kontrolle ein Instrument zur Anpassung der strategischen Planung an geänderte Umweltbedingungen.[188]

Folgende Teilbereiche der strategischen Kontrolle sind zu unterscheiden:[189]

- Prämissenkontrolle,
- Konsistenzkontrolle,
- Durchführungskontrolle und
- strategische Überwachung.

Im Rahmen der *Prämissenkontrolle* ist zu überprüfen, inwieweit die Ausgangsannahmen bezüglich zukünftiger Umweltentwicklungen und die Ansprüche an das künftige Ressourcenpotential noch dem aktuellen Erkenntnisstand entsprechen. Bei Abweichungen ist die strategische Planung entsprechend der geänderten Prämissen anzupassen.

Die *Konsistenzkontrolle* beinhaltet die Überprüfung der logischen Ableitung und des logischen Aufbaus der strategischen Pläne sowie der angewandten Methoden und der Vollständigkeit der verwendeten Informationsgrundlagen. Weiterhin wird die Widerspruchsfreiheit der strategischen Pläne überprüft.

Die *Durchführungskontrolle* ist als Fortschrittskontrolle der durchgeführten Maßnahmen zu verstehen. Dabei werden die Erreichung von Zwischenzielen, sogenannten Meilensteinen,

---

[186] Vgl. Reichmann (1997), S. 414.

[187] Vgl. Coenenberg/Baum (1987), S. 11; Weber (1995), S. 164.

[188] Vgl. Weber (1995), S. 166.

[189] Zu den Inhalten der einzelnen Teilbereiche der strategischen Kontrolle vgl. Hahn (1991), S. 137 f.; Reichmann (1997), S. 415; Schreyögg/Steinmann (1985), S. 401 ff.; Weber (1995), S. 167.

analysiert und Prognosen über den endgültigen Zielerreichungsgrad erstellt. Die Durchführungskontrolle bezieht sich auf die Prozeßschritte der strategischen Planung und nicht auf die Kontrolle der Umsetzung der aus den strategischen Plänen entwickelten operativen Pläne. Letzteres ist Bestandteil der operativen Kontrolle.

Die bisher beschriebenen Bereiche der strategischen Kontrolle haben den Mangel einer gerichteten, selektiven Vorgehensweise. Dies soll durch die *strategische Überwachung* ausgeglichen werden. Im Rahmen der strategischen Überwachung sind kritische Entwicklungen, die auf eine Bedrohung hinweisen, zu identifizieren. Schwierig ist hier natürlich die Auswahl relevanter Indikatoren sowie die Beurteilung der möglichen Auswirkungen auf die Ziele des Verwaltungsbetriebes.

Im Rahmen der strategischen Kontrolle kann das strategische Verwaltungscontrolling die Verwaltungsführung einerseits bei der Entwicklung und der Auswahl geeigneter Instrumente unterstützen oder/und andererseits für die Durchführung der strategischen Kontrolle selbst verantwortlich sein. Weiterhin obliegt dem strategischen Controlling die Ermittlung und entscheidungsvorbereitende Beurteilung von Abweichungen und die Empfehlung von Gegensteuermaßnahmen, bezogen auf die zielführende Durchführung des Prozesses der strategischen Planung und der Umsetzung in die operative Planung.

3.2.5 Gesamtsicht

Beim strategischen Verwaltungscontrolling handelt es sich um einen geschlossenen Regelkreis, der die Zielvorgabe, die kontrollierende Information, Rückkopplung und Gegensteuerung umfaßt.[190] In der Abb. 14 sind die einzelnen Aufgaben und Teilaufgaben des operativen Verwaltungscontrolling zusammengefaßt.

Aufgaben des strategischen Verwaltungscontrolling	Teilaufgaben des strategischen Controlling
Unterstützung des politischen Zielbildungsprozesses	• Aufdecken von Problemfeldern, • Antizipation von Lösungsalternativen, • Antizipation von Umsetzungsstrategien und • Frühzeitige Abschätzung der anfallenden Kosten von Maßnahmenpaketen.
Unterstützung der strategischen Planung des Verwaltungsbetriebes	• Auswahl und Entwicklung von Planungsinstrumenten, • Unterstützung und Koordination der Gewinnung und Aufbereitung relevanter Informationen, • Standardisierung, Organisation und zeitliche Abstimmung des strategischen Planungsprozesses, • Festlegung und Integration der Teilkomplexe der strategischen Planung, • Beurteilung der Strategiealternativen und • Abstimmung mit der langfristigen Investitions- und Finanzplanung.
Umsetzung der strategischen in operative Pläne	• Koordination und Moderation.
Strategische Kontrolle	• Prämissenkontrolle, • Konsistenzkontrolle, • Durchführungskontrolle und • Strategische Überwachung, jeweils als entscheidungsvorbereitende Abweichungsanalyse.

Abb. 14 Aufgaben des strategischen Controlling öffentlicher Verwaltungsbetriebe

---

[190] Vgl. Günther (1991), S. 64; Peemöller (1999), S. 93; Weber (1995), S. 164 f.

3.3 Instrumente des strategischen Verwaltungscontrolling

Die nachfolgend ausgewählten Instrumente des strategischen Verwaltungscontrolling dienen der Analyse und Aufbereitung strategischer Informationen und der Beurteilung von Strategiealternativen hinsichtlich Effektivität und Effizienz des Verwaltungshandelns. Bei den Instrumenten des strategischen Verwaltungscontrolling handelt es sich überwiegend nicht um originäre Controllinginstrumente, sondern um Instrumente, die auch der Erfüllung von Controllingaufgaben dienen.

3.3.1 Ermittlung und Analyse strategischer Erfolgsfaktoren

In der Privatwirtschaft werden unter strategischen Erfolgsfaktoren grundlegende Parameter verstanden, welche den nachhaltigen Erfolg eines Unternehmens entscheidend beeinflussen. Es handelt sich um die langfristig wirksamen Erfolgsvoraussetzungen, die dem Unternehmen den künftigen Markterfolg sichern sollen.[191] Sie zeigen in Form von Wenn-Dann-Hypothesen die Merkmale erfolgversprechender Strategien auf.[192] Die Begriffswelt zur Beschreibung des Konzeptes ist uneinheitlich. Deshalb werden die entsprechend der Abb. 15 zugrunde gelegten Begriffe kurz inhaltlich umschrieben und in diesem Kontext weiter verwendet.

Die strategischen Erfolgsfaktoren können grundsätzlich in zwei Kategorien unterteilt werden. Zum einen handelt es sich um interne Faktoren, die als strategische Fähigkeiten[193] die Unternehmung in die Lage versetzen sollen, den Umwelt- und Marktanforderungen besser gerecht zu werden als die Konkurrenz. Zum anderen sind es die strategischen Erfolgspotentiale als Ausdruck des externen Chancenpotentials.

---

[191] Vgl. Gälweiler (1981), S. 383-399; International Group of Controlling (IGC) (1999), S. 62; Reichmann (1997), S. 409.

[192] Vgl. Coenenberg/Baum (1987), S. 47.

[193] Vgl. Lehmann (1991a), S. 103; Weber (1995), S. 144.

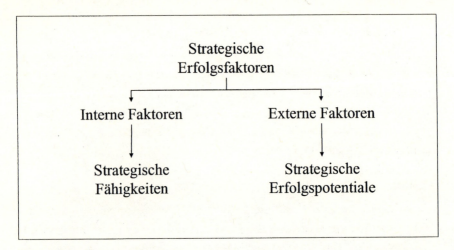

Abb. 15 Strategische Erfolgsfaktoren

Für öffentliche Verwaltungsbetriebe kann der Erfolg nicht am Markt beurteilt werden. Statt dessen besteht ihr Ziel in der effektiven und effizienten Erfüllung der ihnen übertragenen öffentlichen Aufgaben. Um dies in der heutigen Umwelt erreichen zu können, muß die öffentliche Verwaltung in der Lage sein, auf sich ändernde Umweltsituationen reagieren zu können, zu lernen sowie ziel- und wertorientiert handeln zu können.[194]

Als wesentliche strategische Erfolgspotentiale öffentlicher Verwaltungsbetriebe sind u.a. anzusehen:[195]

- die Qualität der Leistungen aus Sicht der Leistungsabnehmer,
- die Ordnungsmäßigkeit und Rechtmäßigkeit des Verwaltungshandelns,
- sich ändernde Anforderungen an die öffentliche Verwaltung,
- ein steigendes Anspruchsniveau der Bürger,
- die Mitarbeiterzufriedenheit und
- der Zielerfüllungsbeitrag von Verwaltungsleistungen.

Die Strategieentwicklung öffentlicher Verwaltungsbetriebe ist auf die Einhaltung rechtlicher und politischer Vorgaben, die Reduzierung von Kosten, die Bürger- und die

---

[194] Vgl. Hill (1993), S. 178.

[195] Vgl. Hill (1993), S, 178 ff.

Mitarbeiterzufriedenheit auszurichten. Diese Anforderungen sind ein Maß für die Erfolgsbeurteilung und damit zugleich Chancen für erfolgreiches Verwaltungshandeln.

Um diesen Anforderungen bzw. Erfolgschancen gerecht zu werden, sind strategische Fähigkeiten zielgerichtet zu entwickeln. Wesentliche strategische Fähigkeiten öffentlicher Verwaltungsbetriebe sind u.a.:[196]

- die Kenntnis der Bürgerwünsche,
- die Interessenkongruenz zwischen dem Verwaltungsbetrieb und seinen Mitarbeitern,
- die Mitarbeiterentwicklung und –motivation,
- die betriebswirtschaftliche Qualifikation der Führungskräfte,
- die Lernfähigkeit bezüglich Organisations- und Handlungsformen und
- das Denken in Leitbildern.

Sowohl die strategischen Erfolgspotentiale als auch die strategischen Fähigkeiten sind für jeden einzelnen Verwaltungsbetrieb entsprechend seiner spezifischen Aufgaben und Rahmenbedingungen zu konkretisieren. Damit wird der Blick auf wesentliche Ansatzpunkte zur Steigerung von Effektivität und Effizienz des Verwaltungshandelns gerichtet. Mit der Analyse und der Entwicklung der strategischen Erfolgspotentiale werden ebenfalls Problemfelder für die übergeordnete politische Aufgabenplanung aufgedeckt. Die strategischen Erfolgsfaktoren bilden die Grundlage für weitere Analyse- und Planungsinstrumente.

Die SOFT-Analyse ist ein Instrument zur ganzheitlichen strategischen Positionierung von Unternehmen aufgrund von Stärken (Strenghts), Chancen (Opportunities), Schwächen (Failures) und Risiken (Threats) bezüglich der strategischen Erfolgsfaktoren unter expliziter Beachtung erwarteter Zukunftsentwicklungen. Sie dient damit vorrangig der Visualisierung der Ergebnisse der Wettbewerbs- und Marktanalyse. Die SOFT-Analyse ist kein eigenständiges Instrument der strategischen Planung, sondern dient vielmehr der ganzheitlichen Visualisierung der strategischen Position.[197]

Für öffentliche Verwaltungsbetriebe ist sie geeignet, die Ergebnisse von Konkurrenzanalysen und die Entwicklungen der Nachfrage nach bestimmten öffentlichen Leistungen sowie die

---

[196] Vgl. Hablützel (1991), S. 146 f.; Hill (1993), S. 178 ff.

[197] Vgl. Weber (1995), S. 90 f.

Beurteilung der eigenen strategischen Fähigkeiten etwa in Planungsdiskussionen zu visualisieren.

Eine Ausprägungsform der SOFT-Analyse ist die strategische Bilanz.[198] Der Zweck der strategischen Bilanz ist die Ermittlung des für die Weiterentwicklung eines Verwaltungsbetriebes maßgeblichen Engpasses. Die strategische Bilanz ist sachzielorientiert. Es erfolgt ein Abgleich der Erfolgspotentiale mit den strategischen Fähigkeiten. Dazu werden in Form einer Bilanz die eigenen Stärken und Chancen auf der Aktivseite den Schwächen und Risiken auf der Passivseite gegenübergestellt und bewertet. Die Gegenüberstellung erfolgt differenziert nach verschiedenen Erfolgsfaktoren. Die Bewertung wird durchgeführt hinsichtlich der Fähigkeit, den umweltbedingten Risiken durch eigene strategische Fähigkeiten begegnen zu können. Als Engpaß wird derjenige Erfolgsfaktor identifiziert, bei dem dies am wenigsten gegeben ist. Auf dieser Basis sind sachzielorientierte Strategien zur Angleichung strategischer Fähigkeiten und strategischer Erfolgspotentiale ableitbar.

Das von Mann entwickelte Vorgehen zur Erstellung einer strategischen Bilanz ist stark formalisiert und vorstrukturiert,[199] wodurch öffentliche Verwaltungsbetriebe unterstützt werden, die bisher wenig Erfahrung mit strategischen Planungen haben.

3.3.2 Strategische Budgetierung

Während die strategische Bilanz sachzielorientiert die strategischen Erfolgspotentiale und strategischen Fähigkeiten gegenüberstellt, ist im nächsten Schritt ein formalzielorientierter Abgleich notwendig. Dazu sind strategische Budgets geeignet, welche der monetären Abstimmung der strategischen Ziel- und Ressourcenplanung, bezogen auf eine Entscheidungseinheit und einen bestimmten Zeitraum, dienen.[200] Budgets gibt es, wie in der Abb. 16 dargestellt, grundsätzlich auf allen Planungsstufen und für alle Planungsfristigkeiten. Die Verbindlichkeit und der Detaillierungsgrad der Budgets nimmt von der strategischen zur operativen Planungsstufe zu.[201]

---

[198] Vgl. Mann (1987), S. 43-56. Entwickelt wurde auch dieses Instrument für Erwerbsunternehmen.

[199] Auf die ausführliche Darstellung wird hier verzichtet. Zum Vorgehen vgl. Horváth (1996), S. 369 ff.; Mann (1987), S. 43-56; Weber (1995), S. 93 ff.

[200] Vgl. ausführlich zu Ziel und Vorgehen der strategischen Budgetierung Lehmann (1991a), pass.; Lehmann (1993), S. 87-216; Lehmann (1991b), pass.; Weber (1995), S. 141 ff.

[201] Vgl. Horváth (1996), S. 222 f.; Weber (1995), S. 141. Andere Autoren reduzieren die Budgetierung auf den operativen Bereich. Vgl. Hahn (1996), S. 412; Küpper (1997), S. 294.

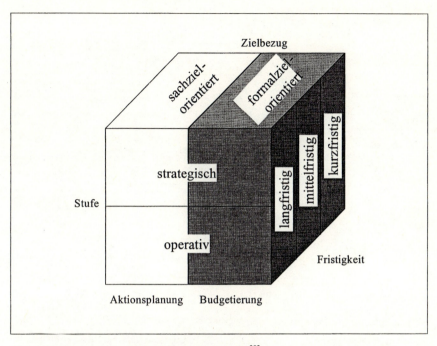

Abb. 16 Budgetierung im Rahmen der Planungsstufen[202]

Strategische Budgets können in Form strategischer Erfolgsrechnungen, strategischer Finanzrechnungen und strategischer Bilanzen erstellt werden. In der Abb. 17 ist das Schema einer strategischen Erfolgsrechnung für Unternehmen dargestellt.

Der Grundgedanke ist auch auf die strategische Planung öffentlicher Verwaltungsbetriebe anwendbar. Für öffentliche Verwaltungsbetriebe ist ausgehend von der strategischen Sachzielplanung auf der Inputseite der langfristige Ressourcenbedarf zu ermitteln. Unter dem langfristigen Ressourcenbedarf sollen die langfristigen Kosten und benötigten Finanzmittel für den Aufbau, den Erhalt und die Weiterentwicklung strategischer Fähigkeiten in zukünftigen Perioden verstanden werden. Die Ableitung der langfristigen Kosten sollte in Form von Kostenblöcken für Personal- und Sachkosten jeweils grob differenziert erfolgen. Zur Abstimmung mit der langfristigen Investitions- und Finanzplanung sind die benötigten Finanzmittel abzuschätzen.

---

[202] Vgl. Horváth (1996), S. 222.

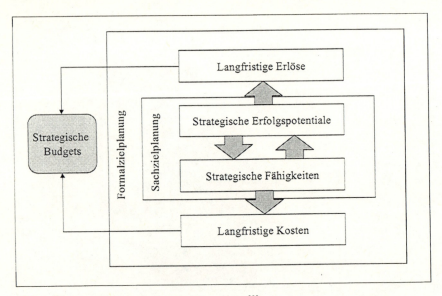

Abb. 17 Strategische Budgetierung für Unternehmen[203]

Dem langfristigen Ressourcenbedarf stehen in der öffentlichen Verwaltung keine langfristigen Erlöse gegenüber. Statt dessen sind die angestrebten strategischen Leistungsziele oder/und deren Wirkungen auf die Erreichung der politischen und gesetzlichen Ziele abzubilden.

Durch die Gegenüberstellung von angestrebten Wirkungen der strategischen Leistungsziele und hierfür benötigtem langfristigen Ressourcenbedarf kann die Wirksamkeit geplanter Leistungs- und Ressourcenstrategien frühzeitig ermittelt und geplant werden. Diese Form der strategischen Budgetierung kann, entsprechend der Abb. 18, in Analogie zur strategischen Erfolgsrechnung bei Erwerbsunternehmen auch als strategische Wirksamkeitsrechnung für öffentliche Verwaltungsbetriebe bezeichnet werden. Das Ziel besteht in einem optimalen Abgleich der strategischen Erfolgspotentiale und strategischen Fähigkeiten, der die ressourcenmäßige Absicherung der strategischen Leistungsziele ermöglicht.

---

[203] Vgl. Weber (1995), S. 144.

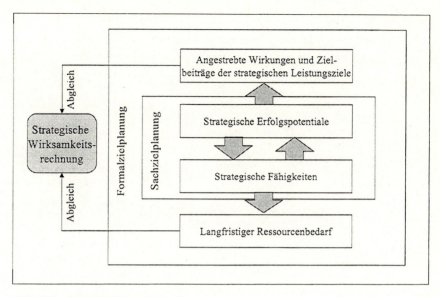

Abb. 18 Strategische Wirksamkeitsrechnung

Aufgrund der Ungewißheit zukünftiger Entwicklungen und der Schwierigkeit, den Aufbau strategischer Fähigkeiten monetär exakt zu bewerten, werden die Berechnungen zwangsläufig nur Schätzungen sein können. Dennoch wird allein durch den Versuch, einen Abgleich der strategischen Leistungsziele mit dem langfristigen Ressourcenbedarf zu erreichen, das Problembewußtsein der Entscheidungsträger erhöht. Die benötigten Ressourcen für angestrebte politische und Leistungsziele werden frühzeitig in die Planung einbezogen.

3.3.3 Erfahrungskurvenkonzept

Mit dem Erfahrungskurvenkonzept[204] wird die kontinuierliche Verringerung der Stückkosten bei Erhöhung der kumulierten Ausbringungsmenge beschrieben. Die Kostendegression beläuft sich im Durchschnitt verschiedener Branchen auf 20-30 % bei jeweiliger Verdopplung der kumulierten Ausbringungsmenge. Der Degressionseffekt stellt sich jedoch nicht automatisch ein, sondern wird durch gezielte Maßnahmen erreicht.[205]

---

[204] Vgl. u.a. Henderson (1974), S. 19 ff.

[205] Vgl. Coenenberg/Baum (1987), S. 52; Wacker (1980), S. 93 ff.

Das Kostensenkungspotential läßt sich sowohl durch eine statische Größendegression als auch durch eine zeitabhängige Erfahrung begründen. Die Abb. 19 zeigt die Komponenten des Kostensenkungspotentials. Alle dargestellten Elemente sind grundsätzlich auch für öffentliche Verwaltungsbetriebe zutreffend.

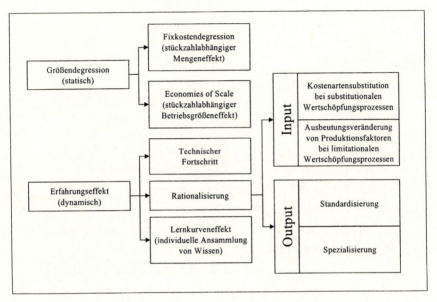

Abb. 19 Ursachen für Kostendegressionseffekte[206]

Für die öffentliche Verwaltung besteht die Anwendung des Erfahrungskurvenkonzeptes nicht in der zielgerichteten Ausdehnung der Produktions- und Absatzmenge zur Erreichung von Kosten- und damit Wettbewerbsvorteilen gegenüber Konkurrenten, sondern in der Suche nach Kosteneinsparpotentialen aufgrund von Erwartungen über die langfristige Bedarfsentwicklung. Die Analyse der möglichen Quellen von Kostenreduktionen sind für den konkreten Verwaltungsbetrieb bezogen auf konkrete Leistungen durchzuführen. Auf der Basis der abgeleiteten potentiellen Einsparungen sind gezielte Maßnahmen zu deren Erreichung zu entwickeln.

---

[206] Vgl. Coenenberg/Baum (1987), S. 52.

3.3.4 Produktlebenszykluskonzept

Das Produktlebenszykluskonzept visualisiert die Absatz- bzw. Umsatzentwicklung der Produkte im Phasenablauf ihres jeweiligen Lebenszyklusses.[207] Dabei wird entweder der reine Marktzyklus eines Produktes oder der sogenannte integrierte Produktlebenszyklus mit der Erweiterung des Marktzyklusses[208] um den Entstehungs- und den Nachsorgezyklus zugrunde gelegt.[209] Das Lebenszykluskonzept läßt sich auf verschiedene Bezugsgrößen anwenden. Als Bezugsgrößen kommen Branchen, strategische Geschäftsfelder, Produktlinien, Marken und Produkte in Betracht.[210]

Die Grundaussage aller Lebenszykluskonzepte besteht darin, daß nur durch die ständige Erneuerung der Produktpalette eine Anpassung an sich ändernde Bedarfe erreicht werden kann.[211]

Für die strategische Planung öffentlicher Verwaltungen ergeben sich verschiedene Anwendungsmöglichkeiten. Die Leistungen der öffentlichen Verwaltung sind an Bedarfsänderungen anzupassen. Das Produktlebenszykluskonzept kann dazu beitragen, die erstellten Leistungen auf Basis der Altersstruktur hinsichtlich ihrer Relevanz zur Erfüllung öffentlicher Aufgaben zu überprüfen sowie in einem weiteren Schritt die öffentliche Aufgabe selbst zu hinterfragen.[212]

Neben der Abbildung der Altersstruktur der Leistungen lassen sich auf der Grundlage der Lebenszyklen auch die mit deren Erstellung und Absatz verbundenen Zahlungsströme und Lebenszykluskosten darstellen.

Es können die Auswirkungen verschiedener Leistungsalternativen und Umweltszenarien auf die zeitliche Verteilung und die absolute Höhe des Ressourcenbedarfes abgebildet werden. Dadurch wird die langfristige Ressourcenplanung und –absicherung unterstützt. Durch die

---

[207] Vgl. Benkenstein (1996), S. 615; Meffert/ Bruhn (1997), S. 127 ff.

[208] Im klassischen Lebenszykluskonzept wird nur der Marktzyklus betrachtet. Vgl. Siegwart/Senti (1995), S. 4 und die dort angegebene Literatur.

[209] Vgl. Pfeiffer/Bischof (1975), pass.; Pfeiffer/Bischof (1981), pass. Pfeiffer/Bischof unterscheiden zwischen einem Beobachtungszyklus, einem Entstehungszyklus und einem Marktzyklus. Zur Einbeziehung des Nachsorgezyklus vgl. Back-Hock (1988), S. 22.

[210] Vgl. Meffert (1998), S. 332.

[211] Vgl. Coenenberg/Baum (1987), S. 55; Weber (1988), S. 181.

[212] Vgl. Weber (1988), S. 181.

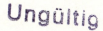

Analyse der zu erwartenden Zahlungsströme[213] wird eine Anbindung an die langfristige Investitions- und Finanzplanung erreicht.

Weitere Erkenntnisse können durch eine Programmstrukturanalyse gewonnen werden. Im Rahmen der Programmstrukturanalyse werden die Lebenszyklusanalysen einzelner Leistungen bezüglich der Alters-, Umsatz- und Kundenstruktur durchgeführt und zu einer integrierten Betrachtung zusammengefaßt. Dadurch werden Erkenntnisse über die langfristige Sicherheit bzw. die langfristigen Risiken innerhalb des bestehenden Leistungsprogrammes gewonnen.[214]

Überträgt man die Vorgehensweise auf die öffentliche Verwaltung, so können die Altersstruktur, der Grad der Inanspruchnahme durch die Leistungsabnehmer und die Struktur der Leistungsabnehmer über die Lebenszyklen hinweg analysiert werden.

Im Rahmen der Altersstrukturanalyse wird untersucht, wie groß der Anteil der Leistungen in den verschiedenen Phasen des Lebenszyklusses ist. Befindet sich ein großer Teil der erstellten Leistungen in den späten Phasen ihres jeweiligen Lebenszyklusses, so ist dies ein Ausdruck eines geringen Innovationsgrades.

Der Grad der Inanspruchnahme der Leistungen und die Struktur der Leistungsabnehmer lassen Rückschlüsse auf die Effektivität einzelner Leistungen hinsichtlich ihres Zielbeitrages und den Grad der Kundenorientierung zu.

Diese Erkenntnisse sind notwendig, um beispielsweise im Rahmen von Portfolioanalysen den weiteren Bedarf der gegenwärtigen Leistungen beurteilen zu können.

3.3.5 Portfolioanalysen

Die grundsätzliche Vorgehensweise der Portfolioanalyse besteht darin, zunächst die den nachhaltigen Erfolg bestimmenden Faktoren zu ermitteln. Dabei wird die Betrachtung i.d.R. auf einen externen und einen internen Erfolgsfaktor beschränkt. Die Auswahl unterliegt keinen speziellen Verfahrensanforderungen. Nach der Auswahl und Dimensionierung der

---

[213] Da die Leistungen der öffentlichen Verwaltung überwiegend unentgeltlich abgegeben werden, handelt es sich hauptsächlich um Auszahlungen.

[214] Vgl. Meffert (1998), S. 336.

Erfolgsfaktoren werden die Leistungen, Leistungsbündel oder Geschäftseinheiten bezüglich der Erfolgsfaktoren bewertet und in die zweidimensionale Matrix eingeordnet.[215]

Überträgt man die Vorgehensweise auf die Problemstellungen der öffentlichen Verwaltung, so läßt sich die Portfolioanalyse sowohl als Instrument der politischen Aufgabenplanung als auch zur Planung und Analyse der strategischen Leistungsziele einsetzen.[216]

Weber und *Schauer* wählen als externe, nicht von der Verwaltung beeinflußbare Größe, den langfristigen Bedarf an einer bislang vom öffentlichen Verwaltungsbetrieb wahrgenommenen öffentlichen Aufgabe. Als intern beeinflußbare Größe wird die Notwendigkeit der öffentlichen Wahrnehmung dieser Aufgabe ausgewählt. (vgl. Abb. 20)

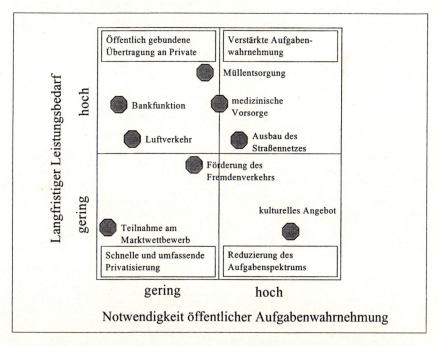

Abb. 20 Beispiel einer auf die strategische Planung öffentlicher Aufgaben ausgerichteten Portfolioanalyse[217]

---

[215] Vgl. Meffert (1998), S. 341.

[216] Vgl. Weber (1988), S. 183.

[217] In Anlehnung an Weber (1988), S. 183; Weber (1990), S. 594; Weber (1987), S. 268; Schauer (1989), S. 297.

Die Handlungsempfehlungen für die einzelnen Bereiche der Portfoliomatrix reichen von der sofortigen Privatisierung der Aufgabe bis hin zur verstärkten Aufgabenwahrnehmung.[218]

Hill verwendet in einem ähnlichen Portfolio die Bezugsgrößen Kundenpriorität und politisch definierter Gemeinwohlschwerpunkt zur strategischen Aufgabenplanung.[219] Beide Varianten betreffen die Frage, ob bestimmte Aufgaben durch öffentliche Aufgabenträger wahrgenommen werden sollen. Sie fallen somit in den Bereich der politischen Aufgabenplanung. Aufgabe eines auf den einzelnen öffentlichen Verwaltungsbetrieb gerichteten strategischen Controlling ist in diesem Zusammenhang lediglich die Informationsbereitstellung für derartige Analysen als Zuarbeit bezüglich der eigenen erstellten Leistungen.

Die Planung der strategischen Leistungsziele einzelner Verwaltungsbetriebe wird durch die Analyse von *Picot/Wolff* unterstützt. (vgl. Abb. 21)

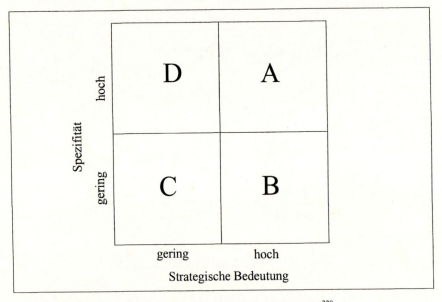

Abb. 21 Spezifität und strategische Bedeutung öffentlicher Leistungen[220]

---

[218] Vgl. Weber (1988), S. 183 f.

[219] Vgl. Hill (1996), S. 234.

[220] Vgl. Picot/Wolff (1994), S. 78.

Als Bezugsgrößen werden die Spezifität und die strategische Bedeutung öffentlicher Leistungen vorgeschlagen.[221]

Spezifisch ist eine Leistung dann, wenn zu ihrer Erstellung bestimmte Ressourcen benötigt werden, die nicht oder nur unter erheblichen Verlusten anders verwendet werden können. Ein typisches Beispiel ist das spezifische Fachwissen von Mitarbeitern des öffentlichen Dienstes. Strategisch bedeutsam ist eine Leistung immer dann, wenn sie unverzichtbares Mittel zur Erreichung öffentlicher Ziele ist.

Klare Handlungsempfehlungen sind hier nur für die Felder „A" und „C" abzuleiten. Im Fall „A", also bei hoher strategischer Bedeutung und hoher Spezifität, ist eine Leistung unbedingt weiter durch die öffentliche Verwaltung selbst zu erbringen. Im entgegengesetzten Fall „C" geringer strategischer Bedeutung und geringer Spezifität ist ein Fremdbezug oder die Einstellung der Leistungen zu empfehlen. Für die anderen beiden Bereiche „B" und „D" stehen eine Reihe von Handlungsalternativen offen. Sie reichen von der verstärkten öffentlichen Aufgabenwahrnehmung aufgrund bisher unterschätzter strategischer Bedeutung über die öffentlich kontrollierte private Leistungserstellung bis hin zur völligen Privatisierung von Aufgaben.

Auch diese Bezugsgrößen haben wie die vorher dargestellten den Mangel, nicht tatsächlich vom Verwaltungsbetrieb beeinflußbar zu sein. Dieses Defizit der in der Literatur diskutierten Analysen kann durch den nachfolgenden Vorschlag ausgeglichen werden. Die Weiterentwicklung der bisher dargestellten Analysen besteht in der Verknüpfung von Kriterien der Wirtschaftlichkeit mit der Frage der Notwendigkeit einer öffentlichen Aufgabenwahrnehmung. Hieraus lassen sich tatsächlich strategische Handlungsalternativen ableiten. Dadurch kommt den eigenen strategischen Fähigkeiten eine größere Bedeutung bei der strategischen Planung zu, als dies bei den vorgenannten Bezugsgrößen der Fall ist.

Zum einen geht es auch hier um die Frage, ob man sich die Erstellung bestimmter Leistungen noch leisten kann oder will. Zum anderen werden auch die Auswirkungen von effektivitäts- und effizienzverbessernden Maßnahmen in die Strategieplanung integriert. Damit geht es nicht mehr nur um die sachliche Fundierung notwendiger Streichlisten, sondern von vornherein auch um die Nutzung von Rationalisierungspotentialen zur Erhaltung von Beschäftigung in der öffentlichen Verwaltung.

---

[221] Vgl. Picot/Wolff (1994), S. 76 ff. Die Autoren bezeichnen ihrer Analyse selbst nicht als Portfolio.

Im dem Beispiel der Abb. 22 werden indirekte Leistungsbereiche bezüglich Wirtschaftlichkeit und Notwendigkeit öffentlicher Leistungserbringung analysiert. Die Wirtschaftlichkeit stellt hier auf den Vergleich zur Privatwirtschaft ab. Die Notwendigkeit öffentlicher Leistungserbringung erfordert subjektive Beurteilungen.

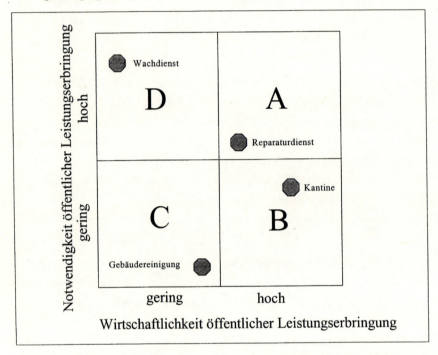

Abb. 22 Notwendigkeit und Wirtschaftlichkeit öffentlicher Leistungserbringung

In dem Beispiel wäre die Gebäudereinigung zu privatisieren und der Reparaturdienst möglicherweise sogar auf Bereiche außerhalb des eigenen Verwaltungsbetriebes auszudehnen. Letzteres kommt auch für die Kantine in Betracht, die aufgrund der geringen Notwendigkeit öffentlicher Leistungserbringung auch ausgelagert werden könnte. Für den Wachdienst sind Maßnahmen zur Verbesserung der Wirtschaftlichkeit zu untersuchen.

Eine weitere Möglichkeit besteht in der Einbeziehung des Niveaus der Erstellung konkreter Leistungen oder Leistungsbündel in die Portfolioanalyse, wodurch eine enge und detaillierte Verknüpfung mit den zur Verfügung stehenden Ressourcen ermöglicht wird.

Reichmann/Haiber verwenden in ihrem strategischen Niveauportfolio[222] die Bezugsgrößen Leistungsniveau und Bedarfsdringlichkeit sowie als weiteres Kriterium die Ressourcenintensität (vgl. Abb. 23). Letztere ist in der Abbildung durch die Größe der Kreise dargestellt.

Dieses Portfolio wurde entwickelt, um auf Basis eines Ist-Portfolios „... einen ausgewogeneren Leistungsmix mit einer gleichgewichtspfadgerechten Verteilung ..."[223] als Plan-Portfolio herzuleiten. Dabei wird die Diagonale als Gleichgewichtspfad interpretiert, auf dem sich Leistungsniveau, Bedarfsdringlichkeit und Ressourcenintensität in ihren Ausprägungen idealtypisch entsprechen. In diesem Idealportfolio befinden sich alle Leistungen entlang der Diagonale. Die Ressourcenintensität nimmt von links unten nach rechts oben zu.

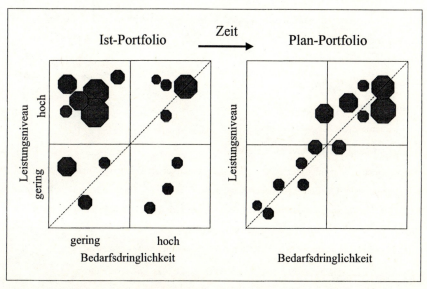

Abb. 23 Strategisches Niveauportfolio[224]

---

[222] Vgl. Reichmann/Haiber (1994), S. 190 ff.

[223] Reichmann/Haiber (1994), S. 192.

[224] Vgl. Reichmann/Haiber (1994), S. 191.

Diese „Vision" der Strategieplanung vernachlässigt völlig die Rolle der Politik bei der öffentlichen Leistungsplanung.[225] Dennoch ist das strategische Niveauportfolio zur bildlichen Darstellung des Zusammenhanges von Leistungsniveau, Bedarfsentwicklung und Ressourcenbeanspruchung geeignet. Damit kann sowohl die politische Aufgabenplanung als auch die strategische Planung innerhalb des Verwaltungsbetriebes unterstützt werden.

Abschließend sei noch einmal hervorgehoben, daß den ausgewählten, skizzierten Analysealternativen lediglich die Technik und die Darstellungsform der klassischen Portfolioanalyse zugrunde liegen. Aufgrund des Wiedererkennungseffektes bei Entscheidungsträgern und um die Begriffswelt nicht auszudehnen, werden sie als Portfolioanalysen bezeichnet.

3.3.6 Balanced Scorecard

Mit Hilfe der Balanced Scorecard werden Mission und Strategie in Leistungsmessungsfaktoren übersetzt. Es werden entsprechend der Abb. 24 im allgemeinen vier Perspektiven unterschieden:[226]

- die finanzielle Perspektive,
- die Kundenperspektive,
- die interne Prozeßperspektive und
- die Lern- und Entwicklungsperspektive.

Dabei werden Kennzahlen der verschiedenen Perspektiven in Form von Ursache-Wirkungs-Beziehungen als Quellen des nachhaltigen Erfolges eines Unternehmens zielorientiert verknüpft.[227] Vorrangig dient die Balanced Scorecard der Klärung, Vereinfachung und Umsetzung von Unternehmensvisionen und -strategien in operationalisierbare Teilziele. Es wird also von einer vorhandenen Gesamtunternehmensstrategie ausgegangen.[228]

---

[225] Brüggemeier kritisiert, zwar pointiert, aber sehr treffend den Ansatz von Reichmann/Haiber: „...(Es) bleibt offen, welche Rolle die Politik in diesem Prozeß spielen soll. Genaugenommen ist sie auch nicht mehr erforderlich; zur Bestimmung des 'Gleichgewichtspfades' benötigt man lediglich ein Lineal." Vgl. Brüggemeier (1998), S. 88.

[226] Prinzipiell sind sowohl die Anzahl als auch die Auswahl der Perspektiven offen und je nach konkreter Organisation zu entwickeln. Erfahrungen bei der Entwicklung von Balanced Scorecards in verschiedenen Unternehmen zeigen, daß drei bis sechs Perspektiven benötigt werden.

[227] Vgl. Krahe (1999), S. 116.

[228] Vgl. Horváth/Kaufmann (1998), S. 46; Kaplan/Norton (1997), S. 23; Kaplan/Norton (1992), S. 38.

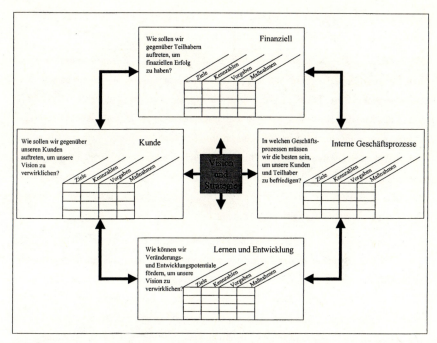

Abb. 24 Perspektiven einer Balanced Scorecard nach Kaplan/Norton[229]

Die Kennzahlen der *finanziellen Perspektive* zeigen an, wie sich Unternehmensstrategien, ihre Umsetzung und Durchführung auf das finanzielle Ergebnis auswirken. Sie dienen in Erwerbsunternehmen als Endziele für die Teilziele und Kennzahlen aller anderen Perspektiven der Balanced Scorecard.[230]

In der *Kundenperspektive* werden die Kunden- und Marktsegmente identifiziert, in denen das Unternehmen konkurrenzfähig sein muß. Dabei wird davon ausgegangen, daß die Kundensicht die Quelle des finanziellen Erfolges eines Unternehmens darstellt. Es werden Grundkennzahlen und spezifische Leistungstreiber der Kundenergebnisse unterschieden. Zu den Grundkennzahlen zählen u.a. der Marktanteil, die Kundentreue, die Kundenzufriedenheit und die Kundenrentabilität. Die spezifischen Leistungstreiber stellen Einflußfaktoren zur

---

[229] Vgl. Kaplan/Norton (1997), S. 9.

[230] Vgl. Kaplan/Norton (1997), S. 24 und S. 46 ff.

positiven Beeinflussung der Grundkennzahlen dar. Grundkennzahlen und Leistungstreiber stehen insofern in einer Ursache-Wirkungs-Beziehung zueinander.[231]

Im Anschluß an die Analyse der Kundenperspektive erfolgt die Analyse der *internen Prozeßperspektive*. Hier sind die kritischen Prozesse zu identifizieren, welche die Kundenperspektive beeinflussen. Dabei wird der betrieblichen Wertkette folgend zunächst untersucht, wie die Kundenwünsche und Marktentwicklungen in das eigene zukünftige Leistungsprogramm überführt werden können. Im Anschluß daran erfolgt die Analyse des Produktions- und Absatzprozesses für das bereits existierende Leistungsprogramm hinsichtlich der Erfüllung der Kunden- und Marktanforderungen. Als dritter Schritt wird schließlich der After-Sale-Prozeß untersucht. Die internen Prozeßabläufe werden jeweils hinsichtlich Qualität und Durchlaufzeit beurteilt.[232]

Im Rahmen der *Lern- und Entwicklungsperspektive* werden Kennzahlen zur Förderung einer lernenden und sich entwickelnden Organisation gesucht. Dabei werden Kennzahlen, bezogen auf die Mitarbeiterpotentiale, die Potentiale der Informationssysteme sowie die Motivation und Zielausrichtung der Mitarbeiter, unterschieden. Die Ziele der Lern- und Entwicklungsperspektive sind die treibenden Faktoren der ersten drei Perspektiven und leiten sich aus ihnen ab.[233] Die Abb. 25 verdeutlicht die enge Verbindung des Konzeptes der Balanced Scorecard mit dem Konzept der strategischen Erfolgsfaktoren.

Durch die Verknüpfung der Kennzahlen aller vier Perspektiven der Balanced Scorecard können Ziele und Vorgaben dem gesamten Unternehmen vermittelt werden. Manager und Mitarbeiter können sich dadurch auf die wichtigsten Leistungstreiber konzentrieren und sind in der Lage, ihre Entscheidungen und ihr Handeln mit den strategischen Unternehmenszielen abzustimmen.[234] Eine Balanced Scorecard ist nicht nur für das Gesamtunternehmen sinnvoll, sondern auch für Unternehmensbereiche, Abteilungen und sogar einzelne Mitarbeiter. Die Scorecards stehen dann wiederum in einer Ursache-Wirkungs-Beziehung zueinander.[235]

---

[231] Vgl. Kaplan/Norton (1997), S. 62 ff.
[232] Vgl. Kaplan/Norton (1997), S. 89 ff.
[233] Vgl. Kaplan/Norton (1997), S. 121 ff.
[234] Vgl. Kaplan/Norton (1997), S. 142.
[235] Vgl. Klaus/Dörnemann/Knust (1998), S. 376; Krahe (1999), S. 118 f.

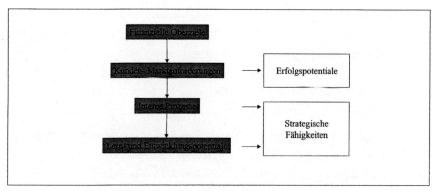

Abb. 25 Analytische Herleitung der Perspektivenkennzahlen

Für die Ableitung der Kennzahlen einer Balanced Scorecard gelten folgende Grundregeln:

- Jede Kennzahl der Balanced Scorecard soll Teil einer Ursache-Wirkungs-Kette sein, an deren Ende (in Erwerbsunternehmen) ein finanzielles Ziel steht. Dadurch wird die Ergebnisorientierung der nicht-monetären Strategieperspektiven sichergestellt.[236]

- Ergebniskennzahlen und Leistungstreiber müssen in einem ausgewogenen Verhältnis stehen. Ergebniskennzahlen ohne Leistungstreiber vermitteln keine Informationen darüber, wie sie erreicht werden sollen. Umgekehrt ist der nachhaltige Ergebnisbeitrag von Leistungstreibern ohne die Verknüpfung mit finanziellen Kennzahlen nicht eindeutig erkennbar.[237]

- Die Kennzahlen müssen auch tatsächlich vom Management (bzw. dem betreffenden Mitarbeiter) beeinflußbar sein.[238]

- Es sind nur Kennzahlen zu wesentlichen Faktoren in die Balanced Scorecard aufzunehmen.[239]

- Die Kennzahlen sind (nur) so weit nach unten herunter zu brechen, bis ein ausreichender Grad an Operationalisierbarkeit erreicht ist.[240]

- An der Erstellung einer Balanced Scorecard sind alle Hierarchieebenen zu beteiligen. Nur auf diese Weise kann die spätere Akzeptanz der Kennzahlen sichergestellt werden.

---

[236] Vgl. Kaplan/Norton (1992), S. 44 ff.; Vgl. Kaplan/Norton (1997), S. 143ff.; Weber/Schäffer (1998), S. 10 ff.

[237] Vgl. Kaplan/Norton (1997), S. 144 f.

[238] Vgl. Horváth/Kaufmann (1998), S.42.

[239] Vgl. Horváth/Kaufmann (1998), S.44.

[240] Vgl. Weber/Schäffer (1998), S. 32 f.

Neben der Umsetzung von Unternehmensstrategien kann durch die Balanced Scorecard auch deren Entwicklung unterstützt werden.[241] Die systematische Auseinandersetzung mit Erfolgspotentialen und strategischen Fähigkeiten sowie deren Wirkungsbeziehungen fördert unmittelbar die Strategieentwicklung und zwingt zu einer klaren Strategieformulierung. Als Kommunikationsinstrument hilft es der Führung, einen wirklichen Konsens über die relative Gewichtung strategischer Ziele herzustellen.

Mit Hilfe der Balanced Scorecard werden Ergebniskennzahlen und deren wesentliche Einflußfaktoren systematisch miteinander verknüpft. Die Balanced Scorecard schafft Transparenz hinsichtlich der Quellen des Erfolges und des Ergebnisbeitrages von Strategien und Maßnahmen. Es werden handhabbare und vermittelbare Steuerungsgrößen analytisch abgeleitet. Dabei handelt es sich um Einflußgrößen auf die Strategieziele, die meßbar und somit planbar und kontrollierbar sind. Mit Hilfe der Balanced Scorecard können also wesentliche Controllingaufgaben erfüllt werden. Deshalb ist die Balanced Scorecard ein Controllinginstrument, mit dessen Hilfe verschiedene Aspekte der Zielplanung, Steuerung und Kontrolle über mehrere Ebenen hinweg integrativ vereint werden können.

Die Verwendung einer Balanced Scorecard zur Entwicklung und Operationalisierung von Strategien birgt auch Gefahren. Zum einen werden Ursache-Wirkungs-Beziehungen abgebildet und quantifiziert, die so exakt in der Realität nicht vorkommen müssen. Zum anderen besteht die Gefahr subjektiver Fehleinschätzungen und kritikloser Fortschreibung einmal entwickelter Kennzahlenbeziehungen. Um diesen Gefahren entgegenzuwirken, ist die strategische Kontrolle[242] konsequent durchzuführen.[243]

Je größer die Organisation und je tiefer die Balanced Scorecards auf die Hierarchieebenen heruntergebrochen werden, desto mehr ist eine DV-technische Unterstützung des Entwicklungs-, Umsetzungs- und Kontrollprozesses notwendig. Die ersten Ansätze sind bereits vorhanden. Inwieweit sich die Prozesse automatisieren lassen, wird die Praxis zeigen müssen.[244]

---

[241] Vgl. Weber/Schäffer (1998), S. 19 f. Die Autoren sehen hierin sogar den entscheidenden Wert der Balanced Scorecard.

[242] Zum Inhalt der strategischen Kontrolle vgl. Abschnitt 3.2.4.

[243] Vgl. Weber/Schäffer (1998), S. 24 f.

[244] Zu den Anforderungen einer DV-technisch gestützten Balanced Scorecard und zu Erfahrungen mit einer bereits entwickelten Software vgl. Klaus/Dörnemann/Knust (1998), pass.

Die Auswahl und die Anzahl der Perspektiven einer Balanced Scorecard sind grundsätzlich variabel. Wichtig ist jedoch, sich auf wesentliche Strategien und wesentliche Einflußfaktoren des Erfolges zu beschränken. Es kann durchaus sinnvoll sein, eine weitere Perspektive in die Balanced Scorecard aufzunehmen oder eine auszutauschen. Die Wahl der Perspektiven wird durch die Branchen und die Strategien bestimmt.[245]

Für öffentliche Verwaltungen spielen finanzielle Kennzahlen, wie Gewinn und Rentabilität, eine untergeordnete Rolle. Statt dessen stehen die Effektivität und die Effizienz der Leistungserstellung im Mittelpunkt des Verwaltungshandelns. Die zu erfüllenden öffentlichen Aufgaben sind die wichtigsten Zielgrößen des Verwaltungsbetriebes und somit der Ausgangspunkt und die Spitze der Balanced Scorecard öffentlicher Verwaltungsbetriebe. Da die Leistungserstellung grundsätzlich unter finanziellen Restriktionen erfolgt, sind auch finanzielle Kennzahlen, wie Budgetkennzahlen und Kostengrößen, in die Balanced Scorecard aufzunehmen.

Die interne Prozeßperspektive ist zwingender Bestandteil der Balanced Scorecard eines öffentlichen Verwaltungsbetriebes. Ebenfalls sind die Beziehungen zu den Leistungsempfängern wichtig, genauso wie die eigene Lern- und Entwicklungsfähigkeit. Somit besteht die Balanced Scorecard für öffentliche Verwaltungsbetriebe entsprechend der Abb. 26 in dieser allgemeinen Form bereits aus fünf Perspektiven.

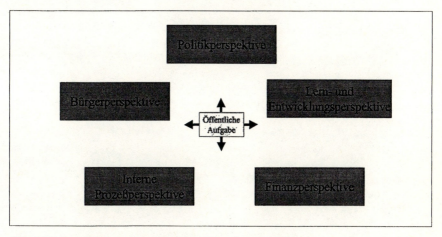

Abb. 26 Balanced Scorecard für öffentliche Verwaltungsbetriebe

---

[245] Vgl. Kaplan/Norton (1997), S. 33 f.

Die Balanced Scorecard kann als Ergänzung und als Zusammenführung der anderen dargestellten strategischen Controllinginstrumente verstanden werden. Das Konzept der strategischen Erfolgsfaktoren, das Lebenszykluskonzept, das Erfahrungskurvenkonzept und die Ergebnisse der verschiedenen Portfolioanalysen sind immanenter Bestandteil des Entwicklungsprozesses einer Balanced Scorecard.

4 Operatives Controlling für öffentliche Verwaltungsbetriebe

4.1 Aufgaben des operativen Verwaltungscontrolling

Ausgehend vom zugrunde gelegten Controllingverständnis besteht die Aufgabe des operativen Verwaltungscontrolling in der Koordination von operativer Planung und Kontrolle sowie operativer Informationsversorgung zur ergebniszielorientierten Unterstützung der operativen Verwaltungsführung. Der Zeithorizont ist kurz- bis mittelfristig.[246]

Die Aufgaben des operativen Verwaltungscontrolling bestehen in:[247]

- der instrumentellen und methodischen Entscheidungsvorbereitung,
- der instrumentellen und prozessualen Unterstützung der operativen Planung und Budgetierung und
- der instrumentellen Unterstützung und/oder Durchführung der laufenden Überwachung.

Die Aufgaben des operativen Verwaltungscontrolling sind prinzipiell identisch mit denen in privaten Unternehmen. Es ist lediglich eine Anpassung der Zielrichtung an die Ziele öffentlicher Verwaltungsbetriebe vorzunehmen.

4.1.1 Entscheidungsvorbereitende Informationsversorgung

Die entscheidungsorientierte Informationsversorgung bezieht sich auf die Beurteilung von Entscheidungsalternativen hinsichtlich ihrer Auswirkungen auf die Effektivität und die Effizienz des Verwaltungshandelns. Zum einen handelt es sich um die Beurteilung finanzieller und/oder kostenmäßiger Auswirkungen von Entscheidungen. Zum anderen können Entscheidungen der Verwaltungsführung auch die Leistungsziele des öffentlichen Verwaltungsbetriebes und deren Wirkungen auf die Erreichung der politischen Ziele betreffen.

Die Abb. 27 gibt einen Überblick über Entscheidungssituationen öffentlicher Verwaltungsbetriebe.

---

[246] Vgl. International Group of Controlling (IGC) (1999), S. 36; Küpper/Weber/Zünd (1990), S. 284; Liessmann (1993), S. 126.

[247] Vgl. Weber (1988), S. 184.

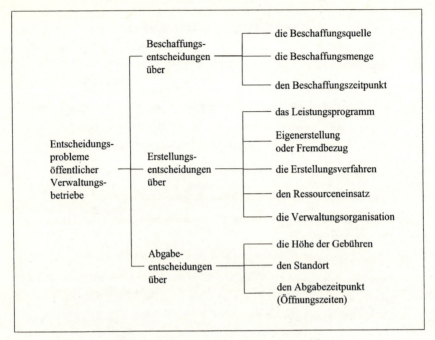

Abb. 27 Entscheidungssituationen öffentlicher Verwaltungsbetriebe[248]

Im Fall der rein monetären Bewertung von Entscheidungsalternativen kommen in der öffentlichen Verwaltung prinzipiell alle bekannten Verfahren der Kosten- und Investitionsrechnung zur Anwendung. Bei Entscheidungen, welche die Leistungsziele des öffentlichen Verwaltungsbetriebes betreffen, treten besondere Meßprobleme auf, welche nicht mit Hilfe monetärer Größen gelöst werden können. Hier sind der Nutzen und die Wirkungen von Handlungsalternativen in Bezug auf die vorgegebenen politischen Ziele zu beurteilen. Der Nutzen und die Wirkung bedürfen im Einzelfall einer Spezifizierung, wobei insbesondere auch externe Effekte in die Alternativenbewertung einzubeziehen sind. Hierfür ist ein sachzielbezogenes Rechnungswesen die Grundlage, auf welchem dann Nutzen-Kosten-Analysen und Indikatorenrechnungen aufsetzen.[249]

---

[248] In Anlehnung an Buchholz (1984), S. 84.

[249] Vgl. Weber (1988), S. 185.

4.1.2 Unterstützung der operativen Planung und Budgetierung

Gegenstand der operativen Planung öffentlicher Verwaltungsbetriebe ist die Planung der operativen Leistungsziele und der hierfür benötigten Ressourcen. Die Planung ist formal- und sachzielbezogen. Die Budgetierung dagegen ist formalzielbezogen und geht über reine Planungsaktivitäten hinaus. Unter Budgetierung wird die zeitraumbezogene, monetäre Abstimmung der Ziel- und Ressourcenplanung, -abrechnung und -kontrolle einschließlich Abweichungsanalyse bezogen auf Verantwortungsbereiche verstanden. Die Budgetierung kann somit als Schnittstelle zwischen Planung und Kontrolle angesehen werden. Die Hauptaufgaben der Budgetierung bestehen in der Umsetzung der Aktionsplanung in zu realisierende Formalziele und deren Überwachung sowie Abweichungsanalyse.[250]

Das Verhältnis von Planung und Budgetierung verdeutlicht die Abb. 28.

Aufgaben-spektrum \ Zielbezug	formalziel-orientiert	sachziel-orientiert
Aufstellung	**Planung**	
Verabschiedung	**Budgetierung**	
Kontrolle		
Abweichungsanalyse		

Abb. 28 Abgrenzung zwischen Planung und Budgetierung[251]

Auch wenn es in dieser Arbeit ausdrücklich nicht um Vorschläge für die umfassende Modernisierung der öffentlichen Verwaltung und die Entwicklung neuer Managementkonzepte geht, so sind dennoch wesentliche Forderungen hinsichtlich der

---

[250] Vgl. Hahn (1996), S. 408 ff.; Horváth (1996), S. 220 ff.; Küpper (1997), S. 294 f.; Marzinzik (1998), S. 169 f.; Weber (1995), S. 132 ff.

[251] Vgl. Marzinzik (1998), S. 170.

Neugestaltung des Planungs- und Budgetierungsprozesses zu erheben:

- Planung und Budgetierung sind ergebniszielorientiert zu gestalten.
- Ein effektiver und effizienter Ressourceneinsatz kann nur durch die Verknüpfung des leistungswirtschaftlichen und des finanzwirtschaftlichen Bereiches erreicht werden.
- Die zu erbringenden Leistungen öffentlicher Verwaltungsbetriebe müssen die Basis für die Ressourcenplanung sein.
- Anzustreben ist die Dezentralisierung der Ressourcenverantwortung und deren Zusammenführung mit der Fachverantwortung.

Zur Ausgestaltung und zu den organisatorischen Rahmenbedingungen einer ergebniszielorientierten Planung und Budgetierung wurden von der Theorie und der Praxis verschiedene Vorschläge unterbreitet und zum Teil auch schon umgesetzt. Schwerpunktmäßig wird die Ausgestaltung eines Kontraktmanagement zur Steuerung dezentraler Ressourcenverantwortung innerhalb der Verwaltung sowie zwischen Politik und Verwaltung diskutiert.[252] Für die wesentlichen Aufgaben des Verwaltungscontrolling im Planungs- und Budgetierungsprozeß ist es zunächst unerheblich, ob die erhobenen Forderungen an ein modernisiertes Planungs- und Budgetierungssystem im konkreten Fall bereits erfüllt sind. Dort wo dies noch nicht der Fall ist, hat das Verwaltungscontrolling den Veränderungsprozeß anzustoßen und vor allem die informatorischen Voraussetzungen dafür zu schaffen. Dort wo bereits ein System dezentraler Ressourcenverantwortung geschaffen wurde und auf Basis globaler Budgets geplant und budgetiert wird, hat das Verwaltungscontrolling die benötigten Informationen permanent für den Planungs- und Budgetierungsprozeß bereitzustellen. Außerdem ist das Verwaltungscontrolling für die Evaluation der ökonomischen Konsequenzen verschiedener Lösungsmöglichkeiten der Dezentralisierung und die Schaffung eines Berichtswesens nach der Umsetzung der Dezentralisierung verantwortlich.[253]

Aufgabe des Verwaltungscontrolling ist es, die materiell planenden Facheinheiten zu einer hinreichend konkreten Maßnahmenplanung anzuhalten und für eine enge Abstimmung der Maßnahmen- und Ressourcenplanung zu sorgen sowie den Bezug zu den übergeordneten Zielen sicherzustellen und eine Beurteilung hinsichtlich der Zielwirkungen vorzunehmen.[254]

---

[252] Vgl. u.a. Banner (1991), S. 8 ff.; Brokemper (1997), S. 5 ff.; Hilbertz (1997), S. 17 ff.; Hill/Rembor (1995), pass.; KGSt (1996c), S. 20 ff.; Meinhold-Henschel/Dumont du Voitel (1997), pass.; Steinbrenner (1994), pass.

[253] Vgl. Weber (1988), S. 188. Zur Ausgestaltung des Berichtswesens vgl. Abschnitt 4.2.6.

[254] Vgl. Männel (1990), S. 362; Schmidberger (1994), S. 192 f.

Damit wird eine wesentliche Voraussetzung für eine zielorientierte, sachlich fundierte Aufgaben- und Finanzplanung geschaffen.

Im Rahmen des Budgetierungsprozesses hat das Verwaltungscontrolling die Prozeß- und Durchführungsverantwortung und nicht die Aufgabe, Budgetwerte festzulegen. Dem Verwaltungscontrolling obliegt der Aufbau eines Budgetierungssystems entsprechend der organisatorischen Rahmenbedingungen. Der Controller hat Budgetwünsche entgegenzunehmen und den Prozeß des Abgleiches vorzubereiten und zu organisieren.[255]

Die operative Leistungs- und Ressourcenplanung sind mit Hilfe der Budgetierung abzustimmen. Dabei werden die Ressourcen monetär bewertet und den überwiegend nichtmonetären Leistungs- und Leistungswirkungszielen gegenübergestellt. Die monetäre Abstimmung beschränkt sich in öffentlichen Verwaltungsbetrieben somit weitestgehend auf die Inputseite.

Die Budgetierung kann im öffentlichen Verwaltungsbetrieb vielfältige Funktionen übernehmen. Sie lassen sich, wie in der Abb. 29 dargestellt, grob in intern und extern orientierte Funktionen einteilen. Intern soll die Budgetierung neben einer kostenstellenbezogenen monetären Planung, Abrechnung und Kontrolle auch die Motivation, die Allokation, die Informationsversorgung und die Koordination unterstützen.[256] Damit wird die Budgetierung zu einem wichtigen Steuerungsinstrument innerhalb des öffentlichen Verwaltungsbetriebes.

Die *Motivationswirkung* ist einerseits darin zu sehen, daß die Verantwortungsträger aller Ebenen des öffentlichen Verwaltungsbetriebes aktiv am Prozeß der Budgeterstellung zu beteiligen sind.[257] Sie sollen innerhalb ihres Handlungsrahmens eigenverantwortlich Umsetzungsstrategien entwerfen und Maßnahmenpläne zur Erfüllung der vorgegebenen Zielvorgabe erstellen. Andererseits ist die Motivationswirkung um so höher, je größer der Handlungs- und Entscheidungsspielraum nach der Budgetverabschiedung ist.

Der Ressourcenbedarf jeder Organisationseinheit ist auf der Basis der zu erbringenden Leistungen zu ermitteln und mit der jeweils höheren Hierarchieebene abzustimmen. Dieses

---

[255] Vgl. Eschenbach (1994), S. 92f.; Hahn (1996), S. 188 f.; Horváth (1996), S. 236; Männel (1990), S. 362; Weber (1995), S. 140.

[256] Vgl. Busse v. Colbe (1989), Sp. 180 f.; Küpper (1997), S. 295 f.; Marzinzik (1998), S. 170 f.; Mensch (1993), S. 821 f.; Schmidberger (1994), S. 207 ff.; Siegwart (1987), Sp. 107 f.

[257] Vgl. Reichwald (1979), S. 530.

Vorgehen fördert aufgrund des permanenten Zielbezuges eine optimale *Allokation* der Ressourcen.

Nicht zuletzt führt der notwendige Abstimmungsprozeß zur Erhöhung des *Informationsstandes* aller Hierarchieebenen des öffentlichen Verwaltungsbetriebes, sowohl bezogen auf die angestrebten betrieblichen Ziele als auch auf die übergeordneten politischen Ziele. Damit wird das Blickfeld der Verantwortlichen über ihren Bereich hinaus erweitert. Dies wirkt dem Ressortdenken entgegen.

Gleichzeitig ist es dieser permanente Zielbezug, der die *Koordination* der vielen verschiedenen Teilpläne und Teilbudgets innerhalb eines Verwaltungsbetriebes unterstützt.[258]

Extern orientiert sind die finanzpolitische, die politische und die Kontrollfunktion.[259] Die *finanzpolitische Funktion* besteht in der Herstellung und Sicherung des Ausgleiches zwischen Einnahmen und Ausgaben. Für die *politische Ebene* gibt das Budget an, welcher finanzielle Rahmen für die Bewältigung konkreter öffentlicher Aufgaben zur Verfügung steht. Schließlich gibt das Budget der Legislative die Möglichkeit, die Tätigkeit der Exekutive zumindest hinsichtlich der finanziellen Vorgaben zu *kontrollieren*.

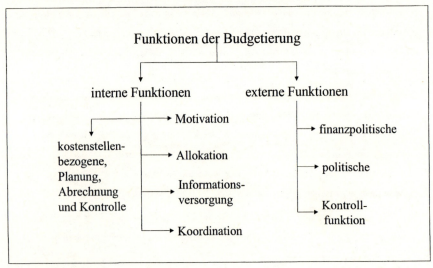

Abb. 29 Funktionen der Budgetierung

---

[258] Zur Koordination von Entscheidungen durch Ziele vgl. Kirsch (1971a), S. 66 ff.

[259] Vgl. Spies (1979), S. 163-166.

Sämtliche internen Funktionen der Budgetierung sind dadurch zu unterstützen, daß Transparenz über die zu erbringenden Leistungen und deren Ressourcenverzehr geschaffen wird. Dies bezieht sich sowohl auf Art, Menge und Qualität der Leistungen als auch auf den möglichst konkreten Bezug zu den übergeordneten Zielen. Bezüglich der Kontrolle der Exekutive durch die Legislative wird hierdurch ebenfalls eine höhere Qualität erreicht, da es nicht mehr nur um die Kontrolle des Haushaltsvollzuges geht, sondern die dahinter stehenden Leistungen mit einbezogen werden können. Werden darüber hinaus noch die Wirkungen der Verwaltungsleistungen hinsichtlich der politischen Zielvorgaben einbezogen, entsteht ein geschlossener Regelkreis von der politischen Zielplanung bis zur wirkungsorientierten Kontrolle der Zielerreichung.

4.1.3 Operative Kontrolle und Abweichungsanalysen

Die laufende Überwachung ist durch die Einheit von Planung und Kontrolle stark planungsdeterminiert. Sie bezieht sich somit zum einen auf die Überwachung der Budgetansätze und zum anderen auf die Überwachung der Leistungsziele. Beides erfolgt in Form von Soll-Ist-Vergleichen und Abweichungsanalysen, welche die Ursachen von Abweichungen aufdecken. Dadurch werden Korrekturentscheidungen ausgelöst.[260]

Darüber hinaus ist auch eine Kontrolle der Wirksamkeit der erbrachten Leistungen hinsichtlich der vorgegebenen politischen Ziele anzustreben. Hierfür sind zunächst die Meßprobleme zur Ermittlung der Wirksamkeit mit Hilfe von Indikatorenrechnungen zu lösen. Daran anschließend können auch hier Soll-Ist-Vergleiche und Abweichungsanalysen erfolgen.

Neben dem planungsbezogenen Teil der Kontrolle sind im Rahmen des ordnungsbezogenen Teiles die Einhaltung von intern und/oder extern vorgegebenen Regelungen zu überwachen. Hier geht es vor allem darum, die planungsbezogene Ergebniskontrolle durch eine Kontrolle von Prozeßabläufen zu ergänzen. Hierzu sind Festlegungen über die Träger der Kontrolle und die Instrumente zu treffen.[261]

Im Gegensatz zur strategischen Kontrolle ist die operative Kontrolle weitgehend standardisiert.[262] Hierfür ist ein Berichtswesen zu entwickeln, welches den

---

[260] Vgl. Horváth (1996), S. 238; Weber (1995), S. 169.

[261] Vgl. Weber (1995), S. 161 f.

[262] Vgl. Weber (1995), S. 227.

Informationsbedürfnissen der Entscheidungsträger auf den verschieden Hierarchiestufen gerecht wird.

4.1.4 Gesamtsicht

Durch die einheitliche Betrachtung von Leistungen, Kosten und Wirkungen sichert das operative Verwaltungscontrolling die ergebniszielorientierte Koordination der operativen Verwaltungsführung. In der Abb. 30 sind die einzelnen Aufgaben und Teilaufgaben des operativen Verwaltungscontrolling zusammengefaßt.

Aufgaben des operativen Verwaltungscontrolling	Teilaufgaben des operativen Verwaltungscontrolling
Entscheidungsorientierte Informationsversorgung	• Beurteilung kostenmäßiger Auswirkungen von Entscheidungsalternativen, • Beurteilung des Nutzens und der Wirkungen von Handlungsalternativen einschließlich externer Effekte.
Unterstützung der operativen Planung und Budgetierung	• Anstoß von Veränderungen im Planungs- und Budgetierungsprozeß, • Evaluation der ökonomischen Konsequenzen verschiedener Konzepte der Dezentralisierung von Entscheidungskompetenzen, • Gestaltung und Durchführung eines ergebniszielorientierten Budgetierungsprozesses, • Schaffung von Transparenz hinsichtlich zu erbringender Leistungen und deren Ressourcenverzehr.
Operative Kontrolle	• Überwachung der Einhaltung der Budgetansätze, • Überwachung der Leistungsziele, • Ermittlung der Wirksamkeit der erbrachten Leistungen, jeweils als entscheidungsvorbereitende Abweichungsanalyse. • Überwachung der Einhaltung extern/intern vorgegebener Regelungen, • Gestaltung und Pflege eines adressatengerechten Berichtswesens.

Abb. 30 Aufgaben des operativen Controlling öffentlicher Verwaltungsbrtriebe

4.2 Instrumente des operativen Verwaltungscontrolling

Die nachfolgend ausgewählten Instrumente des operativen Verwaltungscontrolling dienen vorrangig der Steuerung der Effizienz des Verwaltungshandelns. Gleichzeitig haben die Ergebnisse häufig Einfluß auf strategische Überlegungen, so daß eine enge Verbindung zwischen operativen und strategischen Controllinginstrumenten besteht. Bei den darzustellenden Instrumenten handelt es sich überwiegend um originäre Controllinginstrumente, da sie überwiegend auf die ergebniszielorientierte Koordination des Leistungssystems gerichtet sind.

4.2.1 Leistungsrechnung

4.2.1.1 Zwecke der Leistungsrechnung

Die Aufgabe der Leistungsrechnung ist es, eine periodenbezogene, nach Leistungsarten differenzierte Erfassung der Leistungen in Zeit-, Mengen- und Qualitätsgrößen durchzuführen und dadurch eine Leistungsplanung und –kontrolle sowie die gegensteuernde Einflußnahme im Falle von Abweichungen zu ermöglichen.[263]

In öffentlichen Verwaltungsbetrieben ist die Leistungsrechnung eine eigenständige Rechnung. Sie ermöglicht Aussagen über den Grad der Sachzielerreichung und soll als Basis für Betriebsvergleiche[264] sowie für die Erfolgsbeurteilung des Verwaltungshandelns dienen. Die Leistungsrechnung zeigt Ansatzpunkte für die Verbesserung der Produktivität auf und ist Grundlage für die Planung, Steuerung und Überwachung der Kapazitäten. Die Leistungsrechnung erfüllt eine Dokumentations- und Legitimationsfunktion, indem sie den Nachweis der Mittelverwendung von der Outputseite her erbringt. Außerdem ist sie ein vorgelagertes Instrument der Kostenrechnung und der indikatorengestützten Wirkungsrechnung.[265]

Häufig wird es nicht ausreichen, nur Mengen und Qualitäten der erstellten Leistungen zu betrachten. Beispielsweise sagt die Anzahl durchgeführter Vorlesungen in einer Hochschule wenig über den Erfolg der Lehrtätigkeit aus. Statt dessen sind auch hier Indikatoren

---

[263] Vgl. Brüggemeier (1998), S. 61; Schmidberger (1994), S. 247.

[264] Vgl. ausführlich zum Benchmarking Abschnitt 4.2.7.

[265] Vgl. Männel (1990), S. 365; Schmidberger (1994), S. 239 und S. 267 ff.; Weber (1995), S. 193.

notwendig, die Ausdruck der angestrebten und tatsächlich erbrachten Sachzielerreichung sind. So ist z.B. die Anzahl der teilnehmenden Studenten mit in die Bewertung einzubeziehen. In dem Moment, wo mehrere Leistungen im Zusammenhang beurteilt werden, erfolgt zumindest implizit eine Gewichtung der Wirkungsbeiträge der einzelnen Leistungen. Deshalb handelt es sich dann bereits um eine Wirkungs- und nicht mehr nur um eine Leistungsrechnung. Die gesondert zu führende indikatorengestützte Wirkungsrechnung setzt unmittelbar auf die Mengen- und Qualitätsangaben der Leistungsrechnung auf.[266] Die Abb. 31 faßt die Zwecke der Leistungsrechnung zusammen.

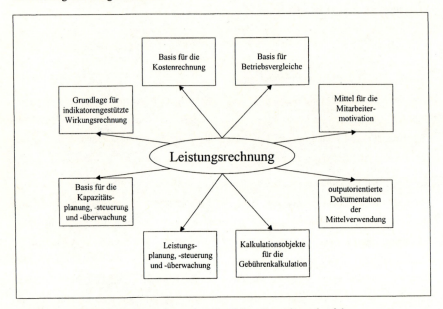

Abb. 31 Zwecke der Leistungsrechnung in öffentlichen Verwaltungsbetrieben

Um die Aufgaben erfüllen zu können, muß die Leistungsrechnung sowohl perioden- als auch leistungsbezogen aufgebaut werden.[267] Leistungsbezogen bedeutet sowohl ergebnisbezogen

---

[266] Im Gegensatz zu anderen Autoren (Vgl. u.a. Reichard (1989), S. 173; Seidenschwarz (1992), S. 133) wird hier die Leistungsrechnung von der Wirkungsrechnung getrennt. Die Leistungsrechnung ist vorrangig eine Mengen- und Zeitrechnung, die sich auf die Leistungsziele des öffentlichen Verwaltungsbetriebes bezieht, und noch keine Aussagen über die Wirksamkeit bezüglich der übergeordneten politischen Ziele zuläßt. Vgl. zur Wirkungsrechnung ausführlich Abschnitt 2.6.3.

[267] Vgl. Männel (1990), S. 362; Schmidberger (1994), S. 247;

als auch prozeß- bzw. tätigkeitsbezogen. Bei letzterem steht die optimale quantitative und qualitative Gestaltung der personellen Kapazitäten im Mittelpunkt.

Die Konzeption einer Leistungsrechnung muß immer betriebsindividuell und leistungsspezifisch sein. Sie kann deshalb nur für Verwaltungsbereiche mit gleicher Leistungsstruktur einheitlich gestaltet werden.[268]

4.2.1.2 Produktbeschreibungen als Informationsträger

Voraussetzung für die Gestaltung einer Leistungsrechnung ist die systematische Analyse der Leistungen des öffentlichen Verwaltungsbetriebes. Die einzelnen Leistungen sind gegeneinander abzugrenzen, um sie meßbar und bewertbar zu machen.

Dies erfolgt durch sogenannte Produktbeschreibungen. Vor allem im Neuen Steuerungsmodell der Kommunalen Gemeinschaftsstelle für Verwaltungsvereinfachung (KGSt) spielen Produktbeschreibungen eine wesentliche Rolle. Sie werden als die zentrale Maßeinheit und Steuerungsgröße angesehen.[269] Nach einer Umfrage des Deutschen Städtetages führten 1996 bereits 58 % der Mitgliedsstädte Produktbeschreibungen durch.[270] Auch wenn das Neue Steuerungsmodell für Kommunalverwaltungen entwickelt wurde, so sind die Ansätze und die Erfahrungen mit den Produktbeschreibungen prinzipiell auf alle öffentlichen Verwaltungsbetriebe anzuwenden.

Durch die Definition von Produkten[271] werden die einzelnen Leistungen eines öffentlichen Verwaltungsbetriebes so zusammengefaßt, daß die Produkte als Informationsträger steuerungsrelevante Funktionen übernehmen können.

Als Leistung wird das Ergebnis eines abgeschlossenen Leistungsprozesses bezeichnet. Eine Leistung ist dadurch gekennzeichnet, daß sie von einer anderen als der leistenden Stelle benötigt wird, also nach außen abgegeben wird. Dabei ist es unerheblich, ob sich die

---

[268] Vgl. Lüder (1993), S.271; Schmidberger (1994), S. 248.

[269] Vgl. KGSt (1996d), S. 7 ff.

[270] Vgl. Reichard (1996), S. 43.

[271] Die Bezeichnung „Produkt" wird in der wissenschaftlichen und praktischen Diskussion nahezu einheitlich zur Bezeichnung des Outputs im öffentlichen Bereich verwendet. Da es sich überwiegend um Dienstleistungen handelt, die zum großen Teil unentgeltlich abgegeben werden, ist der Begriff zwar etwas „unglücklich" gewählt, wird aber auch in dieser Arbeit so verwendet.

abnehmende Stelle außerhalb oder innerhalb der eigenen Organisation befindet. Entscheidend ist das Vorhandensein einer Kunden-Lieferanten-Beziehung.[272]

Produkte öffentlicher Verwaltungsbetriebe sind Leistungen oder Leistungsbündel, die von einer Organisationseinheit nach außen oder an andere Organisationseinheiten geliefert werden. Dies schließt nicht aus, daß mehrere Verwaltungseinheiten an der Erstellung eines Produktes beteiligt sein können. Wichtig ist, daß die Produkte von einer einzigen Verwaltungseinheit abgegeben werden. Der Detaillierungsgrad der Produkte gegenüber den Leistungen ist nur im Einzelfall zu bestimmen.[273] Die Abb. 32 verdeutlicht die Systematik der Produkthierarchie.

Einmalige, nicht wiederkehrende Leistungen können nicht in standardisierte Produktkataloge aufgenommen werden. Sie werden als Projekte bezeichnet und sind gesondert zu erfassen.[274]

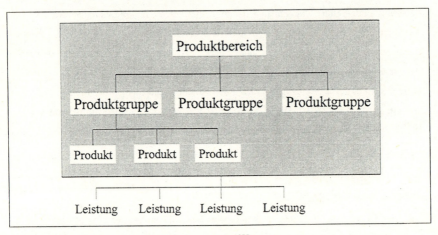

Abb. 32 Hierarchien der Produktbildung nach KGSt[275]

---

[272] Vgl. Scheer (1998), S. 13 f. In den Berichten der KGSt wird die Leistung nicht so eindeutig definiert. Ein Widerspruch zur KGSt besteht jedoch nicht. Vgl. KGSt (1996d), S. 12.

[273] Zu Erfahrungen mit der Detaillierung von Produkten vgl. u.a. Budäus (1996), S. 35 f.; Herting (1996), pass.; Hilbertz (1996b), S. 75; KGSt (1996d), S. 12 ff.; KGSt (1996b), S. 20 ff.; Klein, G. (1996), S. 17; Knirsch/Baans (1995), S. 199 ff.; Nau/Wallner (1998), S. 82 ff.; o.V. (1996), pass.; Plamper (1996), S. 24 f.; Schöneich (1996), S. 8 f.; Trutzel (1996), S. 81 ff.

[274] Vgl. Nau/Wallner (1998), S. 85 ff.

[275] Vgl. Nau/Wallner (1998), S. 89.

Um den unterschiedlichen Informationsbedürfnissen von Fachebene, Verwaltungsführung und Politik gerecht zu werden, sind Produkthierarchien zu bilden. Dazu werden Produkte zu Produktgruppen und diese wiederum zu Produktbereichen zusammengefaßt.[276] Aussagefähige Produktbeschreibungen sollten mindestens folgende Angaben beinhalten:[277]

- aussagefähige Bezeichnung,
- Zuordnung zu Produktgruppen und -bereichen,
- Rechts- oder/und Auftragsgrundlage,
- angestrebtes Ziel,
- Verantwortlichkeiten, Beteiligte, Kunden,
- Quantität und Qualität des Leistungsumfangs,
- Ressourcenbedarf,
- Kennziffern zur Beurteilung der Zielerreichung.

Die Produkte werden zu Informationsträgern, mit deren Hilfe (fast) alle relevanten Steuerungsinformationen zur Zielfindung und zur Zielerreichung verknüpft werden können. Vor allem wird damit die Voraussetzung für die Dezentralisierung der Ressourcenverantwortung und Zusammenführung mit der Fachverantwortung geschaffen.[278]

Das Produkt als multifunktionale Größe soll folgende Aufgaben erfüllen:[279]

- Produkte sollen als Kostenträger fungieren. Letztlich sind die Produkte als Ergebnis des Leistungserstellungsprozesses ursächlich für die Entstehung von Kosten verantwortlich. Demzufolge ist der Ressourcenverbrauch dem Verursachungsprinzip folgend auf die Produkte zuzurechnen. Da der überwiegende Teil der Verwaltungskosten Produktgemeinkosten darstellt, ist das Kostenrechnungssystem prozeßbasiert zu gestalten.

- Produkte sind maßgeblich für die Gestaltung der Leistungsprozesse und der Verwaltungsorganisation. Sie bilden die Grundlage zur Bildung und Abgrenzung

---

[276] Die KGSt hat bereits umfangreiche Produktkataloge für einzelne Aufgabenbereiche von Kommunalverwaltungen entwickelt. Vgl. u.a. KGSt (1996b), pass.; KGSt (1996d), pass.

[277] Vgl. Gönnheimer/Effinger/Brückmann (1997), S. 13 f.; KGSt (1996b), S. 31 ff.; Nau/Wallner (1998), S. 40 f.; Steinbrenner (1994), S. 292.

[278] Vgl. KGSt (1995), S. 12.

[279] Zu den Funktionen der Produkte vgl. Brückmann/Walther (1997a), S. 3; Budäus (1996), S. 28 ff.; Gönnheimer/Effinger/Brückmann (1997), S. 2 ff.; Hilbertz (1996a), S. 243 f.; Knirsch/Baans (1995), S. 203 f.; S. 3 ff.; Schöneich (1996), S. 7 f.; KGSt (1996d), pass. Zur Kritik an der Rolle der Produktdefinition im Neuen Steuerungsmodell vgl. Reichard (1996), pass.

personeller und organisatorischer Kompetenzen zur Verwirklichung der Einheit von Fach- und Ressourcenverantwortung. Um dieser Funktion gerecht zu werden, ist die Definition der Produkte, so wie in der Abb. 33 dargestellt, unabhängig von bestehenden Organisationsstrukturen und Realisationsprozessen vorzunehmen. Ansonsten besteht die Gefahr, daß durch die Produktdefinition vorhandene Ist-Zustände legitimiert und für die Zukunft fortgeschrieben werden.[280] Deshalb sind auf Basis der Produkte die bestehenden Organisationsstrukturen und Prozesse kritisch zu hinterfragen und zu optimieren.

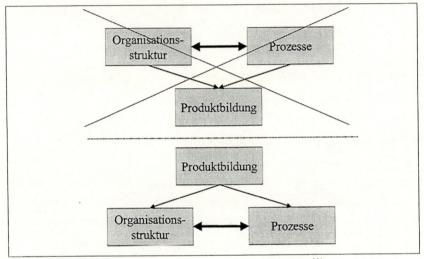

Abb. 33 Produktbildung als Grundlage von Strukturen und Prozessen[281]

- Produkte sind der Ausgangspunkt für die Budgetierung. Je mehr der Aufgaben- und Problemlösungsprozeß dezentralisiert wird, um so mehr können Produkte auch die Grundlage für globale Budgets sein.

- Produkte dienen als Grundlage für Wettbewerb oder Wettbewerbssurrogate im zwischenbetrieblichen Vergleich. Um dieser Funktion gerecht zu werden, ist eine starke Vereinheitlichung sowohl beim Vorgehen als auch im Ergebnis der Produktbildungen notwendig.[282] Dadurch besteht jedoch die Gefahr einer unkritischen Übernahme bestehender Produktkataloge, der mangelnden Auseinandersetzung der Fachbereiche mit den eigenen Produkten sowie der Preisgabe bestehender „Wettbewerbsvorteile".

- Produkte sind das Ergebnis des Handelns der Verwaltungsmitarbeiter. Die Erfassung von

---

[280] Vgl. Budäus (1996), S. 33; Reichard (1996), S. 43.

[281] Vgl. Budäus (1996), S. 33.

[282] Zur Bedeutung einheitlicher Produktbeschreibungen für den interkommunalen Betriebsvergleich vgl. Budäus (1996), S. 35 f.; Klein, G. (1996), S. 12 ff.; Plamper (1996), S. 25.

Menge und Qualität ist die Grundlage für eine leistungsdifferenzierte Personalführung. Die Art und Weise der Bildung und Systematisierung der Produkte bestimmt entscheidend den Erfolg zukünftiger Reformprozesse in der öffentlichen Verwaltung.[283] Die Produkte sind die Mittel zur Erreichung der politischen Ziele. Entscheidend für alle angestrebten Funktionen der Produkte ist deren Verknüpfung mit den übergeordneten politischen Zielvorgaben. Die Produkte sind im Idealfall top-down aus den politischen Zielvorgaben abzuleiten.[284]

Aufgrund der hohen Komplexität dieses Vorgehens wird die Definition der Produkte jedoch aus Praktikabilitätsgründen bottom-up erfolgen müssen, mit allen damit verbundenen Gefahren. Deshalb ist im Anschluß daran eine Aufgabenkritik durchzuführen, mit deren Hilfe der konkrete Bezug zu den politischen Zielvorgaben herzustellen ist. So können über den Umweg einer Beschreibung des Ist-Zustandes Produktbeschreibungen mit konkretem Zielbeitrag im Sinne von Soll-Vorgaben ermittelt werden. Gleichzeitig können Leistungen, die nicht zur Erfüllung der Aufgaben des öffentlichen Verwaltungsbetriebes beitragen, eliminiert werden.

Der Detaillierungsgrad der Produktbeschreibungen sollte den Informationsbedürfnissen der Adressaten folgen. So ist für die Abstimmung zwischen den politischen Entscheidungsträgern und der Verwaltungsführung auf Endprodukte zu fokussieren, die je nach Komplexität der zu lösenden Aufgabe zu Produktgruppen oder Produktbereichen zusammenzufassen sind. Der Informationsbedarf für die verwaltungsinterne Steuerung ist demgegenüber detaillierter, so daß möglicherweise sogar Teilleistungen gesondert auszuweisen sind. Damit die Produkte als Kostenträger fungieren können, sind die Realisierungsprozesse detailliert und produktbezogen abzubilden.

4.2.1.3 Messung der Verwaltungsleistungen

Die Leistungen sind produktbezogen in zeitlicher und mengen- sowie qualitätsmäßiger Hinsicht möglichst täglich und für jeden einzelnen Arbeitsplatz zu erfassen.[285] Personengebundene Daten über die Arbeitszeit sind in der Regel problematisch zu erhalten. Hier gilt es, vor allem dem Personalrat die Vorteile einer möglichst detaillierten Erfassung der Arbeitsergebnisse plausibel zu machen. Hierfür sind neben den Steuerungseffekten für das

---

[283] Vgl. Budäus (1996), S. 30.

[284] Vgl. Reichard (1996), S. 48.

[285] Vgl. Männel (1990), S. 365; Nau/Wallner (1998), S. 123 ff.; Schmidberger (1994), S. 251.

gesamte Verwaltungshandeln auch die Möglichkeiten einer leistungsgerechten Beurteilung und (wo möglich) auch Entlohnung darzulegen. Im Idealfall sind die Leistungen direkt aus der EDV zu entnehmen, ohne gesonderte Erfassungen durchführen zu müssen. Dies ist z.B. bei der Verwendung von Workflow-Systemen der Fall.[286]

Ist eine den tatsächlichen Leistungen entsprechende Erfassung nicht möglich, sind Schätzungen mindestens auf wöchentlicher Basis durch die Mitarbeiter selbst und ihre Vorgesetzten durchzuführen.

Bei Leistungen, die keiner mengen- und zeitmäßigen Schwankung unterliegen, ist eine laufende Erfassung nicht notwendig, da sich keine Steuerungseffekte ableiten lassen. Hier genügen regelmäßig wiederkehrende Erfassungen, im Extremfall nur einmal pro Jahr. Zur Planung von Kapazitäten, Ermittlung von Kostensätzen, für Betriebsvergleiche und für die externe Rechenschaftslegung ist dies als ausreichend anzusehen.

Auch Leistungen, die nicht zu den Produkten des eigenen Bereiches gehören, sind produktbezogen zu erfassen. Hierfür ist die Kenntnis der Leistungsverflechtungen notwendig, welche im Rahmen eine Prozeßanalyse (z.B. beim Aufbau einer prozeßorientierten Kostenrechnung) zu erlangen sind. Auch diese Daten können aus Workflow-Systemen entnommen werden, soweit diese verwendet werden.[287]

4.2.1.4 Bewertung der Verwaltungsleistungen

Die Bewertung von Verwaltungsleistungen hat sowohl ergebnisbezogen als auch tätigkeitsbezogen zu erfolgen.

Die ergebnisbezogene Bewertung der Verwaltungsleistungen bezieht sich zum einen auf die Gegenüberstellung von Menge und Qualität der tatsächlich erbrachten Leistungen und den angestrebten mengen- und qualitätsmäßigen Vorgaben. Maßstab des Erfolges ist dann der Grad der Sachzielerreichung.

---

[286] Durch Workflow-Systeme werden die zu bearbeitenden Objekte (Dokumente) elektronisch von einem Computerarbeitsplatz zum nächsten weitergegeben. Das Workflow-System übernimmt nach Abschluß eines Arbeitsschrittes das Dokument aus dem elektronischen Postausgangskorb eines Sachbearbeiters und stellt es in den Posteingangskorb des nächsten Sachbearbeiters ein. Das Workflow-System kennt den Bearbeitungsstatus, die Ausführungszeiten und die Bearbeiter aller begleiteten Prozesse. Dadurch stehen automatisch die Mengen- und Zeitdaten zur Verfügung, die für eine detaillierte Leistungserfassung benötigt werden. Vgl. ausführlich zur Gestaltung und Anwendung von Workflow-Systemen Scheer (1998), S. 87 ff.

Zum anderen sind die Verwaltungsleistungen hinsichtlich ihres Beitrages zur Erreichung der übergeordneten politischen Zielvorgaben zu bewerten. Dies ist Gegenstand der Wirkungsrechnung.

Schließlich sind die Bewertung der Sachzielerreichung und der Wirksamkeit zu ergänzen um eine Bewertung der Verwaltungsleistungen hinsichtlich ihres Ressourcenverbrauches, um die getragenen Lasten einer Verwaltungsleistung sichtbar zu machen[288] und den Ressourcenverbrauch gegenüber der Politik und der Öffentlichkeit zu dokumentieren. Der Ressourcenverbrauch kann sowohl in monetärer als auch in nicht-monetärer Form dargestellt werden. Grundlage hierfür ist die tätigkeitsbezogene Bewertung der Verwaltungsleistungen.

Ziel der tätigkeitsbezogenen Bewertung der Verwaltungsleistungen ist die Analyse der Ressourcenausnutzung. Im Mittelpunkt steht die Produktivität, wobei im allgemeinen der Arbeitsproduktivität aufgrund des überwiegenden Anteils der Personalkosten an den Gesamtkosten überragende Bedeutung zukommt. Der Faktoreinsatz kann sowohl in Mengen- als auch in Wertgrößen dargestellt werden. Die Produktivitätskennzahlen sind jedoch nur in Relation zu Vergleichskennzahlen aussagefähig.[289] Hier kommen Soll-Ist-Vergleiche und Benchmark-Vergleiche zur Anwendung. Die Abb. 34 zeigt die Systematik der Bewertungsmaßstäbe.

---

[287] Umgekehrt können die durchgeführten Prozeßanalysen auch Anstöße zur Prozeßreorganisation und Einführung von Workflow-Systemen geben.

[288] Vgl. Männel (1990), S. 366 f.

[289] Vgl. zur Bestimmung der Produktivität in indirekten Bereichen Michaelis (1991), pass. und speziell für kommunale Dienstleistungen Semper (1982), pass. Beide geben einen umfassenden Überblick über die Komponenten und Einflußgrößen der Produktivität und diskutieren ausführlich die Messung und Bewertung des Inputs und des Outputs.

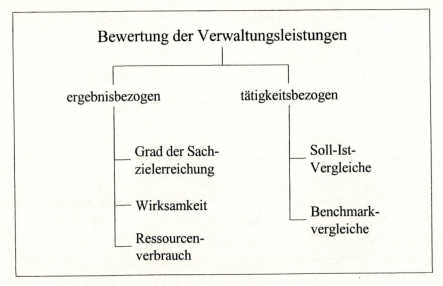

Abb. 34 Bewertungsmaßstäbe der Verwaltungsleistungen

4.2.2 Kostenrechnung

4.2.2.1 Zwecke der Kostenrechnung

Die Kostenrechnung erfaßt und überwacht den Ressourcenverbrauch für die Vorhaltung und den Gebrauch der Kapazitäten.[290] Durch die Kostenrechnung ist sowohl ein Periodenbezug als auch ein Leistungsbezug der Ausgabenpositionen des Haushaltes herzustellen.[291] Der Periodenbezug wird durch die Überführung von Ausgaben in Kosten erreicht, der Leistungsbezug erfordert eine kostenstellen- und eine kostenträgerbezogene Kostenzurechnung.[292] Die Kostenrechnung dient der kostenseitigen Planung und Kontrolle der öffentlichen Leistungserstellung. Damit ermöglicht die Kostenrechnung Aussagen über die Wirtschaftlichkeit des Ressourceneinsatzes und dient als Grundlage für Betriebsvergleiche.[293] Die Kostenrechnung erfüllt auch eine Dokumentations- und

---

[290] Vgl. Schmidberger (1994), S. 239.

[291] Vgl. Männel (1990), S. 362. Auf die Berücksichtigung von Erlösen wird hier verzichtet, da sie nur eine untergeordnete Rolle spielen.

[292] Vgl. Fischer, Th. (1999), S. 116.

Legitimationsfunktion, indem sie den Nachweis der Mittelverwendung von der Inputseite her erbringt. Die Abb. 35 faßt die Zwecke der Kostenrechnung zusammen.

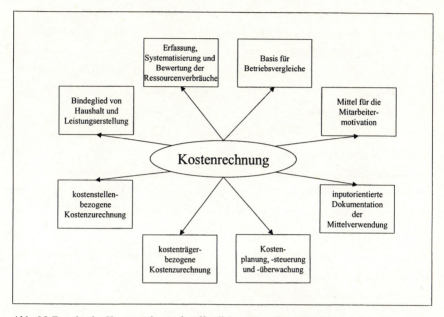

Abb. 35 Zwecke der Kostenrechnung in öffentlichen Verwaltungsbetrieben

Dort wo die einheitliche Steuerung mehrerer Verwaltungsbetriebe durch eine übergeordnete Verwaltung oder die Politik sicherzustellen ist, sind Standards für die Kostenrechnung festzulegen.[294]

4.2.2.2 *Kostenarten- und Kostenstellenrechnung*

Der Aufbau einer Kostenrechnung erfordert zunächst die vollständige Erfassung aller Kosten in Form einer zweckneutralen Grundrechnung. Damit stellt sich die Frage, welche Ressourcenverbräuche in den Kostenbegriff einzubeziehen und wie sie zu bewerten sind. Prinzipiell ist die Einbeziehung aller leistungserstellungsbedingten Güter- und Leistungsverbräuche zu fordern.[295] Problematisch ist hier vor allem die Bewertung negativer

---

[293] Buschor/ Lüder sehen die Vergleichbarkeit der Kosten nach Kostenträgern als Hauptzweck der Kostenrechnung an. Vgl. Lüder (1994), S. 180.

[294] Vgl. Pradel (1998), S. 269 f.

[295] Vgl. Schmidberger (1994), S. 278.

externer Effekte[296], welche für öffentliche Verwaltungsbetriebe aufgrund der Gemeinwohlorientierung als Kosten anzusehen sind.[297] Diese sollten jedoch nicht in die laufende Kostenrechnung einbezogen, sondern in Form von Sonderrechnungen berücksichtigt werden.[298] Zur Ermittlung von Abschreibungen ist eine Vermögensrechnung notwendig.[299] Hinsichtlich der Bewertung des Ressourcenverbrauches ist es sinnvoll, die Regeln des kaufmännischen Rechnungswesens anzuwenden. Aus Gründen der Vergleichbarkeit sollten einheitliche Bewertungsregeln entwickelt werden, die keine oder nur geringe Auslegungsspielräume offen lassen.

Neben der vollständigen Erfassung und Bewertung aller Ressourcenverbräuche erfolgt in der Kostenartenrechnung auch deren Systematisierung. Die Kosten sind zu trennen in Produktkosten und Transferkosten.[300] Transferkosten sind budgetunwirksame Kosten, wie z.B. der ausgezahlte Sozialhilfebetrag. Produktkosten sind hier u.a. die Kosten, die für die Bearbeitung des Antrages, die Erstellung des Bescheides und die Durchführung der Auszahlung anfallen.

Aufgrund der überragenden Bedeutung der Personalkosten sind diese mehrfach zu strukturieren, so z.B. nach der Besoldungsstufe, nach der Abbaubarkeit und nach der anderweitigen Einsetzbarkeit der einzelnen Mitarbeiter.

Kostenartenpläne sind für jeden Verwaltungsbetrieb individuell zu gestalten.

Die Kostenstellenrechnung dient hauptsächlich der kostenstellenbezogenen Überwachung der Wirtschaftlichkeit und der Einhaltung der Kostenbudgets der einzelnen Kostenstellen. Das Ziel sollte darin bestehen, die Kostenstellenrechnung schrittweise zu einer kostenstellenleistungsbezogenen Planungsrechnung auszubauen.[301]

---

[296] Prinzipiell sind z.B. die Güter des Naturhaushaltes aus Gründen der Vermeidung sozialer Kosten als Produktionsfaktoren öffentlicher Verwaltungsbetriebe anzusehen. Vgl. Eichhorn (1979), Sp. 2151 f. Vgl. weiter zur Frage der natürlichen Umwelt als Produktionsfaktor Corsten (1990), S. 98 ff.; Eichhorn (1977), S. 42; Maleri (1997), S. 153 ff.; Meffert/ Bruhn (1997), S. 50 ff.

[297] Vgl. Buchholz (1984), S. 91.

[298] Vgl. Schmidberger (1994), S. 293 ff.

[299] Zur Ausgestaltung einer Vermögensrechnung in der öffentlichen Verwaltung vgl. Buchholz (1985), pass.

[300] Vgl. Nau/Wallner (1998), S. 105 f.

[301] Vgl. Männel (1990), S. 366.

Auch in öffentlichen Verwaltungsbetrieben gelten die allgemeinen Grundsätze der Kostenstellenbildung:[302]

- Möglichst eindeutige proportionale Beziehungen zwischen den anfallenden Kosten einer Kostenstelle.
- Identität von Kostenstelle und Verantwortungsbereich.
- Klare Abgrenzung der Kostenstellen, um eindeutige Zuordnung der Kosten zu ermöglichen.
- Wirtschaftlichkeit der Kostenstellengliederung.

Ein enger Bezug zum Output kann bereits dadurch erreicht werden, daß die Kostenstellen möglichst kostenträgerbezogen gebildet werden, so daß Kostenstellen gleichzeitig Leistungsstellen sind.

4.2.2.3 Prozeßorientierte Kostenrechnung

Während ergebnisorientierte Verwaltungsbereiche über Produkte gesteuert werden können, sind potentialorientierte Verwaltungsbereiche, wie z.B. die Feuerwehr oder ein Wasserwerk, prozeßbezogen zu steuern.[303] Mit Hilfe einer prozeßorientierten Kostenrechnung sind beide Anforderungen gleichzeitig zu erfüllen, da sowohl auf Produkte als auch auf Prozesse abgestellt wird.[304]

Als Instrument der Planung, Steuerung und Verrechnung von Gemeinkostenbereichen bezieht sich die Prozeßkostenrechnung unter anderem auf folgende Aspekte:[305]

- Es werden Aktivitäten des Leistungsprozesses definiert und deren Ressourceninanspruchnahme ermittelt.
- Mittel- und langfristige Einflußgrößen des Ressourcenbedarfes werden sichtbar gemacht. Die Prozeßkostenrechnung zeigt Kosten- und Kapazitätswirkungen veränderter Ablaufstrukturen, einer veränderten Anzahl der Prozeßdurchführungen sowie einer rationelleren Prozeßgestaltung.
- Falls Ursache-Wirkungs-Zusammenhänge bestehen, sind Prozeßkosten auf Produkte, Aufträge, Projekte u.ä. zurechenbar, womit der entsprechende Ressourcenverzehr auf

---

[302] Vgl. Hummel/Männel (1990), S. 196 ff.

[303] Vgl. Pradel (1998), pass.

[304] Zu Vor- und Nachteilen traditioneller Kostenrechnungssysteme für die öffentliche Verwaltung vgl. Zimmermann (1992), S. 197 ff.

[305] Vgl. Mayer (1998), S. 5.

Kostenträgerebene sichtbar wird.

Durch die Verwendung verursachungsgerechter Bezugsgrößen, die gleichzeitig Ausdruck der Leistung einer Kostenstelle sind, wird eine weitgehend verursachungsgerechte Kostenzurechnung auf konkrete Leistungen und/oder Produkte ermöglicht.[306] Die traditionelle Kostenarten- und Kostenstellenrechnung wird somit um die kostenrechnerische Abbildung der Leistungsprozesse erweitert. Es lassen sich folgende Fragen beantworten:[307]

- Was kostet die Abwicklung eines Prozesses?
- Wie verändern sich die Kosten und die Ergebniswirkungen, wenn die Anzahl der Produktvarianten verändert wird?
- Wie lassen sich fixe Gemeinkosten nachhaltig senken?

Kern des Ansatzes der Prozeßkostenrechnung ist im Unterschied zur funktionsorientierten Kostenrechnung eine Neustrukturierung der Gemeinkostenbereiche in sachlich zusammengehörige, kostenstellenübergreifende Prozeßketten.[308] Es erfolgt eine ganzheitliche Abbildung und Bewertung von Prozessen über die organisatorischen Grenzen hinweg. Damit bietet die Prozeßkostenrechnung Ansätze zur organisatorischen Umgestaltung der öffentlichen Leistungserstellung hin zu Aufgabenkreisen.[309]

Unter einem Prozeß wird eine Folge von Aktivitäten verstanden, deren Ergebnis eine Leistung für einen externen oder internen Abnehmer (Kunden) darstellt. Ein Prozeß ist gekennzeichnet durch:[310]

- einen Leistungsoutput,
- Qualitätsmerkmale,
- einen Kosteneinflußfaktor, der gleichzeitig die Meßgröße für die Anzahl der Prozeßdurchführungen ist,
- die bewertete Ressourcenbeanspruchung und
- analysierbare Durchlauf- bzw. Bearbeitungszeiten.

---

[306] Vgl. Zimmermann (1992), S. 198.

[307] Vgl. Horváth/ Kieninger/ Mayer/ Schimak (1993), S. 609 f.

[308] Vgl. Horváth/ Kieninger/ Mayer/ Schimak (1993), S. 612.

[309] Zur Gestaltung von Aufgabenkreisen vgl. Reinermann (1992), S. 135 f.

[310] Vgl. Horváth (1998), S. 103; Mayer (1998), S. 6.

Dabei wird zwischen Haupt- und Teilprozessen unterschieden.[311]

Hauptprozesse sind Ketten homogener Aktivitäten, die dem selben Kosteneinflußfaktor (Kostentreiber) unterliegen und deren Kosten ermittelt werden sollen. Homogenität bedeutet hierbei, daß nur solche Aktivitätsbündel einem Hauptprozeß zuzuordnen sind, die sich in Struktur, Ablauf und Arbeitsaufwand sowie der damit verbundenen Ressourcenbeanspruchung nicht grundlegend unterscheiden.

Teilprozesse sind gleichfalls Ketten homogener Aktivitäten, die jedoch einer Kostenstelle zuzuordnen sind, einem oder mehreren Hauptprozessen zugeordnet werden können und deren Prozeßkosten ermittelt werden sollen. Zur Beschreibung der Teilprozesse sind unter Umständen die zugehörigen Aktivitäten aufzulisten und einzeln zu beschreiben, was allerdings den Aufwand hinsichtlich Datenerfassung und -pflege erhöht.

Hauptprozesse verdichten Teilprozesse auf wenige, für das Verwaltungsmanagement greifbare Größen. Während mit den Kostentreibern die Anzahl der Hauptprozesse gemessen wird, bezeichnen Maßgrößen die Anzahl der Teilprozeßdurchführungen innerhalb einer Kostenstelle. Sie können identisch mit den Kostentreibern sein oder sich von ihnen unterscheiden.

Kostentreiber und Maßgrößen sind so zu wählen, daß sie wirtschaftlich zu ermitteln, durchschaubar und verständlich sind sowie sich möglichst proportional zur Höhe der im Prozeß beanspruchten Ressourcen verhalten.[312]

Sinnvoll ist der Einsatz der Prozeßkostenrechnung nur für vorwiegend repetitive Tätigkeiten, die standardisier- und meßbar sind. Damit sind vor allem die öffentlichen Aufgaben mit geringem Grad an Individualität und geringem Aktivitätsgrad des Kunden/Bürgers geeignet. Die Analyse des Leistungsprozesses steht in engem Zusammenhang mit der Erarbeitung der Produktbeschreibungen, vor allem hinsichtlich des Detaillierungsgrades. Detaillierte Tätigkeitsanalysen sind wenig sinnvoll, wenn die zugehörigen Produktinformationen nur auf hohem Aggregationsniveau (z.B. Produktbereiche) vorliegen und umgekehrt.

Die Prozeßanalyse erfolgt in der Regel kostenstellenbezogen, da sowohl die Ressourcenplanung als auch die Kostenerfassung auf der Ebene der Kostenstellen erfolgt. Im Rahmen der Prozeßanalyse werden die ablaufenden Tätigkeiten beschrieben, Schnittstellen

---

[311] Vgl. Mayer (1998), S. 6 ff.

[312] Vgl. Fischer, Th. (1999), S. 118 f.

und Verantwortlichkeiten aufgezeigt, zu beachtende Richtlinien genannt sowie mögliche Kennzahlen für die Messung einzelner Tätigkeiten definiert.[313]

Die identifizierten Teilprozesse werden in leistungsmengeninduziert und leistungsmengenneutral unterschieden. Da der überwiegende Teil der Kosten in der öffentlichen Verwaltung Personalkosten sind, sind die Kosten einer Kostenstelle über die Mitarbeiterkapazitäten den Teilprozessen zuzuordnen. Alternativ kommen für bestimmte Kostenarten auch andere Größen wie z.b. Rechenzeiten der Datenverarbeitungsabteilung oder Flächenbeanspruchung in Betracht.

Zur Vermeidung einer Proportionalisierung der leistungsmengenneutralen Kosten werden diese sowohl auf der Ebene der Teil- als auch der Hauptprozesse gesondert geführt, so daß je nach Entscheidungssituation die jeweils relevanten Daten leicht ermittelbar sind. Durch Division der leistungsmengeninduzierten bzw. Gesamtkosten durch die Menge des jeweiligen Kosteneinflußfaktors werden die durchschnittlichen leistungsmengeninduzierten bzw. Gesamtkosten je Prozeßdurchführung ermittelt. Abschließend werden die leistungsmengeninduzierten Teilprozesse aller Kostenstellen zu Hauptprozessen verdichtet, wodurch im Idealfall die Gesamtkostensumme aller Hauptprozesse mit der Gesamtkostensumme aller einbezogenen Kostenstellen übereinstimmt.

Die Vorteile der Prozeßkostenrechnung für die öffentliche Verwaltung sind evident:

- Mit ihrer Hilfe können Produkte entsprechend ihrer Ressourceninanspruchnahme „kalkuliert" werden. Somit können durch die Aggregation zu Produktgruppen und Produktbereichen Informationen über den Ressourcenbedarf öffentlicher Aufgaben zur Erreichung politischer Zielvorgaben generiert werden. Auf diese Weise wird der gesamte Prozeß der öffentlichen Leistungserstellung kostenmäßig abgebildet.

- Da der Prozeßkostenrechnung ein Mengengerüst zugrunde liegt, sind bewertungsunabhängige Leistungsvergleiche mit anderen Verwaltungseinrichtungen möglich. Die Tätigkeitsanalysen dienen gleichzeitig als Basis für ein Benchmarking der öffentlichen Verwaltung.

- Wird die mengenabhängige Prozeßkostenermittlung um die Variantenabhängigkeit ergänzt,[314] erhöht sich die Aussagekraft der Entgeltkalkulation bei Gebührenhaushalten, und die interne Verrechnung von Leistungen wird qualifiziert.

- Die Verknüpfung von Prozeßkostenrechnung und Produktbeschreibungen ist schließlich

---

[313] Vgl. Fischer, Th. (1999), S. 117 f.

[314] Vgl. hierzu Zimmermann (1992), pass.; Reichmann/Haiber (1994), pass.

die Grundlage für eine outputorientierte Budgetierung innerhalb des öffentlichen Verwaltungsbetriebes und zwischen Verwaltungsführung und Politik.

Insgesamt ist dem Prozeßgestaltungsaspekt gegenüber der reinen Prozeßkostenrechnung eine zunehmende Bedeutung zuzusprechen.[315]

4.2.3 Wirkungsrechnung

4.2.3.1 Zwecke der Wirkungsrechnung

Die Wirkungsrechnung dient der Analyse und Bewertung der Wirkungen von Verwaltungsleistungen hinsichtlich der Erfüllung der übergeordneten politischen Zielvorgaben. Durch die Wirkungsrechnung wird der Nutzen der Verwaltungsleistungen für die Leistungsempfänger in die Planung, Steuerung und Kontrolle des Verwaltungshandelns integriert.[316]

Da die politischen Ziele i.d.R. schwer zu quantifizieren sind, werden Indikatoren zu ihrer Operationalisierung herangezogen. Die Indikatoren werden als operable Teilziele Bestandteil des Zielsystems öffentlicher Verwaltungsbetriebe. Demzufolge ist die Wirkungsrechnung in Form der Indikatorenrechnung sowohl eine Planungs- als auch eine Kontrollrechnung. Als Planungsrechnung dient sie der Operationalisierung der politischen Zielvorgaben und der wirkungsorientierten Steuerung[317] des Verwaltungshandelns. Als Kontrollrechnung dient sie der Erfolgsermittlung öffentlicher Verwaltungsbetriebe sowohl als Selbstkontrolle der Verwaltungsführung als auch als Wirkungskontrolle durch Parlament und Regierung. Dafür sind Kenntnisse über die Ursache-Wirkungs-Beziehungen zwischen den Verwaltungsleistungen und den angestrebten politischen Zielen notwendig.[318]

Die wirkungsorientierte Steuerung des Verwaltungshandelns durch die Politik und die Verwaltungsführung setzt ex ante Kenntnisse über die Wirkungen konkreter Leistungen auf die Zielerreichung voraus. Diese Informationen sind tatsächlich aber erst ex post ermittelbar,

---

[315] Vgl. Horváth (1996), S. 542.

[316] Vgl. Buchholz (1984), S. 90 ff.; Haiber (1997), S. 117; Männel (1990), S. 367; Schmidberger (1994), S. 239.

[317] So bezeichnen Brückmann/Walther die wirkungsorientierte Budgetierung als höchste Form zielorientierten Handelns öffentlicher Verwaltungsbetriebe. Vgl. Brückmann/Walther (1997b), S. 22 f. Diesbezüglich ist jedoch verhaltener Optimismus angesagt, um nicht den selben Fehler einer übertriebenen ganzheitlichen Feinsteuerung wie bei PPBS zu machen.

[318] Vgl. Buschor (1993), S. 178 f.; Hablützel (1991), S. 146; Haiber (1997), S. 118; Schmidberger (1994), S. 297 ff. und S. 304.

so daß lediglich bei wiederholter Durchführung bestimmter Programme eine wirkungsorientierte Steuerung realistisch erscheint. Um die Erfahrungen über Ursache-Wirkungs-Beziehungen für spätere Programm- und Produktentscheidungen nutzen zu können, ist eine kontinuierliche, systematische Wirkungsrechnung anzustreben, deren Ergebnisse (planungsgerecht) zu dokumentieren sind.

Die Wirkungsrechnung erfüllt auch eine Dokumentations- und Legitimationsfunktion, indem sie im Rahmen der externen Rechnungslegung den Nachweis der Mittelverwendung hinsichtlich der erreichten Wirkungen erbringt. Die Abb. 36 faßt die Zwecke der Wirkungsrechnung zusammen.

Abb. 36 Zwecke der Wirkungsrechnung im öffentlichen Verwaltungsbetrieb

4.2.3.2 Bestimmung und Auswahl von Indikatoren zur Abbildung von Wirkungen

Indikatoren sind Anzeiger für untersuchte Sachverhalte, sie sollen das Erreichen oder Verlassen eines bestimmten Zustandes anzeigen.[319] Indikatoren gestatten es lediglich, mit einer gewissen Wahrscheinlichkeit auf das Vorliegen einer bestimmten Eigenschaft oder eines

---

[319] Vgl. Falbe/Regitz (1997), S. 1906; Hoffmann-La Roche (1993), S. 825.

Merkmals zu schließen.[320] Bei den Indikatoren handelt es sich um Größen, die einen eigentlich nicht meßbaren Sachverhalt, wie z.b. die Wirkung des Verwaltungshandelns auf die politische Zielerreichung, meßbar machen sollen.

An die Indikatoren zur Abbildung der Wirkungen sind verschiedene Anforderungen zu stellen, von denen die wesentlichen in der Abb. 37 enthalten sind.[321] Die Anforderungen stehen sich zum Teil konfliktär gegenüber und sind nicht immer vollständig zu erfüllen. Trotzdem sind sie bei der Suche nach den geeigneten Indikatoren als Beurteilungskriterien zu verwenden. Da die Abbildung der Wirkungen durch Indikatoren einem ständigen Lernprozeß unterliegt und auch Änderungen in der Leistungsstruktur sowie den übergeordneten Zielvorgaben im Zeitablauf zu erwarten sind, werden sich die Indikatoren regelmäßig ändern. Vor allem aus Gründen der Vergleichbarkeit ist es sinnvoll, bei der Wirkungsmessung eine stabile Fehlerquote zu akzeptieren, statt in dem Streben nach Perfektion der Wirkungsmessung auf die wichtigen historischen Auswertungen zu verzichten.[322]

Eigenschaft	Beschreibung
Validität	Die Indikatoren müssen geeignet sein, das angestrebte Wirkungsziel abzubilden.
Einfachheit	Es sollten möglichst wenige und treffende Indikatoren verwendet werden.
Rechtzeitigkeit	Die Indikatoren sollen zeitnah meßbar sein.
Objektivität	Die Meßergebnisse sollen frei von subjektiven Einflüssen sein.
Zeitliche Beständigkeit	Die Indikatoren sollen im Zeitablauf vergleichbare und beständige Ergebnisse liefern.
Vertraulichkeitsschutz	Die Indikatoren sollen dem Datenschutz der Leistungsabnehmer und der Leistungserbringer genügen.

Abb. 37 Anforderungen an Indikatoren

---

[320] Vgl. Grunow (1994), S. 291 f.

[321] Vgl. u.a. Buschor/Lüder (1994), S. 183 f.; Schaich (1977), S. 7; Schedler (1995), S. 74; Willms/Riechel (1988), S. 112 ff.

[322] Vgl. Schedler (1995), S. 74. Schedler bezeichnet „einen Perfektionsgrad von 80 %" als ausreichend.

Die Indikatoren lassen sich einteilen in subjektive, objektive, Output- sowie Inputindikatoren.[323] *Subjektive Indikatoren* basieren auf Informationen, die Ausdruck persönlicher Wertschätzungen sind. Die Wirkungen der Verwaltungsleistungen sind letztlich die Konkretisierung des öffentlichen Interesses im Einzelfall. Somit sind sie tatsächlich nur durch direkte Befragungen der Leistungsempfänger zu ermitteln.[324] Subjektive Indikatoren basieren auf der direkten Erfahrung von Individuen, wodurch von vornherein ihre Einheitlichkeit beschränkt ist.

Objektive Indikatoren lassen sich unabhängig von der subjektiven Wahrnehmung der Leistungsempfänger messen. Sie sind ein Ersatzkriterium für die direkte Messung der Wirkung bei den Betroffenen. Objektive Indikatoren sind zwar einheitlich darzustellen, es sind jedoch nur Vermutungen über die Kriterien, nach denen die Wirkungen durch die Individuen wahrgenommen werden.

Outputindikatoren stellen eine Verbindung zwischen den Leistungen des öffentlichen Verwaltungsbetriebes und deren Wirkungen her, während mit Hilfe von *Inputindikatoren* von einem bestimmten Input auf die Zielerreichung geschlossen wird.

Es sind vier Personengruppen zu unterscheiden, die an der Transformation der komplexen politischen Zielvorgaben interessiert sind:[325]

- Politik,
- Verwaltungsführung,
- Verwaltungsmitarbeiter und
- Öffentlichkeit (Bürger).

Sie sind je nach konkretem Einzelfall in den Prozeß der Indikatorenbildung einzubeziehen. Dadurch wird sichergestellt, daß die Indikatoren sowohl zur Operationalisierung der politischen Zielvorgaben als auch zur Abbildung des Nutzens des Verwaltungshandelns für die Leistungsempfänger sowie zur systematischen und kontinuierlichen Messung geeignet sind. Im Idealfall sind die Indikatoren analytisch aus den angestrebten politischen

---

[323] Vgl. Schmidberger (1994), S. 298 f. Zu weiteren Unterscheidungskriterien vgl. Buschor (1991), S. 316; Hieber, W. (1993), S. 281; Reichard (1989), S. 172 f.; Seidenschwarz (1992), S. 135 f. sowie Schmidberger (1994), S. 298, Fußnote 248 und die dort angegebene Literatur.

[324] Vgl. Haiber (1997), S. 117 f.

[325] Vgl. Schmidberger (1994), S. 307 ff.

Zielvorgaben abzuleiten. Da die Interessenlage und die konkrete Problemsicht der beteiligten Gruppen jedoch unterschiedlich ist, wird der Prozeß der Indikatorenbildung eher ein Diskussions- und Verhandlungsprozeß sein.

Zur wirkungsorientierten Beurteilung von Verwaltungsleistungen wird i.d.R. nicht ein Indikator ausreichen, statt dessen ist eine Kombination verschiedener Indikatoren notwendig. Ebenfalls ist es im allgemeinen nicht möglich, die verschiedenen Indikatoren mit Hilfe von Gewichtungen zu einer Gesamtbeurteilung in einer Meßzahl zusammenzufassen.[326]

Indikatoren können nicht alle wesentlichen Parameter erfassen, deshalb sind die Ergebnisse der Indikatorenrechnung einer sorgfältigen, ergänzenden Interpretation zu unterziehen.[327]

Bereits bei der Auswahl von Indikatoren sind die Möglichkeiten der Datengewinnung zu berücksichtigen. In der Abb. 38 ist exemplarisch ein Indikatorensystem zur Beurteilung der Lehrtätigkeit an Universitäten dargestellt.

Dieses und andere Indikatorensysteme werden regelmäßig der Leistungsrechnung zugeordnet.[328] Da jedoch relative Gewichtungen hinsichtlich des Wirkungsbeitrages der einzelnen Indikatoren zur Beurteilung notwendig sind, die zunächst unabhängig von den konkreten Leistungsprozessen des öffentlichen Verwaltungsbetriebes sind, handelt es sich offenkundig um eine Wirkungsrechnung. Die Trennung von Leistungs- und Wirkungsrechnung ist schon deshalb geboten, weil es sich um verschiedene Ebenen der Verantwortlichkeiten handelt. Die Wirksamkeit des Verwaltungshandelns wird zum einen dadurch beeinflußt, wie hoch die politischen Zielvorgaben gesteckt sind und wie weit sie konkretisiert werden. Zum anderen ist das konkret zu erbringende Leistungsprogramm maßgeblich für den Grad der politischen Zielerreichung verantwortlich. Beides wird stark von der Ebene der politischen Entscheidungsträger beeinflußt und fällt deshalb nicht ausschließlich in die Verantwortung der Verwaltungsführung.

---

[326] Für ein Beispiel einer indikatorengestützten Beurteilung von Verwaltungsleistungen vgl. 6.3.2. Im Rahmen der Fallstudie hat die Mitgliederbefragung eher strategische Ausrichtung, was die enge Verknüpfung von strategischen und operativen Controllingaspekten verdeutlicht.

[327] Vgl. Buschor (1991), S. 316 f.; Buschor (1993), S. 180 f.

[328] In der Literatur sind Indikatorensysteme für verschiedene Bereiche der öffentlichen Verwaltung zu finden. Vgl. u.a. für Studentenwerke Weber (1983b), pass.; für Universitäten Kemmler (1990), S. 301 ff.; Schmidberger (1994), S. 309 ff.; Seidenschwarz (1992), S. 131 ff.; für den öffentlichen Personennahverkehr Schmidberger (1994), S. 305 ff.; für Krankenhäuser Röhrig (1991), S. 140 ff.; für öffentlich-rechtliche Rundfunkanstalten Gläser (1990), S. 332 ff.; für Entwicklungsprojekte Reichard (1989), S. 172 ff.

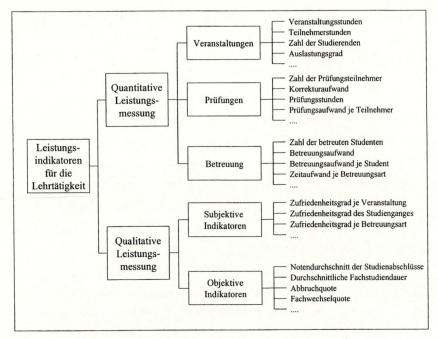

Abb. 38 Indikatoren für die Beurteilung der Lehrtätigkeit einer Universität[329]

Die Verwaltungsführung hat in diesem Zusammenhang vorrangig die Aufgabe, die Wirkungen der Verwaltungsleistungen zu ermitteln und Vorschläge zur Verbesserung der Wirkung zu machen. Dies betrifft sowohl die Gestaltung des Leistungsprogrammes als auch den Leistungserstellungsprozeß, wobei letzterer ausschließlich in der Verantwortung der Verwaltungsführung selbst liegt (liegen sollte).

4.2.3.3 Messung der Wirkung des Verwaltungshandelns

Die Messung der Outputindikatoren wird durch die Leistungsrechnung sichergestellt. Bei Inputindikatoren ist zu unterscheiden, ob es sich um Mengen- oder Wertgrößen handelt. Der mengenmäßige Input wird ebenfalls durch die Leistungsrechnung ermittelt, der wertmäßige dagegen durch die Kostenrechnung. Sowohl bei Input- als auch bei Outputindikatoren handelt es sich hauptsächlich um objektive Indikatoren. Lediglich für die Erfassung der subjektiven

---

[329] In Anlehnung an Seidenschwarz (1992), S. 156.

Indikatoren ist ein zusätzlicher Erfassungsaufwand notwendig. Hier kann die Datengewinnung durch Interviews und Befragungen erfolgen.[330]

Die Messung und Auswertung der Indikatoren sollte regelmäßig erfolgen, um Entwicklungen im Zeitablauf beurteilen zu können. Bei objektiven Indikatoren, die von der Leistungsrechnung ohnehin laufend bereitgestellt werden, empfiehlt sich ebenfalls eine laufende Wirkungsrechnung. Die Messung und Auswertung der subjektiven Indikatoren ist regelmäßig zu wiederholen.

4.2.4 Instrumente der Entscheidungsunterstützung

Als eine wesentliche Aufgabe des operativen Verwaltungscontrolling wurde die entscheidungsvorbereitende Informationsversorgung der Verwaltungsführung identifiziert. Der Schwerpunkt liegt auf der Beurteilung von Entscheidungsalternativen hinsichtlich ihres Einflusses auf Effektivität und Effizienz des Verwaltungshandelns. Somit steht die Analyse von Kosten und Wirkungen der Entscheidungsalternativen im Mittelpunkt. Dazu sind verschiedene Verfahren der Kosten- und/oder Nutzenanalysen geeignet.

Bei der *Kostenvergleichsrechnung*[331] handelt es sich um ein Verfahren der statischen Investitionsrechnung, bei dem die Gesamtkosten der verschiedenen Alternativen unter Vernachlässigung der zeitlichen Verteilung der Zahlungsströme gegenübergestellt werden. Die Gesamtkosten können sich sowohl auf eine einzelne Periode als auch auf die Totalperiode der Alternativen beziehen sowie projekt- oder stückbezogen ermittelt werden. Zur Ermittlung der laufenden Kosten kann auf die Informationen der Kostenrechnung zurückgegriffen werden. Bei der Bewertung von Entscheidungsalternativen ist die Einbettung des öffentlichen Verwaltungsbetriebes in das Gesamtsystem öffentlicher Aufgabenwahrnehmung zu beachten. In der Regel wird die Kostenbetrachtung auf die Anschaffungs- und Betriebskosten reduziert. Maßgeblich für die Beurteilung sollen jedoch die gesamtwirtschaftlichen Kosten sein, auch wenn dies negativ auf die Wirtschaftlichkeit des einzelnen Betriebes wirken kann. Um eine vollständige Kostenaufstellung zu erhalten, sind insbesondere auch die Kosten, die z.B. in

---

[330] Vgl. Schmidberger (1994), S. 303.

[331] Vgl. ausführlich zu Anwendung und Vorgehen von Kostenvergleichsrechnungen Götze (1995), S. 53 ff.; Krawitz (1994), S. 583 f.; Reichard (1987), S. 337 ff.; Schulte (1996), S. 386.

anderen Verwaltungsbereichen anfallen oder die Kosten negativer externer Effekte[332], zu berücksichtigen.

Es wird unterstellt, daß alle Alternativen den gleichen Nutzen hervorbringen, also keine Unterschiede hinsichtlich der Erfüllung der Leistungsziele des öffentlichen Verwaltungsbetriebes und der übergeordneten politischen Zielvorgaben aufweisen.

Vorteilhaft ist die Alternative mit den geringsten Gesamtkosten.[333] Bestehen bei den zur Auswahl stehenden Alternativen Unterschiede im Anteil fixer und variabler Kostenbestandteile und ist der zu erwartende Auslastungsgrad unsicher, dann ist zu prüfen, bei welcher Auslastung die jeweiligen Alternativen vorteilhaft sind.

Als Ergänzung zur Kostenvergleichsrechnung kann eine *Amortisationsrechnung* Aussagen darüber treffen, in welchem Zeitraum die eingesetzten finanziellen Mittel voraussichtlich durch rückgeflossene bzw. eingesparte Finanzmittel ausgeglichen werden. Die Amortisationszeit ist vor allem ein Maß zur Berücksichtigung des Risikos. Je kürzer die voraussichtliche Amortisationszeit ist, um so geringer ist normalerweise das Risiko eines Fehlschlages.[334]

Statt der Kosten der zu bewertenden Alternativen kann auch der Nutzen als Entscheidungskalkül herangezogen werden. Zu diesem Zweck werden im Rahmen der *Nutzwertanalyse*[335] die Nutzen der Alternativen hinsichtlich ihrer Tauglichkeit zur Verwirklichung der vorgegebenen und nach ihrer Bedeutung gewichteten betrieblichen und/oder politischen Ziele in Punkten bewertet.[336] Zur Ermittlung der Wirkungen kann auf die Methoden der Wirkungsrechnung zurückgegriffen werden. Durch die Multiplikation der Punktwerte mit dem Gewichtungsfaktor des jeweiligen Zieles ergeben sich Teilnutzen. Durch die anschließende Aufsummierung der Teilnutzen ergibt sich eine eindimensionale Ordnung

---

[332] Zur Systematisierung externer Effekte und zur Problematik der monetären Bewertung externer Effekte vgl. Eichhorn (1976b), pass.

[333] Bei unterschiedlicher zeitlicher Verteilung der Auszahlungsströme ist es sinnvoll, dies durch Diskontierung auf den Entscheidungszeitpunkt zu berücksichtigen. Werden die Auszahlungen mit positiven Vorzeichen versehen, dann ist die Alternative mit dem geringsten Barwert vorteilhaft.

[334] Vgl. zum Aussagewert der Amortisationsrechnung Reichard (1987), S. 342 f.

[335] Vgl. ausführlich zu Anwendung und Vorgehen der Nutzwertanalyse Götze (1995), S. 143 ff.; Hanusch (1987), S. 167 ff.; Schulte (1996), S. 538 ff.; Seicht (1994), S. 393.

[336] Zur Problematik der Formulierung und Bewertung von Erfolgsmaßstäben vgl. Eichhorn/Ludwig (1975), S. 9 ff.; Reichard (1987), S. 98 ff.

unter den Entscheidungsalternativen, die zumindest eine eindeutige Entscheidung zwischen sich ausschließenden Alternativen erlaubt. Der vorrangige Wert des Verfahrens liegt darin, daß die Entscheidungsträger zur Formulierung und Gewichtung der verfolgten Zielstellungen gezwungen sind, und daß die erwarteten Nutzenbeiträge der Alternativen untersucht werden müssen.

Die *Kosten-Wirksamkeits-Analyse*[337] führt die Ergebnisse der Kostenvergleichsrechnung und der Nutzwertanalyse zusammen. Dazu wird der Gesamtnutzen jeder Alternative durch die jeweilige Kostensumme dividiert. Vorteilhaft ist die Alternative mit dem höchsten Quotienten. Differenziertere Bewertungen ergeben Kosten-Wirksamkeits-Matrizen, in denen die Wirkungen der Alternativen hinsichtlich der verschiedenen Zielsetzungen in physischen Größen bzw. durch Indikatoren ausgedrückt und den entsprechenden Kosten gegenübergestellt werden.

Während bei den bisherigen Verfahren die positiven und negativen Auswirkungen der Entscheidungsalternativen getrennt analysiert wurden, stellen *Kosten-Nutzen-Analysen*[338] auf die ganzheitliche Betrachtung von positiven und negativen Wirkungen einschließlich ihrer zeitlichen Verteilung bei der Alternativenbewertung ab.[339] Es erfolgt eine monetäre Bewertung aller Wirkungen hinsichtlich festgelegter Zielsetzungen, die durch spezifische Kriterien zu konkretisieren sind. Vorteilhaft ist die Alternative, die ein am Gemeinwohl orientiertes Optimum von Nutzen und Kosten aufweist. Der Schwachpunkt dieses Verfahrens ist vor allem in der monetären Bewertung der gesamtwirtschaftlichen Nutzenbeiträge zu sehen. Die Kosten-Nutzen-Analyse eignet sich deshalb eher für relativ eingegrenzte, betriebswirtschaftliche Entscheidungssituationen, bei denen Effizienzziele dominieren und eine deutliche Marktnähe besteht.[340]

---

[337] Vgl. ausführlich zu Anwendung und Vorgehen der Kosten-Wirksamkeits-Analyse Hanusch (1987), S. 153 ff.; Schulte (1996), S. 465 f.; Seicht (1994), S. 393.

[338] Vgl. ausführlich zu Anwendung und Vorgehen der Kosten-Nutzen-Analyse Hofmann (1981), S. 12 ff.; Reichard (1987), S. 355 ff.; Schulte (1996), S. 451 f.

[339] Zu einer vergleichenden Gegenüberstellung von Nutzwertanalysen, Kosten-Wirksamkeits-Analysen und Kosten-Nutzen-Analysen vgl. Mühlenkamp (1994), S. 7 ff.

[340] Vgl. Reichard (1987), S. 359.

4.2.5 Budgetierung

4.2.5.1 Grundprämissen der Budgetierung

Hinsichtlich der Reihenfolge von Aktionsplanung[341] und Budgetierung sind drei Varianten möglich. Zum einen kann die Budgetierung der Aktionsplanung voraus gehen und diese vollständig bestimmen. In diesem Fall fehlt den Budgetvorgaben die reale Grundlage. Eine systematische Ergebniszielorientierung ist nicht möglich. Diese Variante ist lediglich dann sinnvoll, wenn einzelne Teilaufgaben und Tätigkeiten aufgrund eines sehr dynamischen, nicht prognostizierbaren Geschäftsverlaufes nicht im voraus bestimmbar sind oder die Bestimmung zu aufwendig ist. Im umgekehrten Fall werden Budgetwerte vollständig durch die Aktionsplanung bestimmt. Durch die Budgetierung würden lediglich die Aktionspläne rechnerisch in monetäre Wertansätze umgerechnet werden. In der Realität treten regelmäßig Mischformen auf, so daß Aktionsplanung und Budgetierung eng miteinander verzahnt sind. Auf diese Weise kann die Budgetierung tatsächlich ein Instrument der Abstimmung von Maßnahmen- und Ressourcenplänen sein.[342]

Hinsichtlich des Budgetierungsprozesses sind ebenfalls drei Varianten möglich.[343] Zum einen können Budgetansätze bottom up durch Aufsummieren der notwendigen Aufwendungen, Kosten oder Ausgaben erfolgen, welche dann i.d.R. zur Einhaltung des Gesamtbudgets um einen pauschalen Satz für alle Organisationseinheiten einheitlich gekürzt werden. Dies führt dazu, daß die budgetierten Organisationseinheiten die pauschale Kürzung antizipieren und von vorn herein mehr Mittelbedarf anmelden, als tatsächlich benötigt wird. Die verabschiedeten Budgetansätze sind dann nur noch von der Höhe der beantragten Mittel und nicht mehr von der angestrebten Leistung oder Wirkung abhängig. Die ergebniszielorientierte Koordination der Teilbudgets ist nicht sichergestellt.

Zum anderen können Budgetansätze top down über die Hierarchieebenen hinweg den Organisationseinheiten vorgegeben werden. Dabei dienen Vorjahreswerte oder einfach nur Budgetrestriktionen als Basis zur mehr oder weniger pauschalen und vergangenheitsorientierten Aufteilung des Gesamtbudgets. Im besten Fall werden die Leistungs- und Ressourcenplanungen der Organisationseinheiten als Informationsgrundlage

---

[341] Unter Aktionsplanung ist die sachzielorientierte Maßnahmenplanung zu verstehen.

[342] Vgl. Horváth (1996), S. 226; Küpper (1997), S. 295; Mensch (1993), S. 823 ff.

[343] Vgl. u.a. Horváth (1996), S. 207 ff.; Weber (1995), S. 134 ff.

für die Budgetaufteilung genutzt, wobei auch hier pauschale Kürzungen notwendig sind, falls der benötigte Ressourcenbedarf nicht mit dem Gesamtbudget abgedeckt werden kann. Auch in diesem Fall werden die budgetierten Organisationseinheiten die vermutlichen Kürzungen antizipieren und ihre Leistungs- und Ressourcenplanung entsprechend anpassen.

Lediglich eine Verbindung von top down- und bottom up-gerichteter Budgetierung kann sichern, daß die Budgetierung ihren internen Steuerungsfunktionen gerecht werden kann.[344] Ein solches Verfahren wird auch als Gegenstromverfahren bezeichnet. Es erfolgt ein mehrstufiger Abgleich der bottom up geplanten mit den top down vorgegebenen Budgetansätzen. Bei Abweichungen erfolgt eine Begründung in beide Richtungen, was zu einer hohen Akzeptanz der letztendlich festzulegenden Budgets führt.

Hinsichtlich der Verfahrensorientierung der Budgetierung sind die input- und die outputorientierte Budgetierung zu unterscheiden.

4.2.5.2 Inputorientierte Budgetierung

Die inputorientierten Verfahren der Budgetierung gehen von einem gegebenen Leistungsspektrum aus. Art, Menge und Qualität der Leistungen werden nicht näher untersucht.

Im einfachsten Fall werden vergangenheitsorientierte Budgetwerte unter Berücksichtigung relevanter Änderungen fortgeschrieben. Dieses Verfahren ist lediglich für solche Bereiche und/oder Kostenarten anzuwenden, die keinen oder nur sehr geringen Veränderungen unterliegen. Für öffentliche Verwaltungsbetriebe, die bisher ausschließlich ausgabenorientiert budgetiert haben, wäre eine kostenorientierte, nur den Input berücksichtigende Budgetierung bereits ein Fortschritt. In diesem Fall würde statt des Geldverbrauches der tatsächliche Ressourcenverbrauch budgetiert. Insofern ist die inputorientierte Budgetierung nicht von vorn herein völlig abzulehnen. Zweifellos kann die inputorientierte, kostenbezogene Budgetierung nur ein zeitweiliger Zwischenschritt auf dem Weg zu einer outputorientierten Budgetierung sein.

Während die Budgetfortschreibung ein periodisch anwendbares Verfahren ist, dienen wertanalytische Verfahren der aperiodischen und auf sprunghafte Kostensenkung gerichteten Budgetierung. Als bekanntestes Verfahren wird in nahezu allen einschlägigen

---

[344] Vgl. zu den Funktionen der Budgetierung Abschnitt 4.1.2.

Literaturquellen die Gemeinkostenwertanalyse (GWA) diskutiert.[345] Die GWA zielt als verrichtungsorientiertes Verfahren auf die Analyse der Funktionen von Produkten und Prozessen hinsichtlich ihrer Notwendigkeit und ihrer Effizienz. Ziel ist die Reduzierung der Kosten durch die Eliminierung nicht notwendiger und die effizientere Erbringung notwendiger Funktionen ohne eine Reduzierung des Nutzens. Der Ablauf der GWA gliedert sich in drei Phasen. In der Vorbereitungsphase erfolgt die Bildung der Projektteams, die Festlegung der zu untersuchenden Bereiche und die Schulung der Beteiligten sowie eine detaillierte Projektplanung. In der Analysephase erfolgt eine detaillierte Leistungsanalyse und die kosten- sowie nutzenmäßige Bewertung der Aktivitäten. Anschließend werden Einsparungsideen entwickelt, die i.d.R. eine 40 %ige Kostenreduzierung anstreben. Diese Ideen werden dann auf ihre Realisierbarkeit überprüft. Schließlich sind für die Umsetzung der auszuwählenden Einsparungsvorschläge konkrete Maßnahmenprogramme zu entwickeln. Die Realisierungsphase nimmt 1-3 Jahre in Anspruch, da im allgemeinen das Gros der Kosteneinsparungen durch Personalabbau realisiert wird. Die erreichten Einsparungswerte liegen bei 12-20 %.

Als Budgetierungsverfahren für öffentliche Verwaltungsbetriebe ist die GWA aus folgenden Gründen wenig geeignet:

- Die Outputseite wird nicht oder nur am Rande in die Analyse einbezogen.
- Das Ziel der GWA besteht von vorn herein im Personalabbau. Alternative zielorientierte Umverteilungen personeller Kapazitäten sind nicht vorgesehen.
- Die Nachhaltigkeit der Einspareffekte ist nicht Gegenstand des Verfahrens, so daß geringe Änderungen der Leistungsanforderungen oder der Umweltbedingungen zu einer Negierung der Ergebnisse führen können.

Die GWA kann jedoch als „Startschuß" effektivitäts- und effizienzverbessernder Maßnahmen dienen. In kurzer Zeit werden grobe Unwirtschaftlichkeiten auf der Leistungserstellungsseite aufgedeckt und beseitigt. Anschließend ist jedoch die Outputseite in die Betrachtung einzubeziehen, um eine systematische Ergebniszielorientierung des Budgetierungsprozesses zu erreichen.

---

[345] Vgl. ausführlich zu Ziel und Vorgehensweise der GWA Hahn (1996), S. 463 f.; Horváth (1996), S. 254 ff.; Huber, R. (1987), pass.; Küpper (1997), S. 309 ff.; Mayer (1993), pass.; Roever (1982), pass.; Roever (1980), pass. Weitere wertanalytische Verfahren sind z.B. die Wertanalyse, die Administrative Wertanalyse (AWA) und die Overhead-Value-Analysis (OVA). Ziel und Vorgehensweise sind ähnlich der GWA. Vgl. zu den

4.2.5.3 Outputorientierte Budgetierung

Eine einfache Methode, um eine ergebniszielorientierte Verknüpfung von Aktionsplanung und Budgetierung zu erreichen, ist das Zero-Base-Budgeting (ZBB). Beim ZBB handelt es sich um eine Form der analytischen Aufgabenplanung, bei der die Budgetverantwortlichen alle notwendigen, sinnvollen und gewünschten Teilaufgaben benennen müssen und Aussagen darüber treffen, auf welchem Niveau die Teilaufgaben erfüllt werden sollen. Angestrebt wird die Formulierung und Begründung von mindestens zwei Alternativen durch den Verantwortungsträger. Im Anschluß daran erfolgt eine Nutzen-Kosten-Beurteilung der Handlungsalternativen. Die Ziele des Verfahrens bestehen darin:

- Leistungen zu überprüfen,
- Gemeinkosten zu senken und
- Kosten zielorientiert umzuverteilen.

Das ZBB wirkt der kritiklosen Fortschreibung vergangenheitsorientierter Planungs- und Budgetwerte entgegen.[346]

Das ZBB setzt die Disponierbarkeit der zu erstellenden Leistungen und/oder deren Niveaus voraus. Es ist deshalb nur für solche Bereiche anwendbar, deren Leistungen nicht präzise nach Art, Umfang und Qualität durch Gesetze oder Verwaltungsvorschriften festgelegt sind.

Die Schrittfolge des ZBB kann durch verschiedene Phasen dargestellt werden. Die Abb. 39 zeigt eine mögliche Abfolge.[347] Auch wenn das Vorgehen des ZBB relativ einfach ist, entsteht doch ein erheblicher Aufwand bei dessen Durchführung.[348] Es sollte deshalb nicht jährlich, sondern im 2-3-Jahresrhythmus angewandt werden. Dazwischen kann mit Hilfe der Fortschreibungsmethode budgetiert werden.

---

genannten Verfahren Jehle (1982), pass.; Jehle (1990), pass.; Jehle (1992), pass.; Küpper (1997), S. 308 f.; Schauer (1989), S. 298 f.

[346] Vgl. Horváth (1996), S. 258 ff.; Weber (1995), S. 137 ff.; Schauer (1989), S. 293 f.

[347] Zu weiteren Varianten der Abfolge vgl. Dieterle (1984), S. 186 f.; Hahn (1996), S. 464 ff.; Horváth (1996), S. 258 ff.; Meyer-Piening (1989), Sp. 2282 ff.

[348] Vgl. Dieterle (1984), S. 187 f.; Horváth (1996), S. 263; Küpper (1997), S. 315.

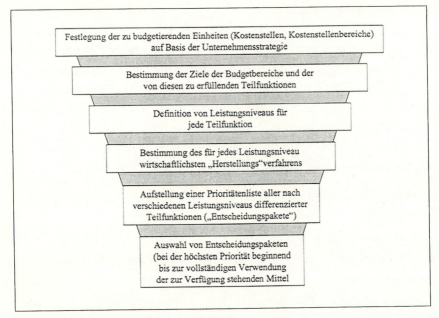

Abb. 39 Schrittfolge des Zero-Base-Budgeting[349]

Das ZBB zwingt letztlich die budgetierten Einheiten zur Rechtfertigung ihrer Budgetwünsche. Dies unterstützt weder die Motivation der Verantwortlichen noch die ergebniszielorientierte Verbesserung des Leistungserstellungsprozesses. Um die Eigeninitiative und Kreativität der Verantwortungsträger im Problemlösungsproreß zu fördern, sind ergebnisorientierte Formen der Budgetierung anzustreben, wie sie im Rahmen des Kontraktmanagement seit einiger Zeit diskutiert werden.

4.2.5.4 Budgetierung und Kontraktmanagement

Das Kontraktmanagement ist eine Form der Steuerung des Verwaltungshandelns bei weitgehender Dezentralisierung der Ressourcenverantwortung und deren Zusammenführung mit der Fachverantwortung.[350] Das Kontraktmanagement in der öffentlichen Verwaltung ist eine Form des Management by Results.

---

[349] Vgl. Weber (1995), S. 138.

[350] Vgl. zur Notwendigkeit der Dezentralisierung von Verantwortung zur Erreichung einer wirkungsorientierten Steuerung Schedler (1995), S. 92 ff.

Um eine leistungsbezogene Steuerung der Verwaltung zu erreichen, sind innerhalb der Verwaltung Leistungen zu vereinbaren.[351] Dazu ist in der Verwaltung zwischen einer zentralen Steuerungsebene (zentrales Management) und einer Fachebene (Einzelverwaltungen, Dienste, Behörden) zu unterscheiden.[352] Der Fachebene sind alle Funktionen zu übertragen, die nicht zwingend durch die zentrale Steuerungsebene wahrgenommen werden müssen. Auf der zentralen Steuerungsebene verbleiben zentrale Funktionen wie Finanzen, Personal, Organisation und Information.

Die Finanzen und die Information müssen zentralisiert bleiben, um eine einheitliche Steuerung der Verwaltung zu sichern. Die einzigen Personalangelegenheiten, die nicht dezentralisiert werden sollten, sind solche Funktionen wie z.B. die Lohn- und Gehaltsabrechnung. Alle anderen Aufgaben wie Stellenausschreibung, Personalauswahl, Personalbetreuung, Beförderungen, Disziplinarangelegenheiten oder Fortbildung sind auf die Fachebenen zu überführen.[353] Bezüglich der Organisation hat die Steuerungsebene die Rahmenbedingungen für das Zusammenspiel zwischen Steuerungsebene und Fachebene sowie innerhalb der Fachebene zu entwickeln und zu kontrollieren.

Der Steuerungsebene obliegen im einzelnen folgende Aufgaben:[354]

- Entwicklung von Richtlinien und Regeln für das Management der Fachebene und Überwachung ihrer Einhaltung,[355]
- Koordination der verschiedenen Bereiche der Fachebene,
- Unterstützung der Fachebene und
- Überwachung der Zielerreichung der Fachebene.

Die Leistungs- und Budgetvereinbarungen erfolgen in einem ersten Schritt zwischen der Politik und dem Management (Steuerungsebene) der Verwaltungen durch Kontrakte. Gegenstand dieser Kontrakte sind Vereinbarungen über Leistungskomplexe, die nicht sehr

---

[351] Zu verschiedenen Verfahren der Ableitung von Bereichszielen vgl. Schneider (1998), pass.

[352] Vgl. Banner (1991), S. 8.

[353] Zu Erfahrungen bei der Dezentralisierung dieser Aufgaben vgl. Hilbertz (1997), S. 19 ff.

[354] Vgl. Banner (1991), S. 8.

[355] Vgl. z.B. die „Leitlinien zur Ausführung des Haushaltsplanes im Rahmen der Budgetierung" der Stadt Rheine in: KGSt (1997), S. 153 ff.

detailliert sind, z.B. auf der Ebene von Produktbereichen.[356] Diese Form der Steuerung durch Kontrakte kann als *politisches Kontraktmanagement* bezeichnet werden. Innerhalb der Verwaltung sind die Leistungskomplexe anschließend zu konkretisieren. Hierfür werden Vereinbarungen zwischen dem oberen Management der Verwaltung und den Abteilungen der Fachebene getroffen. Diese Form der internen Steuerung durch Kontrakte kann als *operatives Kontraktmanagement* bezeichnet werden. Die Abb. 40 veranschaulicht das Verhältnis von politischem und operativem Kontraktmanagement im Rahmen der Budgetierung.

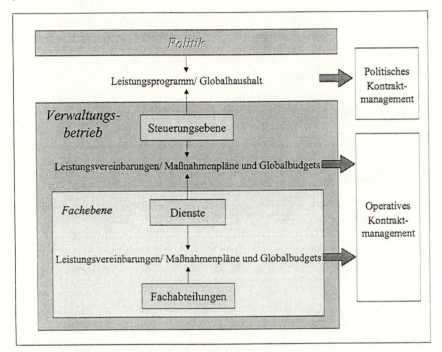

Abb. 40 Budgetierung und Kontraktmanagement

Auf den unterschiedlichen Vereinbarungsebenen erfolgt eine produktbereichs-, produktgruppen- bzw. produktbezogene Abstimmung der Leistungs- und Maßnahmenplanung

---

[356] Das Ziel sollte darin bestehen, die Vereinbarungen zwischen Politik und Verwaltungsführung wirkungsorientiert zu gestalten. Dazu ist die Problemlösungsverantwortung nahezu vollständig an die Verwaltung abzugeben. Hierfür sind fundierte Wirkungsrechnungen die Voraussetzung.

mit den jeweiligen bereichsbezogenen Budgets.[357] Die vereinbarten Leistungs- und Ressourcenbudgets sind anschließend die Grundlage und der Maßstab für die Erfolgsbeurteilung der Budgetverantwortlichen.

4.2.6 Berichtswesen

Unter Berichtswesen wird die Erstellung und Weiterleitung von Informationen an Führungskräfte aller Hierarchieebenen eines Verwaltungsbetriebes und der übergeordneten politischen Instanzen zur Unterstützung der ergebniszielorientierten Führung des öffentlichen Verwaltungsbetriebes verstanden, wobei der Schwerpunkt in der ergebniszielorientierten Unterstützung der Planungs- und Kontrollprozesse liegt. Das Berichtswesen dient der Kommunikation von Planungs- und Kontrollinformationen und soll der Auslöser für Steuerungsmaßnahmen sein.[358]

Außerdem gibt das Berichtswesen den Verwaltungseinheiten die Möglichkeit, ihre Erfolge hinsichtlich der Kosten-, Leistungs- und Wirkungsziele gegenüber den übergeordneten Führungsebenen der Verwaltung und der politischen Ebene zu präsentieren. Diese Motivations- und Legitimationsfunktion ist in Ermangelung finanzieller Anreizsysteme nicht zu unterschätzen.[359]

Für alle Berichte des Berichtssystems sind folgende Fragen zu beantworten:[360]

Wozu soll berichtet werden? Welchem Zweck dient ein Bericht? Je weiter die Dezentralisierung der Ressourcenverantwortung und die Zusammenführung mit der Fachverantwortung realisiert ist, um so mehr dient das Berichtswesen der ergebniszielorientierten Steuerung des Verwaltungshandelns und weniger dem Nachweis von Recht- und Ordnungsmäßigkeit des Haushaltsvollzuges.

Was soll berichtet werden? Welchen Inhalt soll ein Bericht haben? Es werden Informationen über Ziele und Zielerreichung hinsichtlich Kosten-, Leistungs- und Wirkungszielen benötigt,

---

[357] Vgl. Banner (1991), S. 9 f.; Rüd (1995), S. 365. Die Stadt Stuttgart hat 1996 begonnen, ein solches System schrittweise zu entwickeln, wobei die Budgetwerte immer noch stark vergangenheitsbezogen sind. Vgl. Hilbertz (1997), S. 33 ff.; Hilbertz (1996a), S. 244 f.

[358] Vgl. Horváth (1996), S. 582.

[359] Vgl. Weeke (1997), S. 409.

[360] Die Fragen gehen auf Blohm zurück (vgl. Blohm (1974), S. 13 f.), werden hier aber im Kontext des öffentlichen Verwaltungsbetriebes behandelt.

um Aussagen über die Effektivität und die Effizienz des Verwaltungshandelns treffen zu können. Die Leistungsziele stehen dabei aus zwei Gründen im Zentrum der Betrachtung. Zum einen stellen sie den eigentlichen Zweck des Verwaltungsbetriebes dar[361] und zum anderen stehen die Leistungen/Produkte als zentrale Informationsträger im Leistungsprozeß zwischen den Wirkungen und dem Ressourcenverbrauch[362]. Der Detaillierungsgrad der leistungs-/produktbezogenen Informationen nimmt entsprechend der Steuerungsrelevanz von der niedrigen zur höheren Hierarchieebene ab.[363] Die Verdichtung der Informationen sollte der Gliederung des Produktkataloges folgen.[364] Neben Plan- bzw. Soll-Ist-Vergleichen sind auch Vorschaudaten und Daten von Vergleichspartnern in die Berichterstattung aufzunehmen. Grundsätzlich gilt, daß der Berichterstatter über den von ihm übernommenen Verantwortungsbereich in vollständiger, aber ausgewählter Weise informiert.[365]

Wer soll an wen berichten? Die Berichterstattungspflicht ist in öffentlichen Verwaltungsbetrieben Ausdruck von Weisungsbeziehungen der einzelnen Führungsebenen bzw. folgt den Vereinbarungsebenen des Kontraktmanagement. Dies gilt sowohl im Verhältnis zwischen Politik und Verwaltungsführung als auch zwischen den verschiedenen Führungsebenen innerhalb der Verwaltung.[366]

Wann soll berichtet werden? Maßgeblich für den Rhythmus der Berichterstattung ist der Rhythmus der Auswertungsnotwendigkeit der Informationen.[367] Entscheidend ist die Möglichkeit der Verwaltungsführung oder anderer Entscheidungsträger, rechtzeitig auf Fehlentwicklungen reagieren zu können.[368]

Die Aufgabe des Verwaltungscontrolling besteht im organisatorischen Entwurf eines empfängerorientierten Berichtswesens und in der Überwachung des Systems zur Aufdeckung

---

[361] Vgl. Abschnitt 2.2.4.

[362] Vgl. Abschnitt 4.2.1.2.

[363] Sowohl der Verwaltungsführung als auch den politischen Entscheidungsträgern muß jedoch ermöglicht werden, sich auch im Detail über Leistungs- und Kostendaten zu informieren.

[364] Vgl. zu einem Beispiel eines hierarchischen Produktberichts Nau/Wallner (1998), S. 132 ff.

[365] Vgl. Brückmann/Walther (1997b), S. 24 ff.

[366] Vgl. KGSt (1994), S. 38; Schedler (1995), S. 169.

[367] Vgl. Horváth (1996), S. 583.

[368] Vgl. KGSt (1994), S. 38.

von Schwachstellen.[369] In diesem Zusammenhang gilt es vor allem, die Zweckmäßigkeit der Berichtsinhalte und der Terminierung der Berichterstattung zu analysieren. Die Berichtsinhalte ergeben sich aus dem objektiven Informationsbedarf, der eine ergebniszielorientierte Lenkung des öffentlichen Verwaltungsbetriebes sichert.

Der objektive Informationsbedarf stellt die Menge an Informationen dar, die einen sachlichen Zusammenhang zu dem jeweiligen Problem hat. Demgegenüber wird der subjektive Informationsbedarf von den persönlichen Auffassungen und dem Empfinden des Informationsempfängers bestimmt.[370] Das Verwaltungscontrolling hat nicht nur die Aufgabe, den objektiven Informationsbedarf zu ermitteln, sondern auch den subjektiven Informationsbedarf des Informationsempfängers möglichst weit an diesen anzunähern.[371] Der subjektive Informationsbedarf ist letztlich ausschlaggebend dafür, ob der Betreffende zu einer Entscheidung kommt und ob er mit dem resultierenden Ergebnis zufrieden ist.[372]

Zur Ermittlung des Informationsbedarfes stehen eine Reihe von Methoden zur Verfügung, über welche die Abb. 41 einen Überblick gibt.

Informationsquelle	Betriebliche Dokumente	Betriebliche Datenerfassung		Informations-verwender
Induktive Analysemethoden	Dokumentenanalyse	Datentechnische Analyse	Organisationsanalyse	Befragung: • Interview • Frageboden • Bericht
Informationsquelle	Aufgaben und Ziele des Betriebes	Planungsmodelle des Betriebes		Theoretische Planungsmodelle
Deduktive Analysemethoden	Deduktive-logische Analyse	Modellanalyse		

Abb. 41 Methoden der Informationsbedarfsermittlung[373]

---

[369] Vgl. Horváth (1996), S. 596.

[370] Vgl. Küpper (1997), S. 137. Küpper nennt als dritte Form des Informationsbedarfes den geäußerten Informationsbedarf. Auf diesen wird hier nicht eingegangen.

[371] Vgl. Schmidberger (1994), S. 145 ff.

[372] Vgl. Küpper (1997), S. 137.

[373] Vgl. Küpper (1997), S. 141.

Während mit Hilfe der induktiven Methoden versucht wird, von den tatsächlichen Gegebenheiten des Betriebes auf den Informationsbedarf zu schließen, wird durch die deduktiven Methoden der Informationsbedarf systematisch, logisch hergeleitet.[374] Außerdem ist der Informationsbedarf mit den Möglichkeiten und den Kosten der Informationsbereitstellung abzustimmen.[375] Aus Gründen der Wirtschaftlichkeit sind zusätzliche Informationen nur solange bereitzustellen, wie der resultierende Grenznutzen die Grenzkosten übersteigt.

Es sind drei Grundformen von Berichten zu unterscheiden.[376] *Standardberichte* basieren auf einem vorwiegend einmalig ermittelten Informationsbedarf der verschiedenen Führungsebenen. Sie werden regelmäßig zu bestimmten Zeitpunkten erstellt und verteilt. Form und Inhalt sind im Zeitablauf konstant. *Abweichungsberichte* werden ausgelöst bei Überschreitung oder Unterschreitung festgelegter Toleranzgrenzen bezüglich konkreter Berichtsobjekte. Liegen keine Abweichungen vor oder liegen sie innerhalb der Toleranzgrenzen, erfolgt keine Berichterstattung. *Bedarfsberichte* dienen der Befriedigung von spontan auftretenden Informationsbedürfnissen, wie z.B. der fallweisen, ergänzenden Analyse von Abweichungen. Alle drei Berichtsformen haben ihre Berechtigung und sollten den konkreten Informationszwecken entsprechend Bestandteil des Berichtssystems öffentlicher Verwaltungsbetriebe sein.[377]

Neben der routinemäßigen Informationsversorgung hat das Verwaltungscontrolling auch die Aufgabe, die Führungskräfte in die Lage zu versetzen, sich selbständig ohne spezielle DV-Kenntnisse bedarfsgerechte Informationen zusammenzustellen. Hier stehen die Auswahl und der Einsatz von DV-gestützten Management-Informations-Systemen und die Schulung der Führungskräfte im Mittelpunkt des Verwaltungscontrolling.[378]

---

[374] Auf die detaillierte Darstellung der Methoden wird verzichtet. Zu den einzelnen Methoden vgl. Küpper (1997), S. 140 ff.

[375] Vgl. Küpper (1997), S. 148.

[376] Vgl. Horváth (1996), S. 584 f.; Küpper (1997), S. 149 f.

[377] Zu verschiedenen Konzepten für Berichtssysteme in Kommunen vgl. u.a. Brückmann/Walther (1997b), S. 26 f.; Hilbertz (1997), S. 37 ff.; Hilbertz (1996a), S. 245 ff.; KGSt (1994), S. 37 ff.; Spohr (1996), S. 346 ff.; Steinbrenner (1994), S. 292 ff.

[378] Vgl. Nau/Wallner (1998), S. 134 ff.; Schmidberger (1994), S. 159 f.

4.2.7 Benchmarking

Benchmarking ist ein kontinuierlicher, systematischer Prozeß des Vergleichens, bei dem die jeweils besten Praktiken entdeckt, analysiert, beschrieben und gemessen werden. Im Gegensatz zur Konkurrenzanalyse besteht das Ziel jedoch nicht primär darin herauszufinden, um wieviel andere besser sind, sondern warum dies so ist und wie die anderen ihre Vorteile erreicht haben. Es werden Unterschiede ermittelt und Ursachen für die Unterschiede sowie Möglichkeiten zur Verbesserung aufgezeigt.[379]

Benchmarking ist ein Zielsetzungs- und ein Zielerreichungsprozeß. Als Benchmarks werden wettbewerbsorientierte Zielvorgaben ermittelt, die eine hohe Akzeptanz versprechen, da sie ein hohes Anspruchsniveau haben und offensichtlich realisierbar sind. Basierend auf den Erfahrungen anderer wird der Weg zur Zielerreichung aufgezeigt, so daß konkrete Maßnahmenpläne abgeleitet werden können.[380]

Die erfolgreiche Durchführung von Benchmarking ist von vielen Faktoren abhängig. Wesentliche Faktoren sind:[381]

- Benchmarking ist keine Methode, die von Spezialisten, sondern unter permanenter Beteiligung der Mitglieder aus den betroffenen Bereichen durchgeführt werden sollte.

- Management und einbezogene Mitarbeiter sind frühzeitig zur aktiven Mitarbeit zu gewinnen und zu verpflichten.

- Zwischen Mitarbeitern und Führungskräften ist eine Vertrauenskultur zu schaffen, da es vielfach auch um die Beurteilung konkreter Arbeitsleistungen einzelner Mitarbeiter geht. Auch die Mitarbeiterzufriedenheit sollte als Zieldimension in die Leistungsvergleiche einbezogen werden.

- Notwendig ist die grundsätzliche Bereitschaft zu Veränderungen in den betroffenen Bereichen und eine aufgeschlossene Einstellung gegenüber neuen Ideen und Konzepten.

- Verantwortlichkeiten sind klar zu definieren und der Ablauf ist frühzeitig festzulegen und bekanntzumachen. Über die Ergebnisse ist regelmäßig und umfassend zu informieren.

---

[379] Vgl. Gleich/Brokemper (1997), S. 203; Horváth/Herter (1992), S. 5; Kräkel (1998), S. 1010; Weber (1995), S. 408 f.

[380] Vgl. Horváth/Herter (1992), S. 5 ff.; Meyer (1996), S. 7; Weber (1995), S. 409.

[381] Vgl. Gleich/Brokemper (1997), S. 205; Horváth/Herter (1992), S. 7; Meyer (1996), S. 7; Riedel (1998a), S. 20 f.; Schmidt, K. (1997), S. 22 f.

Es gibt vielfältige Anwendungsmöglichkeiten und Formen der Durchführung des Benchmarking. Die Abb. 42 zeigt die unterschiedlichen Ausprägungen der verschiedenen Parameter in Form eines morphologischen Kastens.

Auf die Darstellung der einzelnen Komponenten wird hier verzichtet.[382] Statt dessen erfolgt eine Fokussierung auf das Prozeßbenchmarking zwischen verschiedenen öffentlichen Verwaltungsbetrieben. Aufgrund des Charakters der öffentlichen Verwaltung als konzernähnlich verflochtenes Mehrbetriebssystem handelt es sich um eine Form des internen Benchmarking.

Benchmarking-Parameter	Ausprägung des Parameters			
Objekte	Produkte	Methoden	Funktionen	Prozesse
	Aufgaben	Unternehmen	Dienstleistung	Strategie
Dimensionen	Kosten	Qualität	Zeit	Kundenzufriedenheit	Andere
Partner	Internes Benchmarking	Konkurrenten	Gleiche Branche	Andere Branche
Datenerhebung	Fremderhebung neutrale Stelle	Fremderhebung Beteiligte	Eigenerhebung	
Erhebungsform	Interviews/ Vor-Ort-Analyse	Indirekt -interne Unterlagen-	Indirekt -externe Unterlagen-	

Abb. 42 Formen des Benchmarking[383]

Bezüglich des Ablaufes des Benchmarkingprozesses ist eine Reihe verschiedener Phaseneinteilungen in der Literatur vorzufinden. Sie unterscheiden sich jedoch lediglich im Verdichtungsgrad und den Bezeichnungen der einzelnen Ablaufschritte.[384] Grob läßt sich der Prozeß, wie in Abb. 43 dargestellt, in drei Phasen unterteilen.

In der *Vorbereitungsphase* sind das Benchmarkingobjekt, die Beurteilungskriterien, die Benchmarkingpartner und die Informationsquellen auszuwählen. Im Rahmen des

---

[382] Vgl. hierzu u.a. Gleich/Brokemper (1997), S. 203 f.; Horváth/Herter (1992), S. 5 ff.; speziell zur Strategie als Benchmarkingobjekt Meyer (1996), S. 8 f.

[383] Vgl. Gleich/Brokemper (1997), S. 203.

[384] Zu verschiedenen Phaseneinteilungen und Ablaufplänen vgl. u.a. Gleich/Brokemper (1997), S. 205 ff.; Horváth/Herter (1992), S. 8 ff.; Meyer (1996), S. 11 ff., wobei Meyer eine zeitliche Reihenfolge von strategischem, taktischem und operativem Benchmarking vorschlägt.

Prozeßbenchmarking sind vorrangig solche Prozesse zu untersuchen, bei denen ein hohes Maß an Effizienzsteigerung oder/und Ansatzpunkte für eine erhebliche Verbesserung der Wirkung vermutet werden.[385]

1. Vorbereitungsphase
- Gegenstand des Benchmarking
- Leistungsbeurteilungsgrößen
- Vergleichspartner
- Informationsquellen

2. Analysephase
- Leistungslücke
- Ursachen der Leistungslücke

3. Umsetzungsphase
- Ziele und Strategien
- Aktionspläne
- Implementierung
- Fortschrittskontrolle
- Wiederholung des Benchmarking

Abb. 43 Phasen des Benchmarkingprozesses[386]

Die Suche nach geeigneten Beurteilungskriterien ist nicht nur notwendige Voraussetzung, sondern stellt bereits einen Wert an sich dar. Dort wo die Leistungsrechnung und die prozeßorientierte Kostenrechnung noch nicht so weit entwickelt sind, unterstützt dieser Vorbereitungsschritt die gedankliche Durchdringung der eigenen Leistungserstellungsprozesse. Für Benchmarkvergleiche in der öffentlichen Verwaltung ist eine Mengen- und Zeitbetrachtung, ergänzt um Qualitätsmaßstäbe, sinnvoll, da auf diese Weise die verzerrenden Wirkungen unterschiedlicher Kostenbegriffe und Verrechnungsmodalitäten vermieden werden.[387] Wenn möglich sollten auch die Wirkungen

---

[385] Vgl. Fischer, Th. (1999), S. 124.

[386] Vgl. Horváth/Herter (1992), S. 8.

[387] Um den tatsächlichen Ressourcenverbrauch vollständig abbilden zu können, ist auch hier eine monetäre Bewertung in Form von Kosten notwendig.

der Prozesse als Ausdruck des Kundennutzens in die Betrachtung einbezogen werden. Als Vergleichspartner kommen vor allem öffentliche Verwaltungsbetriebe mit der selben oder ähnlicher Aufgaben- und Organisationsstruktur in Betracht.[388]

Bei dieser Form des internen Benchmarking besteht das zentrale Problem jedoch in der Gefahr, daß keine tatsächlichen Spitzenleistungen als Leistungsstandards ermittelt werden. Dieser „Schlendrianverdacht" ist beim internen Benchmarking größer als beim wettbewerbsorientierten Benchmarking. Um eine sinnvolle Vergleichsbasis zu schaffen, sind monetäre Anreizsysteme geeignet, wie z.b. *relative Leistungsturniere* als Form des internen Wettbewerbs.[389] Genau wie beim internen Benchmarking werden auch hier funktionsgleiche bzw. –ähnliche Bereiche betrachtet. Dabei werden den Turnierteilnehmern bestimmte Leistungsanreize gegeben, in dem ex ante unterschiedlich hohe Prämien für den oder die Gewinner und Verlierer festgelegt werden, welche dann ex post anhand einer ordinalen Rangfolge entsprechend der Leistungsergebnisse ermittelt werden.[390] Die Leistungsergebnisse sind abhängig von der Leistungsbereitschaft und der Leistungsfähigkeit der Turnierteilnehmer. Die Leistungsbereitschaft wird durch relative Leistungsturniere gesteigert. Die Leistungsfähigkeit wird jedoch erst dann verbessert, wenn die Leistungsturniere auch als Selektionsinstrument eingesetzt werden, also zu personellen Konsequenzen führen.[391]

Die Vorteile solcher Leistungsturniere liegen in den geringen Meßkosten durch die ordinale Meßskala und in der Filterung gemeinsamer Störgrößen.[392] Nachteile entstehen dadurch, daß die gegenseitige Unterstützung der Turnierteilnehmer irrational ist, was einem wesentlichen Ziel des Benchmarking, nämlich dem gegenseitigen Lernen und Wissensaustausch,

---

[388] In der Verfügbarkeit nahezu identischer Vergleichspartner liegt ein wesentlicher Vorteil der öffentlichen Verwaltung gegenüber Unternehmen der Privatwirtschaft bei der Durchführung des Benchmarking. An einem interkommunalen Benchmarkingprojekt nahmen 1995/96 knapp 100 Städte teil. Vgl. Knauf (1997a), S. 24.

[389] Vgl. zur Ergänzung des internen Benchmarking durch relative Leistungsturniere Kräkel (1998), pass. Kräkel betrachtet mehrere funktionsgleiche bzw. –ähnliche Unternehmensbereiche eines Unternehmens bzw. eines Konzerns.

[390] Auch in Deutschland gibt es im Bereich der öffentlichen Verwaltung bereits eine Reihe solcher Wettbewerbe, bei denen Preise vergeben werden. In der Regel kommen sie jedoch nicht den Verantwortungsträgern direkt zugute, sondern werden der Organisation als solche gutgeschrieben.

[391] Die Gefahr von Absprachen unter den Turnierteilnehmern besteht kaum, da diese sehr instabil sind. Vgl. Kräkel (1998), S. 1014 ff.

[392] Vgl. Kräkel (1998), S. 1011.

entgegenwirkt.[393] Für öffentliche Verwaltungsbetriebe ist dies jedoch eher eine Frage der „Dosierung" des Wettbewerbs unter den Teilnehmern als ein genereller Widerspruch zum Anliegen des Benchmarking.

Die Auswahl der Informationsquellen ist stark vom jeweiligen Benchmarkingobjekt abhängig. Damit jedoch eine echte Partnerschaft zwischen den Benchmarkingbeteiligten entsteht, sind direkte gegenseitige Erhebungen am besten geeignet.

In der *Analysephase* erfolgt zunächst die wertfreie Erhebung der Daten. Anschließend werden die Daten verdichtet und ausgewertet sowie mit dem eigenen Istzustand verglichen. Die auftretenden Unterschiede sind hinsichtlich ihrer Ursachen detailliert zu untersuchen. Hierfür ist ein enger Kontakt zu den Benchmarkingpartnern, z.B. in Form von Workshops, zu suchen.[394] Dadurch sind Verbesserungsmöglichkeiten der eigenen Abläufe am besten zu erkennen.

In der *Umsetzungsphase* sind aus den ermittelten Leistungslücken Ziele und Strategien zur deren Beseitigung abzuleiten, die in Aktionsplänen zu konkretisieren sind. Zur Kontrolle der Durchführung sind die Aktionspläne mit Meilensteinen zu versehen, über deren Erreichung vor allem die Mitarbeiter der betroffenen Bereiche regelmäßig und umfassend zu informieren sind. Sinnvoll ist die Wiederholung des gesamten Benchmarkingprozesses, um auch einen externen Nachweis über die erreichten Verbesserungen zu erlangen sowie weitere Verbesserungsmöglichkeiten aufzudecken, die beim ersten mal vielleicht übersehen oder auch aus Kapazitätsgründen zunächst vernachlässigt wurden.[395]

Als problematisch ist die grundsätzliche Motivation zur Durchführung eines Benchmarking in öffentlichen Verwaltungsbetrieben anzusehen. Aufgrund der weitgehend fehlenden Anreizmechanismen ist überwiegend auf den Willen der Verantwortungsträger zu bauen, die ihnen übertragenen Aufgaben so effektiv und so effizient wie möglich erfüllen zu wollen. Die skizzierten Leistungsturniere können unterstützen.

---

[393] Vgl. Kräkel (1998), S. 1017.

[394] Vgl. Knauf (1997g), S. 23 f.

[395] Benchmarkingprojekte werden in verschiedenen Bereichen der öffentlichen Verwaltung durchgeführt. Vgl. z.B. für Kommunalverwaltungen Adamaschek (1997), pass.; Knauf (1997a), pass.; (1997b), pass.; (1997c), pass.; (1997d), pass.; (1997e), pass.; (1997f), pass.; Riedel (1998b), pass.; für die Polizeiarbeit Läpple (1998), pass.; für den Schulbereich Süberkrüb (1998), pass.; für den Bereich der Sozialhilfe Staib/Kegelmann (1998), pass.; für Theater Schmidt, K. (1998), pass.

5 Organisation und zusammenfassende Darstellung der Konzeption des Verwaltungscontrolling

5.1 Organisation des Verwaltungscontrolling

Die bisherigen Ausführungen betrafen das Verwaltungscontrolling aus funktioneller Sicht. Im Mittelpunkt standen die Aufgaben des Verwaltungscontrolling und die Instrumente, die zur Erfüllung dieser Aufgaben geeignet sind. Zur Wahrnehmung der Controllingaufgaben sind die Aufgaben ganz bestimmten Aufgabenträgern zuzuordnen und die Beziehungen der Aufgabenträger untereinander sowie zwischen ihnen und den übrigen Systemmitgliedern zu klären.[396]

Zunächst werden mögliche Bestimmungsfaktoren für die Organisation des Verwaltungscontrolling untersucht. Im Anschluß daran werden verschiedene aufbau- und ablauforganisatorische Gestaltungsvariablen des Verwaltungscontrolling diskutiert.

5.1.1 Bestimmungsgrößen der Organisation des Verwaltungscontrolling

Bisher existiert keine geschlossene Theorie zu den Bestimmungsgrößen der Organisation des Controlling. Es wurden verschiedene Untersuchungen zu einzelnen Bestimmungsgrößen durchgeführt, die jedoch erklärungs- und interpretationsbedürftig sind.[397] Es gibt kaum empirisch gesicherte Erkenntnisse. Die nachfolgenden Aussagen sind deshalb als Trendaussagen mit Plausibilitätscharakter zu verstehen. Die darzustellenden Bestimmungsgrößen der Organisation des Verwaltungscontrolling sind nicht überschneidungsfrei.

Die Organisation des Verwaltungscontrolling wird zum einen von verschiedenen Merkmalen des konkreten öffentlichen Verwaltungsbetriebes und zum anderen vom betriebsbezogenen Controllingsystem selbst bestimmt.[398]

Die *Größe des Verwaltungsbetriebes* hat wesentlichen Einfluß darauf, ob die Controllingaufgaben von separaten Controllingstellen wahrzunehmen sind oder ob sie von der

---

[396] Vgl. Hahn (1996), S. 769.

[397] Für einen Überblick über die verschiedenen möglichen Bestimmungsgrößen der Controllingorganisation vgl. Horváth (1996), S. 792 ff. und die dort angegebene Literatur.

[398] Vgl. Küpper/Weber/Zünd (1990), S. 285.

Verwaltungsführung und den nachgeordneten Verantwortungsträgern erfüllt werden können. Die Größe des Verwaltungsbetriebes hat ebenfalls Einfluß auf die organisatorische Differenzierung der Controllingstellen.[399] Mit zunehmender Größe eines Verwaltungsbetriebes steigt i.d.R. die Komplexität der zu lösenden Probleme und der Grad der Arbeitsteilung, was zu einer Erhöhung des Koordinationsbedarfes führt.[400] Die Wahrnehmung der Controllingfunktion stellt eine zusätzliche Arbeitsbelastung der Führungskräfte dar.[401] Sofern sie diese nicht mehr leisten können, sind eigene Controllingstellen notwendig.[402]

Neben der Größe hat auch die *Struktur des Verwaltungsbetriebes* und speziell die Struktur des Führungssystems wesentlichen Einfluß auf die Organisation des Verwaltungscontrolling.[403] Eine breite und tiefe Gliederung erfordert eine stärkere Aufgliederung der Controllingorganisation als eine einfache und flache Gliederung.

Schließlich sind die konkreten *Aufgaben des öffentlichen Verwaltungsbetriebes* und dessen Umweltbeziehungen Einflußgrößen der Organisation des Verwaltungscontrolling. Je vielschichtiger und je weniger faßbar die Aufgaben sind, um so mehr Koordinationsbedarf besteht, um das Handeln des Verwaltungsbetriebes ergebniszielorientiert auszurichten. Aufgrund der Vielzahl von Typen öffentlicher Verwaltungsbetriebe und der Heterogenität ihres Aufgabenspektrums ist es nicht möglich, allgemein gültige Aussagen über deren Einfluß auf die Organisation des Verwaltungscontrolling zu machen.[404]

Statt dessen ist davon auszugehen, daß sich die Aufgaben und der Typ des Verwaltungsbetriebes bereits in den Aufgaben des Verwaltungscontrolling niedergeschlagen haben. Aus diesem Grund sind die wahrzunehmenden *Controllingaufgaben* als die entscheidende Bestimmungsgröße für die Organisation des Verwaltungscontrolling anzusehen. Weiterhin ist zu beachten, daß die entwickelte Konzeption des

---

[399] Vgl. Küpper (1997), S. 442.

[400] Vgl. Horváth (1996), S. 793.

[401] Vgl. Küpper (1997), S. 19.

[402] Vgl. Küpper (1997), S. 441 f.

[403] Vgl. Horváth (1991b), S. 9 f.; Horváth (1996), S. 794; Küpper (1997), S. 442 f.

[404] Schmidberger hat dies für zwei Typen öffentlicher Verwaltungsbetriebe versucht, die Ministerial- und die Kommunalverwaltung. Vgl. Schmidberger (1994), S. 389 ff. Gleich zu Beginn gesteht er jedoch ein, daß es sich um grobe Vereinfachungen handelt und die Verschiedenartigkeit innerhalb der beiden Typen nicht berücksichtigt werden kann.

Verwaltungscontrolling einen anzustrebenden Entwicklungsstand darstellt. Gerade in öffentlichen Verwaltungsbetrieben ist dieser jedoch längst nicht erreicht. Für den Aufbau eines leistungsfähigen Verwaltungscontrolling sind andere Bedingungen zu beachten, als für dessen „bloßen Betrieb". Beispielsweise rufen Veränderungsbestrebungen i.d.R. Gegenreaktionen bei den Betroffenen hervor. Dadurch wird der *Entwicklungsstand des Verwaltungscontrolling* ebenfalls zu einer wichtigen Bestimmungsgröße der Controllingorganisation.[405] Vor allem in der Aufbau- und Einführungsphase des Controlling wird insbesondere die Kompetenzausstattung der Controllerstellen zu einem wichtigen Gestaltungsparameter. Die Abb. 44 faßt die Bestimmungsgrößen der Controllingorganisation zusammen.

Abb. 44 Bestimmungsgrößen der Organisation des Verwaltungscontrolling

Nachfolgend werden nun die aufbau- und ablauforganisatorischen Aspekte des Verwaltungscontrolling jeweils bezogen auf die in der Controllingkonzeption abgeleiteten Controllingaufgaben diskutiert.

---

[405] Vgl. Horváth (1991a), S. 858 ff.; Weber (1995), S. 315 ff. Weber beschreibt fünf Aufgabenmuster des Controlling, wobei er das Spektrum von „Controllingaufgaben im eingeschwungenen Zustand" bis hin zu den ersten Schritten der Controllingkonzeption in öffentlichen Institutionen abdeckt.

5.1.2 Aufbauorganisatorische Aspekte des Verwaltungscontrolling

Die Koordination von Planung, Kontrolle und Informationsversorgung ist eine Funktion der Verwaltungsführung. Das institutionalisierte Controlling übernimmt demnach eine Servicefunktion gegenüber der Führung.[406] Es sollte deshalb als Controllerdienst oder Controllerservice bezeichnet werden.[407]

Im Mittelpunkt stehen folgende Fragen:[408]

- Welche Controllingaufgaben sind an zentraler und welche an dezentraler Stelle innerhalb des Verwaltungsbetriebes wahrzunehmen?[409]
- In welcher Hierarchieebene ist der zentrale Controllerdienst anzusiedeln?[410]
- Welche Kompetenzausstattung soll der Controllerdienst erhalten? Wie gestaltet sich das Verhältnis zwischen Controller und Manager?[411]

Für die Entscheidung der *Zentralisation oder Dezentralisation* von Controllingaufgaben gilt grundsätzlich, daß gesamtbetriebsbezogene und betriebsübergreifende Controllingaufgaben an zentraler Stelle wahrzunehmen sind.[412] Dies betrifft zunächst sämtliche Controllingaufgaben im Rahmen des strategischen Führungsprozesses.[413] Da dieser sich auf den Verwaltungsbetrieb als Ganzes auswirkt und zum großen Teil auch übergeordnete Verwaltungsbetriebe sowie die politische Ebene betreffen kann, muß die Koordination der strategischen Planung und Kontrolle sowie Informationsversorgung an zentraler Stelle erfolgen. Lediglich die Gewinnung und Aufbereitung strategisch relevanter Informationen über zukünftige Problemfelder und mögliche Lösungs- und Umsetzungsalternativen sind dezentral in Form von Zuarbeiten zu unterstützen.

---

[406] Vgl. Horváth (1996), S. 799.

[407] Die Begriffe stammen aus dem Controller-Leitbild des ControllerVerein e.V. Vgl. International Group of Controlling (IGC) (1999), S. 32.

[408] Weitere Fragen, die diskutiert werden, betreffen die organisatorischen Beziehungen zwischen zentralen und dezentralen Controllern sowie deren Arbeitsteilung. Zur Darstellung der verschiedenen Möglichkeiten mit ihren jeweiligen Vor- und Nachteilen vgl. z.B. Horváth (1996), S. 811-822; Küpper (1997), S. 457-463.

[409] Vgl. Hahn (1996), S. 769.

[410] Vgl. Hahn (1996), S. 769.

[411] Vgl. Horváth (1996), S. 806.

[412] Vgl. Hahn (1996), S. 769.

[413] Zu den strategischen Controllingaufgaben vgl. Abschnitt 3.2.

Die Aufgaben des operativen Verwaltungscontrolling sind differenzierter zu betrachten.[414] Sie sind soweit wie möglich zu dezentralisieren. Lediglich die Aufgaben zur Sicherung der einheitlichen ergebniszielorientierten Koordination sind durch eine zentrale Stelle wahrzunehmen.

Die entscheidungsorientierte Informationsversorgung sollte möglichst auf der Ebene des jeweiligen Entscheidungsträgers erfolgen. Sie kann aber auch in Form einer zentralisierten Servicefunktion organisiert werden.

Die Controllingaufgaben zur Unterstützung der operativen Planung und Budgetierung sind zu unterteilen in die Konzeption und die Durchführung des Planungs- und Budgetierungsprozesses. Die Konzeption umfaßt die Gestaltungsregeln und den zeitlichen Ablauf. Um die ergebniszielorientierte Ausrichtung aller Planungs- und Budgetierungsaktivitäten sicherzustellen, sind diese Regeln an zentraler Stelle für alle Verwaltungsbereiche einheitlich zu entwickeln.[415] Die Durchführung sollte dezentral erfolgen, um die entsprechende Fachkompetenz zu nutzen und die Aktualität und Flexibilität der Planungsansätze zu gewährleisten sowie die motivierende Ergebnisverantwortung für die Planung und Realisation zu stärken.[416]

Die operative Kontrolle hat entsprechend der Ergebnisverantwortung auf allen Hierarchiestufen zu erfolgen. Demzufolge ist das Berichtswesen entsprechend den Bedürfnissen der Adressaten dezentral zu organisieren, wobei die Möglichkeit der kostenarten-, kostenstellen- und leistungsbezogenen Konsolidierung durch einheitliche Gestaltungsregeln auf Grundlage zentraler Vorgaben zu sichern ist.

Hinsichtlich der *hierarchischen Stellung* des (zentralen) Controllerdienstes sind zwei Varianten denkbar. Die Einordnung kann in der ersten oder der zweiten Ebene der Führungshierarchie des Verwaltungsbetriebes erfolgen. Ausschlaggebend sollte der Entwicklungsstand und der Aufgabenschwerpunkt des jeweiligen Controllingsystems sein.[417] Sind vornehmlich gesamtbetriebsbezogene Koordinationsaufgaben zu lösen, ist die Einordnung in der ersten Führungsebene am zweckmäßigsten. Vor allem in der Phase der

---

[414] Zu den operativen Controllingaufgaben vgl. Abschnitt 4.1.
[415] Vgl. Banner (1991), S. 8.
[416] Vgl. Hahn (1996), S. 769.
[417] Vgl. Horváth (1996), S. 803.

Entwicklung und Einführung eines Controllingsystems ist die Macht- und Kompetenzausstattung des Controllers von Bedeutung, da in dieser Phase ein erhebliches Konfliktpotential zu erwarten ist.[418] Deshalb ist in dieser Phase die Einordnung des (zentralen) Controllerdienstes auf der obersten Führungsebene notwendig. Daneben ist eine starke Machtpromotion dieses Veränderungsprozesses durch die Verwaltungsführung sowie durch die Politik notwendig.[419] Ist der Controllinggedanke in allen Führungsebenen etabliert und das Controllingsystem funktionsfähig, so ist eine Einordnung in die zweite Hierarchieebene sinnvoll. Dies kann die Aufgeschlossenheit der mittleren und unteren Führungskräfte gegenüber der Person des Controllers unterstützen. Durch die Distanz zur ersten Führungsebene wird auch die Kritikfähigkeit an der obersten Verwaltungsführung gefördert.

Neben der hierarchischen Einordnung spielt auch die *Kompetenzausstattung* des Controllers eine wesentliche Rolle für die erfolgreiche Wahrnehmung seiner Aufgaben. Zu unterscheiden sind Stabs- und Linienfunktionen. Grundsätzlich wurde die Funktion des Controllers als Servicefunktion gekennzeichnet. Das spricht für einen Controllerdienst als Stabsstelle. Zur Wahrnehmung der Servicefunktion wird der Controller jedoch auch zum Entscheidungsträger, z.B. bei der Auswahl von Planungs- und Analyseinstrumenten oder der Durchführung von Abweichungsanalysen. Damit greift der Controller in die Entscheidungen und Aktionen der Linienverantwortlichen ein. Aus diesem Grund ist der Controller mit Weisungsbefugnissen bezüglich seiner controllingspezifischen Aufgaben auszustatten. Wenn der Controller die Durchführungsverantwortung für den Planungs- und Budgetierungsprozeß tragen soll, muß er mit entsprechenden Weisungsbefugnissen ausgestattet sein. Zur Lösung des Konfliktes sind verschiedene Varianten möglich. Sie reichen von der Stabsstelle mit teilweiser Linienkompetenz bis zum klassischen Querschnittsbereich.[420]

---

[418] Vgl. Horváth (1996), S. 864 f.; Weber (1995), S. 353 f.

[419] Speziell zur Rolle der Politik in diesem Veränderungsprozeß vgl. Rexroth (1991), S. 12 f.

[420] Vgl. zur Diskussion zu den verschiedenen Varianten Hahn (1996), S. 771 ff.; Horváth (1996), S. 806 ff.; Küpper (1997), S. 452 ff.; Weber (1995), S. 382 ff.

5.1.3 Ablauforganisatorische Aspekte des Verwaltungscontrolling

Die Ablauforganisation des Verwaltungscontrolling bezieht sich im allgemeinen auf den zeitlichen Ablauf der Controllingaktivitäten, die zur Erfüllung der Controllingaufgaben notwendig sind.[421] Der zeitliche Ablauf spiegelt sich in der Praxis in einem Controllingkalender wider, der auf die speziellen betrieblichen Bedingungen zugeschnitten ist. Hierzu sind eher allgemeine Aussagen möglich. Beispielsweise sollte der Planungsprozeß einerseits so spät wie möglich beginnen, damit möglichst viele aktuelle Informationen verarbeitet werden können. Andererseits muß der Planungsprozeß so rechtzeitig einsetzen, daß ausreichend Zeit für eine systematische Suche und Bewertung von relevanten Entscheidungsalternativen bleibt. Kontrollinformationen sind so rechtzeitig bereitzustellen, daß bei Abweichungen ausreichend Zeit für entsprechende Gegensteuermaßnahmen zur Verfügung steht.[422]

Neben dem zeitlichen Ablauf beeinflußt ein weiterer Aspekt die Ablauforganisation des Verwaltungscontrolling. Die zunehmende Prozeßorientierung der Führungsaktivitäten macht auch eine Prozeßorientierung des Verwaltungscontrolling notwendig. Die Objekte des Verwaltungscontrolling sind nicht mehr vertikale Organisationseinheiten, sondern horizontal verlaufende Prozesse. So muß bei konsequenter Umsetzung des Produktkonzeptes[423] die Erstellung und die Abgabe von Produkten oder ganzer Produktgruppen als durchgängiger Prozeß interpretiert werden. Somit sind die Instrumente des Verwaltungscontrolling prozeßorientiert zu gestalten, wie z.B. die prozeßorientierte Kostenrechnung. Gleichzeitig ist der Controller auch Prozeßinnovator, indem er die Prozesse in enger Zusammenarbeit mit den Prozeßbeteiligten mitgestaltet.[424]

---

[421] Ein weiterer Aspekt ist der Ablauf der Entwicklung und Einführung von Controllingsystemen. Hierbei handelt es sich typischerweise um eine Projektorganisation. Zu Beispielen solcher Einführungsprojekte vgl. u.a. Horváth (1991a), S. 859 ff.; Küpper (1997), S. 468 ff.

[422] Vgl. Hahn (1996), S. 799 ff.

[423] Vgl. Abschnitt 4.2.1.2.

[424] Vgl. Fischer, J. (1996), S. 223; Horváth (1992), S. 6.

5.2 Zusammenfassende Darstellung der Controllingkonzeption

In den bisherigen Darstellungen wurden die Aufgaben und Instrumente des strategischen und operativen Verwaltungscontrolling sowie wichtige Aspekte der Organisation des Verwaltungscontrolling separat unter Beachtung ihrer Interdependenzen behandelt. Die Abb. 45 zeigt abschließend die einzelnen Komponenten der entwickelten Controllingkonzeption für öffentliche Verwaltungsbetriebe im Zusammenhang. Die Pfeile verdeutlichen die Zweck-Mittel-Beziehungen. Die Wechselwirkungen zwischen dem strategischen und dem operativen Verwaltungscontrolling werden durch die sich überschneidenden Flächen symbolisiert.

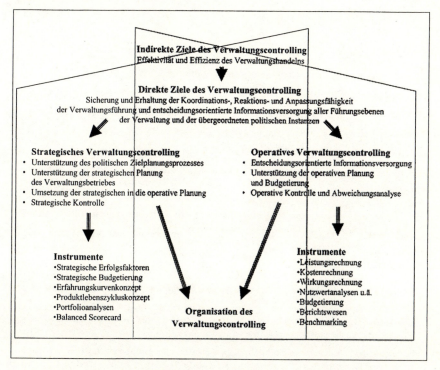

Abb. 45 Gesamtsicht der Controllingkonzeption öffentlicher Verwaltungsbetriebe

6 Ausgewählte Aspekte des Controllingsystems für Kassenärztliche Vereinigungen

6.1 Kassenärztliche Vereinigungen im System der Gesetzlichen Krankenversicherung

Das Controllingsystem für eine Kassenärztliche Vereinigung (KV) ist eine branchen- und organisationsbezogene Spezifikation der entwickelten Controllingkonzeption für öffentliche Verwaltungsbetriebe. Deshalb werden in diesem ersten Abschnitt die Struktur und die Aufgaben Kassenärztlicher Vereinigungen (KVen) erläutert und in das Gesamtsystem der Gesetzlichen Krankenversicherung eingeordnet.

6.1.1 Die Struktur Kassenärztlicher Vereinigungen

Seit der Verordnung des Reichspräsidenten vom 08.12.1931 vertreten KVen als genossenschaftlicher Zusammenschluß der Kassenärzte deren Interessen gegenüber den Krankenkassen. KVen sind Personalkörperschaften in der Rechtsform von Körperschaften des öffentlichen Rechts.[425] Die Rechtsgrundlage für die Errichtung der KVen ist der § 77 des Fünften Buches des Sozialgesetzbuches (SGB V). Danach bilden die Vertragsärzte[426] für den Bereich eines Landes eine Kassenärztliche Vereinigung zur Erfüllung der ihnen durch das SGB V übertragenen Aufgaben.[427]

Jeder Vertragsarzt ist zwangsmäßig ordentliches Mitglied der für seinen Vertragsarztsitz zuständigen KV.[428] Durch die Pflichtmitgliedschaft besteht für den Vertragsarzt keine

---

[425] Zu den verschiedenen Erscheinungsformen von Körperschaften des öffentlichen Rechts vgl. Abschnitt 2.1.7.

[426] Mit dem Gesetz zur Sicherung und Strukturverbesserung in der gesetzlichen Krankenversicherung (Gesundheitsstrukturgesetz - GSG) vom 21. Dezember 1992 wird einheitlich die Bezeichnung „Vertragsärzte" für die niedergelassenen Ärzte verwendet.

[427] Die Bereiche der KVen stimmen nicht überall mit den Grenzen der Bundesländer überein. Ursache hierfür ist die Einteilung Deutschlands in Besatzungszonen von 1945 – 1949.

[428] Bereits vor seiner Zulassung wird jeder Arzt mit der Eintragung in das Arztregister außerordentliches Mitglied der für seinen Wohnsitz zuständigen KV. Weiterhin umfaßt die Zuständigkeit der KVen auch Disziplinarbefugnisse gegenüber den ermächtigten Ärzten und ärztlich geleiteten Einrichtungen. Können bestimmte Aufgaben zur Sicherstellung der medizinischen Versorgung der Bevölkerung nicht durch die Vertragsärzte einer KV wahrgenommen werden, dann können andere Ärzte oder Einrichtungen zur Wahrnehmung dieser Aufgaben von der KV ermächtigt werden. Die Ermächtigung an sich begründet nicht die Mitgliedschaft in der KV.

Möglichkeit des Austritts ohne gleichzeitige Aufgabe seines Status als zugelassener Vertragsarzt. Die Bestimmungen der Satzung einer KV sind für alle Mitglieder aufgrund der Pflichtmitgliedschaft verbindlich. Mit der Zulassung erwirbt der Vertragsarzt das Recht und die Pflicht zur Teilnahme an der vertragsärztlichen Versorgung und das Recht zur Teilnahme an der Honorarverteilung.

Bei der Übertragung öffentlicher Aufgaben in die Zuständigkeit einer öffentlich-rechtlichen Körperschaft behält sich der Staat die Rechtsaufsicht über diese Körperschaft vor. Im Fall der KVen wird die Rechtsaufsicht jeweils durch die für die Sozialversicherung zuständige oberste Landesbehörde (z.B. das Sozialministerium) ausgeübt. Diese Rechtsaufsicht erstreckt sich u.a. von der Überprüfung des Haushaltsplanes über die Vorlage von Verträgen der KV bis zur Genehmigung der Satzung. Schließlich besteht die Möglichkeit, daß die Aufsichtsbehörde die Geschäfte der KV übernimmt, wenn die Wahl der Selbstverwaltungsorgane der KV nicht zustande kommt oder diese sich weigern, die Geschäfte zu führen.

Verwaltungsentscheidungen der KV gegenüber ihren Mitgliedern sind Verwaltungsakte, soweit sie in die Rechtsstellung der Mitglieder eingreifen (z.B. Honorarbescheid). Wie alle Verwaltungsakte sind auch diese mit einer Rechtsbehelfsbelehrung zu versehen. Gegen die Verwaltungsentscheide kann Widerspruch eingelegt werden. Anschließend steht der Instanzenweg nach Maßgabe des Sozialgerichtsgesetzes offen.

Die Selbstverwaltungsorgane einer KV sind die Vertreterversammlung und der Vorstand. Die Mitglieder der KV wählen in demokratischer und geheimer Wahl die Vertreterversammlung für den Zeitraum von vier Jahren. Die Vertreterversammlung ist das oberste Organ einer KV. Ihr obliegen insbesondere der Beschluß der Satzung der KV und die Wahl des Vorstandes. Weiterhin beschließt die Vertreterversammlung den Honorarverteilungsmaßstab (HVM).[429] Sie stellt den Jahresabschluß fest, nimmt den Rechnungsabschluß ab und entlastet den Vorstand. Nach Maßgabe der Satzung entscheidet die Vertreterversammlung über Grundsatzfragen der vertragsärztlichen Versorgung.

Ebenfalls für vier Jahre wird der Vorstand der KV durch die Vertreterversammlung gewählt. Der Vorstand vertritt die KV sowohl gerichtlich als auch außergerichtlich. Insbesondere obliegt dem Vorstand der Abschluß von Verträgen und Vereinbarungen. Er regelt und überwacht die laufende Geschäftsführung. Die Mitglieder des Vorstandes sind nicht an

---

[429] Der HVM regelt die Verteilung der Gesamtvergütung unter den an der Honorarverteilung teilnehmenden Ärzten.

Weisungen gebunden. Sie handeln im Rahmen der Gesetze und der Satzung sowie auf Grundlage der Beschlüsse der Vertreterversammlung nach pflichtgemäßem Ermessen.

Zur Erledigung ihrer Aufgaben unterhalten die KVen eine Geschäftsstelle (Verwaltung), deren hauptamtliche(r) Geschäftsführer vom Vorstand oder von der Vertreterversammlung bestellt werden (wird).[430] Anders als bei Krankenkassen besitzen Geschäftsführer einer KV keine Organeigenschaft.

Die rund 112.700 niedergelassenen Vertragsärzte in Deutschland sind zur Zeit in 23 KVen organisiert.[431] In den Verwaltungen der 23 KVen sind rund 12.000 – 14.000 Mitarbeiter beschäftigt. Nach § 77 Abs. 4 SGB V bilden die regionalen KVen auf Bundesebene die Kassenärztliche Bundesvereinigung (KBV). Auch die KBV ist eine Körperschaft des öffentlichen Rechts.[432] Die Rechtsaufsicht über die KBV führt der (die) Bundesminister(in) für Gesundheit. Die Aufgaben der KBV bestehen u.a. in der Vertretung der niedergelassenen Ärzteschaft auf Bundesebene, dem Erlaß von Richtlinien zu bestimmten Bereichen der ärztlichen Versorgung und vor allem im Abschluß des Bundesmantelvertrages mit den Bundesverbänden der Krankenkassen, welcher bindend für die regionalen KVen und Krankenkassen ist. Die Abb. 46 verdeutlicht die Stellung der KVen im System der Gesetzlichen Krankenversicherung.

Finanziert werden die KVen durch Beiträge ihrer Mitglieder, die i.d.R. in einem festen Satz oder einem Hundertsatz der Vergütungen der Mitglieder bestehen. Diese sogenannte Verwaltungskostenumlage beträgt gegenwärtig je nach KV zwischen 1,6 und 2,8 % der Vergütung der Vertragsärzte.

---

[430] Welches Organ einer KV den Geschäftsführer bestellt, ist im allgemeinen in der Satzung geregelt.

[431] Quelle: Statistik der KBV, Stand August 1999.

[432] Auf die Darstellung der Struktur der KBV wird hier verzichtet. Sie ist ähnlich wie die der KVen.

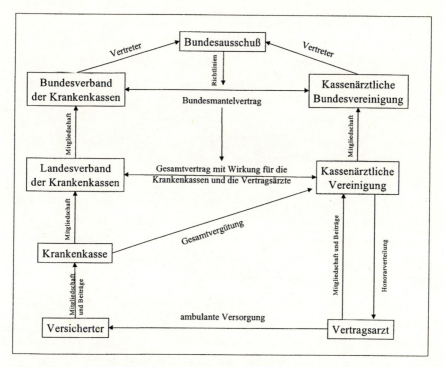

Abb. 46 Kassenärztliche Vereinigungen im System der GKV

6.1.2 Die Aufgaben Kassenärztlicher Vereinigungen

Kassenärztliche Vereinigungen haben folgende Aufgaben zu erfüllen:[433]

- Eine KV hat die *vertragsärztliche Versorgung* in der jeweiligen Region den Krankenkassen gegenüber sicherzustellen.

- Eine KV hat die Erfüllung der den Vertragsärzten obliegenden Pflichten zu *überwachen* und sie gegebenenfalls hierzu anzuhalten.

- Eine KV führt die Geschäfte der *Zulassungs- und Berufungsausschüsse*, der Prüfungs- und Beschwerdeausschüsse und das Arztregister.

- Eine KV hat die *Rechte ihrer Mitglieder* gegenüber den Krankenkassen und sonstigen Stellen wahrzunehmen.

---

[433] Auf die Angabe der genauen gesetzlichen Grundlagen wird verzichtet. Vgl. §§ 72 – 85 SGB V.

- Eine KV schließt für ihre Mitglieder die *Verträge* mit den Krankenkassen und handelt die sogenannte Gesamtvergütung für alle ärztlichen Leistungen aus.
- Eine KV *verteilt die Gesamtvergütung* und die sonstigen Honorare an die Ärzte.
- Eine KV erstellt im Rahmen der Honorarverteilungsfunktion die *Quartalsabrechnungen* für die Vertragsärzte gegenüber den Krankenkassen.
- Eine KV *prüft* die eingereichten Leistungen der Vertragsärzte.
- Eine KV *berät* ihre Mitglieder in allen Abrechnungs- und Honorarfragen und in betriebswirtschaftlichen Fragen der Praxisführung.
- Eine KV führt die *Bedarfsplanung* der Region und die *Zulassungsberatung* durch.

Aus dem Sicherstellungs-[434] und Gewährleistungsauftrag[435] der KVen gegenüber den Krankenkassen ergeben sich vor allem Überwachungs- und Kontrollaufgaben der KV gegenüber ihren Mitgliedern. Andererseits übernimmt eine KV auch die Interessenvertretung ihrer Mitglieder gegenüber den Krankenkassen und sonstigen Kostenträgern sowie gegenüber der Politik und sonstigen Interessenträgern.

Zur Interessenvertretung gehört in erster Linie, daß die vertragsärztlichen Leistungen angemessen honoriert werden. Die KVen schließen mit den Landesverbänden der Krankenkassen sogenannte Gesamtverträge ab, in denen zum einen die Leistungen der Vertragsärzte und zum anderen die Gesamtvergütung für diese Leistungen vereinbart werden. Die Verteilung der Gesamtvergütung wird innerärztlich auf Grundlage des Honorarverteilungsmaßstabes geregelt, der von der Vertreterversammlung beschlossen wird. Ebenfalls zur Interessenvertretung gehört die Beratung der Mitglieder in allen Fragen der vertragsärztlichen Tätigkeit, angefangen von der Niederlassungsberatung bis zur Aufklärung

---

[434] Der Sicherstellungsauftrag der KVen läßt sich aufgrund der Vorschriften des SGB V dadurch umfassend beschreiben, daß die KVen gegenüber den Krankenkassen im Sachleistungssystem die den Versicherten nach dem Leistungsrecht zustehende ärztliche Behandlung primär durch ihre Mitglieder (die zugelassenen Vertragsärzte) sicherzustellen haben, sekundär bei Versorgungslücken auch durch die Einbeziehung anderer Leistungserbringer diese ambulante Versorgung gewährleisten müssen und hierfür insgesamt eine Gesamtvergütung von den Krankenkassen erhalten, die sie ihrerseits an die beteiligten Leistungserbringer zu verteilen haben. Dies schließt auch die in Krankenhäusern durchgeführte Notfallbehandlung ein.

[435] Die KVen haben den Krankenkassen gegenüber die Gewähr für die ordnungsmäßige Erbringung der vertragsärztlichen Leistungen nach Gesetz und Vertrag zu übernehmen. Hierunter fällt vor allem die Aufgabe, die Abrechnung der Vertragsärzte vor Weitergabe an die Krankenkassen auf Plausibilität und sachlich-rechnerische Richtigkeit zu überprüfen, so daß den Krankenkassen nur solche Leistungen in Rechnung gestellt werden, die nach den jeweils geltenden Gebührenordnungen berechnungsfähig und in sich plausibel sind.

in Abrechnungs- und Wirtschaftlichkeitsfragen. Die KVen übernehmen in diesem Sinne eine Dienstleistungsfunktion gegenüber ihren Mitgliedern.

Im Gesamtbild einer KV gegenüber ihren Mitgliedern muß ein ausgewogenes Verhältnis zwischen den beiden großen Aufgabenblöcken, der Überwachung und Kontrolle einerseits und der Interessenvertretung andererseits, hergestellt werden, da sonst entweder der Eindruck einer übermäßigen Bürokratisierung und Reglementierung der vertragsärztlichen Tätigkeit entsteht oder der ordnungsmäßig arbeitende Vertragsarzt sich durch die Duldung eines Fehlverhaltens seiner Kollegen durch die KV benachteiligt fühlen muß.[436]

6.2 Ziele des Controlling in Kassenärztlichen Vereinigungen

Entsprechend der in der allgemeinen Controllingkonzeption für öffentliche Verwaltungsbetriebe vorgenommenen Einteilung werden auch die Controllingziele Kassenärztlicher Vereinigungen unterschieden in direkte und indirekte Controllingziele. Beide stehen in einer Mittel-Zweck-Beziehung zueinander.

6.2.1 Direkte Controllingziele Kassenärztlicher Vereinigungen

Die direkten Controllingziele Kassenärztlicher Vereinigungen bestehen in der Sicherung und Erhaltung der Koordinations-, Reaktions- und Anpassungsfähigkeit des Führungssystems und der entscheidungsvorbereitenden Informationsversorgung aller Führungsebenen der KV und der politischen Instanzen. Das Controlling ist für die ergebniszielorientierte Koordination von Planungs-, Kontroll- sowie Informationsversorgungssystem verantwortlich.

Abweichend zu den direkten Controllingzielen der allgemeinen Controllingkonzeption, stehen die Effektivität und die Effizienz gleichrangig nebeneinander im Fokus des Controlling Kassenärztlicher Vereinigungen. Im Gegensatz z.B. zu einem Finanzamt ist eine KV stärker für die Entwicklung ihrer Oberziele verantwortlich, da die Sicherstellung und Gewährleistung der ambulanten Versorgung von der Politik in starkem Maße in die Verantwortung der Selbstverwaltung von Ärzten und Krankenkassen übergeben wurde. Die Politik beschränkt sich auf die Vorgabe der gesetzlichen Rahmenbedingungen für das Zusammenspiel der Selbstverwaltungen. Neben der Sicherstellung und Gewährleistung sind die KVen für die Interessenvertretung ihrer Mitglieder ohnehin selbst verantwortlich.

---

[436] Z.B. gehen überhöhte Abrechnungen von Vertragsärzten nicht zu Lasten der Krankenkassen und damit der Versicherten, sondern mindern unmittelbar das Honorar ihrer Kollegen.

6.2.2 Indirekte Controllingziele Kassenärztlicher Vereinigungen

Indirekte Controllingziele sind die aus den Oberzielen Kassenärztlicher Vereinigungen abzuleitenden Ziele des Controlling. Es geht also einerseits darum, den Sicherstellungs- und Gewährleistungsauftrag sowie die Interessenvertretung der Mitglieder so effektiv und so effizient wie möglich unter Beachtung der rechtlichen Grundsätze wahrzunehmen. Andererseits sind bereits durch die Beteiligung am politischen Zielbildungsprozeß die Voraussetzungen für einen effektiven und effizienten Vollzug der Aufgaben zu schaffen. So sind die Auswirkungen geplanter Gesetzesänderungen auf die ambulante Versorgung aufzuzeigen und mögliche Alternativen in den politischen Zielbildungsprozeß einzubringen.

Die Abb. 47 zeigt die Stellung des Controllingsystems im Führungssystem Kassenärztlicher Vereinigungen. Die Oberziele Kassenärztlicher Vereinigungen werden stärker als bei anderen öffentlichen Verwaltungsbetrieben von den Mitgliederinteressen mitbestimmt.

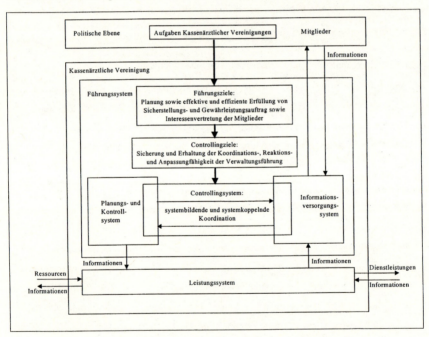

Abb. 47 Controllingsystem im Führungssystem Kassenärztlicher Vereinigungen

6.3 Strategisches Controlling in Kassenärztlichen Vereinigungen

Entsprechend der Zielrichtung dieses Kapitels werden nun die strategischen Controllingaufgaben der allgemeinen Controllingkonzeption öffentlicher Verwaltungsbetriebe für die spezifischen Bedingungen einer KV konkretisiert.

Anschließend wird exemplarisch die Mitgliederbefragung als ein Instrument des strategischen Controlling in seiner konkreten Anwendung in einer KV dargestellt.

6.3.1 Aufgaben des strategischen Controlling

6.3.1.1 Unterstützung des politischen Zielbildungsprozesses

Die KVen sind ein wichtiger Aufgaben- und Interessenträger innerhalb des Systems der GKV. Als Zusammenschluß der niedergelassenen Ärzteschaft haben die KVen die ambulante ärztliche Versorgung der Bevölkerung den Krankenkassen gegenüber sicherzustellen und zu gewährleisten. Gleichzeitig sind die Leistungserbringer angemessen zu vergüten. Dies betrifft sowohl eine angemessene Gesamtvergütung als auch eine gerechte Verteilung der Gesamtvergütung unter den Leistungserbringern.

Eine Aufgabe des strategischen Controlling in KVen besteht in der problemorientierten Gewinnung und Aufbereitung von Informationen für den politischen Zielbildungsprozeß, damit sowohl die Sicherstellung und Gewährleistung der ambulanten Versorgung als auch die angemessene Vergütung der ärztlichen Leistungen gleichermaßen Berücksichtigung finden. Im einzelnen geht es dabei um:

- das Aufdecken von Problemfeldern,
- die Antizipation von Lösungsalternativen,
- die Antizipation von Umsetzungsstrategien und
- das frühzeitige Abschätzen der anfallenden Kosten von Maßnahmenpaketen.

Beispielsweise sind neue Untersuchungs- und Behandlungsmethoden, die die medizinische Versorgung der Bevölkerung verbessern, möglichst schnell und umfassend in die ärztliche Praxis einzuführen. Dafür ist neben den fachlichen und technischen Voraussetzungen auch die entsprechende Vergütung der neuen Leistungen abzusichern. Das Controlling hat vor allem dafür zu sorgen, daß beide Aspekte gleichmäßig und im Zusammenhang betrachtet werden.

Im übrigen sind die genannten Aufgaben integraler Bestandteil des strategischen Planungsprozesses der KVen.

6.3.1.2 Unterstützung des strategischen Planungsprozesses Kassenärztlicher Vereinigungen

Entsprechend der im Abschnitt 3.2.2 hergeleiteten Aufgaben des strategischen Verwaltungscontrolling bestehen die strategischen Controllingaufgaben in KVen in:

- der Auswahl und Entwicklung von strategischen Planungs- und Analyseinstrumenten,

  Die Suche nach strategischen Erfolgspotentialen und die zielgerichtete Entwicklung strategischer Fähigkeiten stehen im Mittelpunkt des strategischen Planungsprozesses von KVen. Neben objektiven Erfolgsmaßstäben hinsichtlich des Sicherstellungs- und Gewährleistungsauftrages kommt, im Gegensatz zu anderen öffentlichen Verwaltungsbetrieben (z.B. Kommunen oder einem Finanzamt), der Erfolgsbeurteilung durch die Mitglieder eine besondere Bedeutung zu. Dies ist vor allem damit zu begründen, daß ein sehr enger Bezug zwischen den entrichteten Mitgliedsbeiträgen und der Interessenvertretung der Mitglieder gesehen wird. Aufgrund dessen sind Planungs- und Analyseinstrumente einzusetzen, die besonders auf die Mitgliederinteressen ausgerichtet sind, wie z.B. Mitgliederbefragungen.

- der Unterstützung und Koordination der Gewinnung und Aufbereitung relevanter Informationen über die gesellschaftliche Entwicklung, die Wettbewerber, die Kunden sowie über die eigenen Stärken und Schwächen,

  Die KVen sind als Bestandteil des komplexen Systems der GKV einer sehr dynamischen Umweltentwicklung ausgesetzt. Zur nachhaltigen Sicherung eines ergebniszielorientierten Handelns werden Informationen u.a. über demographische, politische, medizinische, rechtliche und technische Entwicklungen benötigt. Das Controlling sorgt dafür, daß diese Informationen umfassend und im Gesamtzusammenhang beschafft und aufbereitet werden.

- der Standardisierung, der Organisation und der zeitlichen Abstimmung des strategischen Planungsprozesses,

  Aufgrund der Dynamik im Gesundheitswesen ist eine Standardisierung des strategischen Planungsprozesses in KVen nahezu ausgeschlossen. Strategien werden so schnell von geänderten Gesetzeslagen überholt, daß sie häufig nicht in die Umsetzungsphase gelangen. Gerade deshalb hat das Controlling die Aufgabe, dafür zu sorgen, daß strategische Überlegungen nicht zu stark vom Tagesgeschäft überlagert werden. Vor allem die Abstimmung zwischen rechtlichen, medizinischen, organisatorischen u.a. Aspekten ist sicherzustellen.

- der Festlegung und Integration der Teilkomplexe der strategischen Planung,

  Die Teilkomplexe der strategischen Planung ergeben sich aus den verschiedenen Aufgabenschwerpunkten. So sind strategische Planungen u.a. für die medizinische Versorgung, die Vertragsgestaltung mit den Krankenkassen, die Einflußnahme auf den politischen Zielbildungsprozeß, die Fort- und Weiterbildung der Vertragsärzte, die Personalentwicklung innerhalb der Verwaltung und die Entwicklung der

Verwaltungskostenumlage zur Finanzierung der KV notwendig. Alle Teilkomplexe stehen im Hinblick auf die Sicherstellung der ambulanten Versorgung und die angemessene Vergütung der Vertragsärzte in einem engen Zusammenhang und sind deshalb in einer Gesamtplanung zu integrieren.

- der Beurteilung der jeweiligen Strategiealternativen sowie

  Die Beurteilung von Strategiealternativen hat jeweils bezogen auf die Sicherstellung und Gewährleistung sowie die angemessene Vergütung zu erfolgen. Hinsichtlich der ambulanten Versorgung kann auf medizinisch-statistische Daten zurückgegriffen werden. Die Angemessenheit der Vergütung wird naturgemäß von den verschiedenen Anspruchsgruppen unterschiedlich beurteilt. Hier gilt es, einen Interessenausgleich herbeizuführen.

- der Abstimmung der strategischen Planung mit der Investitions-, Ergebnis- und Finanzplanung.

  Vor allem für investitions-, kosten- und/oder finanzintensive Strategiealternativen ist sicherzustellen, daß die benötigten Mittel in den betreffenden Perioden in ausreichendem Maße zur Verfügung stehen. Von besonderer Bedeutung ist die Sicherung der Stabilität der Verwaltungskostenumlage.

6.3.1.3 Umsetzung der strategischen in die operative Planung und strategische Kontrolle

Die im Rahmen der strategischen Planung entwickelten und systematisierten, relativ allgemeinen, weitgehend langfristig orientierten Ziele der KV sind in konkrete, bereichsspezifische und kurzfristig orientierte operative Teilpläne umzusetzen. Es sind Alternativen zur Erreichung der strategischen Ziele zu entwickeln, zu bewerten und auszuwählen.

Wird beispielsweise die Reduzierung der Verwaltungskostenumlage um 0,5 Prozentpunkte innerhalb der nächsten 3 Jahre angestrebt, so sind hierfür konkrete Maßnahmenpläne notwendig, die durch Meilensteine bewertbar und kontrollierbar sind. Entscheidend für die Erreichung solcher strategischen Ziele ist die Einbeziehung aller betroffenen Bereiche der KV sowie die kontinuierliche Beobachtung der Umweltentwicklung. Bei der Umsetzung der strategischen in die operative Planung sind die Koordination und Moderation des Umsetzungsprozesses die wesentlichen Aufgaben des Controlling.

Die im Rahmen der allgemeinen Controllingkonzeption für öffentliche Verwaltungsbetriebe erläuterten Teilbereiche der strategischen Kontrolle gelten in vollem Umfang auch für die strategische Kontrolle in KVen. Auf eine detaillierte Diskussion wird verzichtet.

6.3.2 Die Mitgliederbefragung als ein Instrument des strategischen Controlling

6.3.2.1 Zwecke der Mitgliederbefragung

Den Mitgliederinteressen kommt im Zielsystem einer KV eine große Bedeutung zu. Sie sind im Gegensatz zu den gesetzlichen Aufgaben nicht eindeutig festgelegt und unterscheiden sich auch innerhalb der verschiedenen Ärztegruppen. Die Untersuchung und Analyse der Mitgliederinteressen ist deshalb ein Schwerpunkt des strategischen Controlling von KVen. Hierzu sind z.B. Mitgliederbefragungen geeignet.[437] Die Mitgliederbefragung kann verschiedene Funktionen erfüllen. Zum einen werden Zielvorstellungen konkretisiert. Dadurch wird zielgerichtetes Handeln erst möglich. Zum anderen dienen sie der Ermittlung von Indikatoren zur Beurteilung des Verwaltungshandelns und bei wiederholter Durchführung der Beurteilung des Verwaltungshandelns im Zeitablauf. Des weiteren sind derartige Befragungen geeignet, konkrete Vorstellungen über die Erfüllung einzelner Aufgaben der KV aus Sicht der Mitglieder zu eruieren.

6.3.2.2 Vorarbeiten und Durchführung

Die vorrangigen Ziele der Mitgliederbefragung bestehen in der Untersuchung und Analyse der Zielvorstellungen der niedergelassenen Ärzteschaft sowie in der Initiierung einer Strategiediskussion unter den Mitgliedern und den Mitarbeitern der KV. Im Rahmen dieser Strategiediskussion sind - ausgehend von einer Istanalyse zur derzeitigen Aufgabenerfüllung - Möglichkeiten der perspektivischen Entwicklung der KV zu suchen.

Die Vorarbeiten zur Durchführung einer Mitgliederbefragung sind der wichtigste und zeitintensivste Arbeitsschritt. Um einen umfassenden Überblick über mögliche Interessen und Ansprüche der Mitglieder einer KV zu gewinnen, ist es notwendig, im Vorfeld intensive Gespräche mit den Führungsorganen (Vertreterversammlung, Vorstand und Geschäftsführung) und einer repräsentativen Anzahl von Mitgliedern zu führen. Außerdem sind die Verantwortungsträger der Verwaltung mit in die Diskussion einzubeziehen, um von vorn herein die Umsetzbarkeit von Zielvorstellungen berücksichtigen zu können.

Zwangsläufig werden sehr unterschiedliche Ansichten über die Ziele und die Aufgaben der KV auftreten. Sie reichen vom Primat des Sicherstellungsauftrages über die

---

[437] Die nachfolgenden Ausführungen basieren auf den Erfahrungen und Ergebnissen einer durchgeführten Mitgliederbefragung in einer KV.

gewerkschaftliche Vertretung der Ärzte durch die KV bis hin zum „Dienstleistungsbetrieb KV". Diese sind zu systematisieren, sorgfältig hinsichtlich ihrer Relevanz zu beurteilen und zu einem Entwurf des Fragebogens zusammenzustellen. Der Entwurf ist dann wiederum mit allen genannten Gruppen zu diskutieren. Der daraus entwickelte vorläufige Fragebogen ist schließlich noch auf seine Praktikabilität hin zu überprüfen. Dazu sind Probebefragungen mit mehreren repräsentativen Mitgliedern durchzuführen, um die Verständlichkeit und den zeitlichen Aufwand beurteilen zu können. Gegebenenfalls sind Anpassungen notwendig.

Zur Durchführung der Befragung sind grundsätzliche Entscheidungen zu treffen über den Umfang (Voll- oder Teilerhebung), die Befragungsform (schriftlich oder Interview) und die Verteilung (per Post oder Auslegung bei Veranstaltungen etc.). Ebenfalls ist der zeitliche Rahmen für die Beantwortung der Fragen festzulegen, was unmittelbaren Einfluß auf den Umfang und die Komplexität der Fragestellungen hat.

Die Abb. 48 zeigt einen Ausschnitt aus einer durchgeführten Befragung unter den Mitgliedern einer KV. Das Selbstverständnis einer Organisation drückt sich in ihrem Leitbild aus. Deshalb wurde in einem ersten Komplex nach einer Formulierung gefragt, welche den vorrangigen Zweck der KV aus Sicht ihrer Mitglieder ausdrückt. Um das allgemeine Leitbild zu konkretisieren, ist in einem zweiten Komplex nach den Zielen und Aufgaben der KV zu fragen, die nach Ansicht der Mitglieder im Mittelpunkt stehen sollten.

Neben der Ziel- und Strategiediskussion kann die Befragung auch genutzt werden für die Erfolgsbeurteilung der KV aus Sicht ihrer Mitglieder. Exemplarisch zeigt die Abb. 49 den Kriterienkatalog zur Beurteilung der Quartalsabrechnungen.[438]

---

[438] Weitere zu beurteilende Leistungskomplexe sind u.a. die Statistiken zu den Quartalsabrechnungen, die betriebswirtschaftliche Beratung, die Presse- und Öffentlichkeitsarbeit und die Qualitätssicherung.

1. **Wie sehr stimmen Sie den folgenden Aussagen zu?**

    stimme sehr zu   stimme gar nicht zu

    Die KV soll **vorrangig**:

    a) eine standespolitische Interessenvertretung der Mitglieder sein.   O---O---O---O---O

    b) eine wirtschaftliche Interessenvertretung der Mitglieder sein.   O---O---O---O---O

    c) ein Servicebetrieb sein, der Dienstleistungen für die Mitglieder erbringt.   O---O---O---O---O

    d) eine Gewerkschaft der Mitglieder sein.   O---O---O---O---O

    e) Berufspolitik betreiben und koordinieren.   O---O---O---O---O

    f) Hoheitliche Kontrollinstanz der niedergelassenen Ärzteschaft sein.   O---O---O---O---O

2. **Welche Bedeutung messen Sie folgenden Zielen bzw. Aufgaben der KV zu?**

    sehr wichtig   unwichtig

    a) Erreichung einer möglichst hohen Gesamtvergütung.   O---O---O---O---O

    b) Sicherstellung der ambulanten Versorgung.   O---O---O---O---O

    c) Möglichst gerechte Honorarverteilung.   O---O---O---O---O

    d) Absicherung der Therapiefreiheit.   O---O---O---O---O

    e) Langfristige Kalkulierbarkeit der Honorareinkünfte.   O---O---O---O---O

    f) Sanktionierung rechtswidriger Handlungen von Mitgliedern im Interesse der Gemeinschaft.   O---O---O---O---O

    g) Schaffung betriebswirtschaftlicher Sicherheit für die Mitglieder.   O---O---O---O---O

    h) Organisation und Durchführung von Fortbildungsmaßnahmen.   O---O---O---O---O

    i) Information der Mitglieder über Standesfragen.   O---O---O---O---O

    j) Betriebswirtschaftliche Beratung der niedergelassenen Ärzteschaft.   O---O---O---O---O

    k) Information der Mitglieder über Abrechnungs- und Honorarbedingungen (EBM und HVM).   O---O---O---O---O

    l) Unterstützung bei der Entwicklung neuer Strukturformen (z.B. vernetzte Praxen).   O---O---O---O---O

Abb. 48 Leitbild und Aufgaben einer KV aus Sicht ihrer Mitglieder

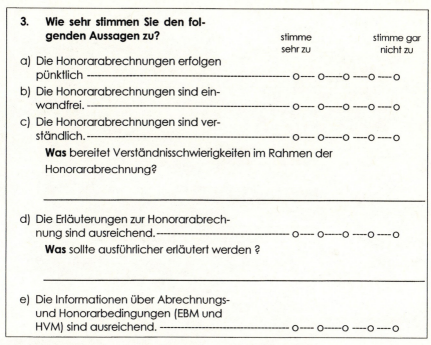

Abb. 49 Beurteilung der Quartalsabrechnung aus Sicht der Mitglieder

6.3.2.3 Analyse der Befragungsergebnisse

Im konkreten Fall der durchgeführten Befragung wurden die Fragebögen bei größeren Veranstaltungen an die teilnehmenden Ärzte verteilt und sofort von ihnen beantwortet. Insgesamt wurde eine Beteiligung von 10 % der Mitglieder erreicht, was für aussagefähige Hochrechnungen auf die Gesamtheit der Mitgliederschaft ausreichend ist. Die Struktur der Befragten entspricht hinsichtlich Fachgruppe und Niederlassungsort annähernd der tatsächlichen Mitgliederstruktur. Dies ist für die spätere Akzeptanz der Ergebnisse durch die Mitglieder von großer Bedeutung.

Die Fragen waren auf einer Skala von 1 – 5 (sehr wichtig – unwichtig bzw. stimme sehr zu – stimme gar nicht zu) zu beantworten. Für die Auswertung ist eine einfache Mittelwertbetrachtung sinnvoll, da diese leicht verständlich und den Betroffenen anschaulich vermittelbar ist. Dieser Aspekt ist gegenüber der mathematisch-statistischen Exaktheit von Analyseergebnissen nicht zu vernachlässigen.

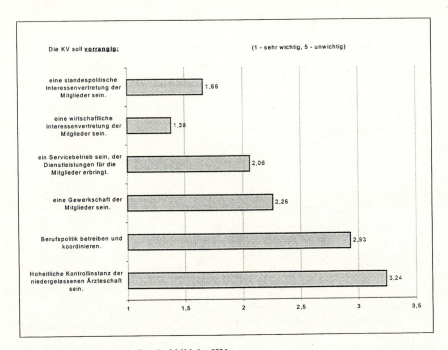

Abb. 50 Befragungsergebnisse Leitbild der KV

Die Abb. 50 zeigt, daß die KV neben den gesetzlichen Aufgaben vor allem anderen die wirtschaftliche und standespolitische Interessenvertretung der Vertragsärzte wahrnehmen soll. Die KV wird nicht als Dienstleister gesehen, der Serviceleistungen für die Mitglieder erbringen soll. Damit liegt der Schwerpunkt eindeutig auf dem finanziellen Aspekt.

Die Konkretisierung des Leitbildes veranschaulicht die Abb. 51. Es zeigt sich, daß die Erreichung einer möglichst hohen Gesamtvergütung und eine gerechte Honorarverteilung das größte Gewicht haben. Beides sollte so gestaltet werden, daß die Einkünfte für die Ärzte möglichst langfristig kalkulierbar sind.

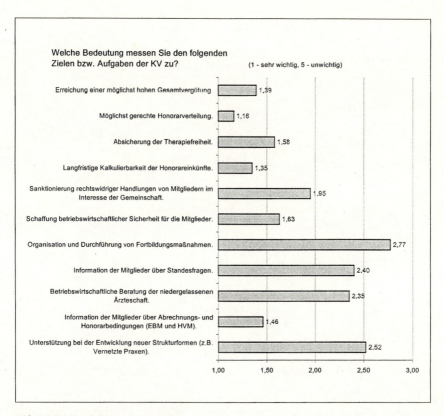

Abb. 51 Konkretisierung des Leitbildes

Die Beurteilung der Quartalsabrechnungen ergab das in der Abb. 52 dargestellte Bild. Nach überwiegender Einschätzung erfolgen die Quartalsabrechnungen pünktlich. Bei der Beurteilung der Korrektheit sind Abstriche zu machen, der Wert von 2,5 ist jedoch noch akzeptabel. Am schlechtesten wird die Verständlichkeit der Honorarabrechnungen beurteilt, wobei die Streuung relativ groß ist, wie die Abb. 53 zeigt.

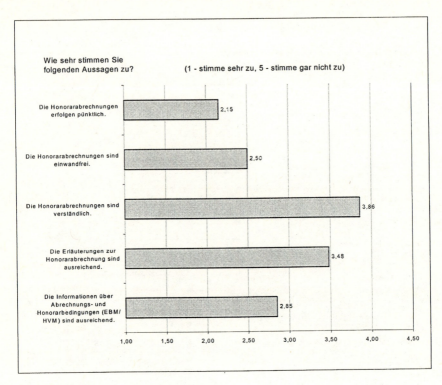

Abb. 52 Beurteilung der Quartalsabrechnung

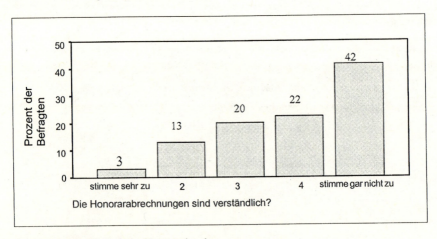

Abb. 53 Verständlichkeit der Honorarabrechnungen

6.3.2.4 Schlußfolgerungen aus den Befragungsergebnissen

Zum Zeitpunkt der Befragung existierte kein geschlossenes Leitbild und keine einheitliche Vorstellung über den Zweck und die Ziele unter den Mitgliedern und Mitarbeitern der KV. Aufgrund des Fehlens von allgemein anerkannten Zielvorstellungen ist kein systematisches, zielorientiertes Handeln möglich. Die zur Verfügung stehenden Kapazitäten können nicht zielorientiert eingesetzt werden. Die Analyse der Zielvorstellungen mit Hilfe der Mitgliederbefragung ermöglicht nun die Entwicklung eines Leitbildes, welches sowohl für die zielorientierte Entwicklung und Untersetzung der strategischen und operativen Planungen als auch für ein einheitliches Erscheinungsbild der KV gegenüber der Umwelt die Grundlage bildet.

Gleichzeitig sind aufgrund der Befragungsergebnisse Maßstäbe für die Erfolgsbeurteilung der einzelnen Leistungskomplexe der KV vorhanden. Bei wiederholter Durchführung der Befragung sind Rückschlüsse auf den Erfolg von Maßnahmen, z.B. zur Verbesserung der Verständlichkeit der Quartalsabrechnungen, möglich.

Zusammenfassend läßt sich feststellen, daß die Mitgliederbefragung als Instrument des strategischen Controlling wertvolle Erkenntnisse zur zielorientierten Steuerung des Verwaltungshandelns geben kann.

6.4 Operatives Controlling in Kassenärztlichen Vereinigungen

Die nachfolgend ausgewählten Aufgaben des operativen Controlling stehen in Zusammenhang mit der Abrechnung der ärztlichen Leistungen. Die Abrechnung zieht sich durch alle Bereiche der KV und ist deshalb besonders geeignet, Aufgaben und Instrumente des Verwaltungscontrolling exemplarisch darzustellen.

Anschließend werden die Zwecke und der Aufbau einer prozeßorientierten Leistungs- und Kostenrechnung exemplarisch anhand der Quartalsabrechnung dargestellt.[439] Es werden praktikable Ansatzpunkte für den Aufbau einer kontinuierlichen, prozeßorientierten Leistungs- und Kostenrechnung gegeben. Es wird auch gezeigt, daß operative Instrumente unmittelbare Auswirkungen auf strategische Entscheidungen haben können.

---

[439] Die Ausführungen basieren auf den Ergebnissen eines Forschungsprojektes in einer Kassenärztlichen Vereinigung. Die Leistungs- und Kostendaten entsprechen in ihrer Relation den tatsächlichen Gegebenheiten. Die absoluten Zahlen werden aus Datenschutzgründen verändert.

6.4.1 Aufgaben des operativen Controlling

6.4.1.1 Entscheidungsvorbereitende Informationsversorgung

Entscheidungsalternativen sind einerseits hinsichtlich ihrer finanziellen und/oder kostenmäßigen Auswirkungen und andererseits hinsichtlich ihrer Auswirkungen auf die Leistungsziele und die Erreichung der politischen Ziele sowie der Mitgliederinteressen zu beurteilen.

Soll beispielsweise eine neue Abrechnungs- und Prüfungssoftware zur Erstellung der Quartalsabrechnungen beschafft werden, so sind die verschiedenen Angebote u.a. hinsichtlich Investitions- und Betriebskosten, Datensicherheit, Qualität und Analysemöglichkeiten sowie möglicher Auswirkungen auf die Sicherstellung und Gewährleistung der ambulanten Versorgung zu beurteilen. Letzteres wird z.B. durch eine in der Folge der Neubeschaffung notwendigen höheren Verwaltungskostenumlage tangiert.

Neben der Analyse aller einzelnen Auswirkungen auf Effektivität und Effizienz ist es vor allem die Aufgabe des Controlling, eine geschlossenes Gesamtbild der Beurteilung von Entscheidungsalternativen zu geben.

6.4.1.2 Unterstützung der operativen Planung und Budgetierung

Die Aufgaben des Controlling sind u.a. abhängig vom Entwicklungsstand der operativen Planung und Budgetierung. Häufig sind nur rudimentäre Planungs- und Budgetierungssysteme vorhanden. So erfolgt die Jahresplanung in den meisten KVen lediglich kostenartenbezogen ohne Leistungsbezug und Verantwortlichkeiten auf Basis von Vorjahreswerten. Dies entspricht nicht den Anforderungen, die an ein modernes Planungs- und Budgetierungssystem zu stellen sind.[440]

Um das Planungs- und Budgetierungssystem ergebniszielorientiert zu gestalten, ist die Ressourcenverantwortung zu dezentralisieren und mit der Fachverantwortung zusammenzuführen. Hierfür sind verschiedene Konzepte geeignet, wie z.B. das Kontraktmanagement. Gegenstand des Kontraktes zwischen der Geschäftsführung der KV und dem Abteilungsleiter „Abrechnung" sind z.B. die Anzahl und die Tiefe der

---

[440] Vgl. Abschnitt 4.1.2.

durchzuführenden Prüfungen von Arztabrechnungen, die maximale Beanstandungsquote durch die Ärzte und die benötigten personellen und DV-technischen Kapazitäten.[441]

Das Controlling hat unterschiedliche Möglichkeiten der Gestaltung des Planungs- und Budgetierungssystems aufzuzeigen und sie hinsichtlich ihrer ökonomischen Konsequenzen zu evaluieren. Der Controller ist der Initiator und Moderator des Veränderungsprozesses der Organisationsstruktur und des Planungs- und Budgetierungsprozesses. Notwendige Voraussetzung hierfür ist die Schaffung von Transparenz hinsichtlich der zu erbringenden Leistungen und deren Ressourcenverzehr. Das Controlling hat dem Ressortdenken entgegenzuwirken, indem es die Aufgaben und Leistungen der Fachabteilungen ergebniszielorientiert betrachtet. Im Fall Kassenärztlicher Vereinigungen bedeutet dies, daß alle Aufgaben und Leistungen in Beziehung zur Sicherstellung und Gewährleistung der ambulanten Versorgung einerseits und zu den Mitgliederinteressen andererseits sowie unter Beachtung ihrer Interdependenzen zu analysieren sind.

Hier wird die enge Verknüpfung des operativen mit dem strategischen Controlling besonders deutlich, da die strikte ergebniszielorientierte Ableitung der strategischen Ziele die Voraussetzung für die ergebniszielorientierte Konkretisierung der operativen Ziele ist und die operative Leistungserstellung unmittelbaren Einfluß auf die Erfüllung der strategischen Ziele hat.

6.4.1.3 Operative Kontrolle und Abweichungsanalysen

Entscheidend für eine wirksame Kontrolle und Abweichungsanalyse ist die zeitnahe Bereitstellung steuerungsrelevanter Daten. Nur mit aktuellem Datenmaterial ist eine rechtzeitige, korrekturauslösende Überwachung von Budgetansätzen, Leistungszielen und Wirksamkeit möglich.

Für KVen ist ein Berichtssystem notwendig, welches Kosten-, Leistungs- und Wirkungsinformationen für jeden Aufgaben- bzw. Verantwortungsbereich bereitstellt. Für die Erstellung der Quartalsabrechnungen bedeutet dies, daß z.B. jederzeit der Stand der bearbeiteten Abrechnungen, die Fehlerquote bei den eingereichten Abrechnungen der Ärzte, der voraussichtliche Endtermin für die Versendung an die Mitglieder etc. zur Verfügung

---

[441] Gegenwärtig richtet sich die Ausprägung der beispielhaft genannten Parameter nach den zur Verfügung stehenden Kapazitäten. Dadurch bestimmen die Ressourcen die Leistung, was mit einer ergebniszielorientierten Steuerung nicht vereinbar ist.

stehen müssen. Mit diesen Daten ist eine zielorientierte Koordination vor allem der personellen und DV-technischen Kapazitäten möglich.

Kosten- und Leistungsdaten sind mit Hilfe der Kosten- und Leistungsrechnung bereitzustellen. Daten über die Wirksamkeit der erstellten Leistungen hinsichtlich Sicherstellung, Gewährleistung und Mitgliederinteressen sind über Indikatoren zu gewinnen. Z.B. sind regelmäßige Befragungen durchzuführen, um im Zeitablauf die Wirksamkeit der Leistungserstellung hinsichtlich der Mitgliederzufriedenheit ermitteln zu können.[442]

6.4.2 Einführung einer prozeßorientierten Leistungs- und Kostenrechnung als ein Instrument des operativen Controlling

6.4.2.1 Zwecke der Leistungs- und Kostenrechnung in einer KV

Die Zwecke der Leistungs- und der Kostenrechnung in KVen sind prinzipiell identisch mit denen der allgemeinen Controllingkonzeption für öffentliche Verwaltungen. Im allgemeinen werden in KVen gegenwärtig nur sehr begrenzt Leistungs- und Kostendaten erfaßt, aufbereitet und analysiert. Um die Verantwortungsträger und Mitarbeiter einer KV mit dem Anliegen und dem Aufbau einer kontinuierlichen, prozeßorientierten Leistungs- und Kostenrechnung vertraut zu machen, ist es sinnvoll, ein Pilotprojekt mit abgegrenzter Zielstellung durchzuführen.

Die Analyse des Fragebogens hat gezeigt, daß der Schwerpunkt der Mitgliederinteressen auf dem finanziellen Aspekt liegt. Die gerechte Verteilung des Honorars an die Ärzte wird als wesentliche Aufgabe der KV angesehen. Diese wird unmittelbar durch die Höhe der einbehaltenen Verwaltungskostenumlage beeinflußt. Damit wird die gerechte Gestaltung der Verwaltungskostenumlage zu einem Einflußfaktor der gerechten Honorarverteilung. Da in der Einführungsphase einer Leistungs- und Kostenrechnung nicht alle im Rahmen der allgemeinen Controllingkonzeption hergeleiteten Zwecke der Leistungs- und der Kostenrechnung[443] auf einmal realisiert werden können, sollten im Rahmen eines

---

[442] Vgl. zur möglichen Ausgestaltung eines Fragebogens Abschnitt 6.3.2.

[443] Die in den Abschnitten 4.2.1.1 und 4.2.2.1 hergeleiteten Zwecke der Leistungs- und der Kostenrechnung gelten auch hier in vollem Umfang.

Pilotprojektes z.B. folgende abgegrenzte Fragestellungen untersucht werden:

1. Ist die Höhe der Kosten für die Erstellung der Quartalsabrechnungen abhängig davon, ob die Abrechnung vom Arzt per Diskette oder per Belege eingereicht wird?
2. Gibt es signifikante Unterschiede bei den Kosten für die Erstellung der Quartalsabrechnungen zwischen den einzelnen Fachgruppen?

6.4.2.2 Produktbeschreibung der Quartalsabrechnung

Die Leistungsrechnung ist vorrangig eine Mengen- und Zeitrechnung. Die Leistungen sind sowohl ergebnis- als auch prozeßbezogen zu betrachten. Aufbauend auf dem Mengen- und Zeitgerüst der Leistungsrechnung sind die Kosten der einzelnen Prozesse und der erstellten Leistungen zu ermitteln.[444]

Im ersten Schritt sind die einzelnen Leistungen, die zur Erstellung des Produktes „Quartalsabrechnung für den niedergelassenen Arzt" notwendig sind, zu erfassen und zu systematisieren. Im Ergebnis dieser Analyse entsteht eine Produktbeschreibung, in welcher sich die Arbeitsabläufe der belegmäßigen und der Diskettenabrechnung widerspiegeln. Im Durchschnitt aller KVen reichen rund 30 % der Ärzte ihre Abrechnungsunterlagen per Belege (in Papierform) und 70 % per Diskette bei ihrer KV ein. Der entscheidende Unterschied zwischen beiden Abrechnungsvarianten besteht darin, daß die per Beleg eingereichten Abrechnungen manuell in das Abrechnungssystem der KV eingegeben werden müssen, wohingegen die per Disketten eingereichten Abrechnungen maschinell eingelesen werden.

Grundsätzlich ist festzustellen, daß die Belegabrechnung wesentlich arbeitsintensiver ist, die Diskettenabrechnung dagegen mehr DV-technischen Aufwand verursacht. Diese grobe Beurteilung der beiden Abrechnungsvarianten ist nun durch exakte Untersuchungen zu konkretisieren.

6.4.2.3 Messung und Bewertung der Leistungen

Für die Zwecke der Untersuchung ist eine detaillierte Erfassung der Arbeitszeiten für die einzelnen Tätigkeiten der Abrechnungserstellung notwendig. Hierfür sind Zeitaufschreibungen der Mitarbeiter die einzige geeignete Erfassungsform. Mögliche Fehler

---

[444] Zu den grundsätzlichen Anforderungen an die Gestaltung der Leistungsrechnung und der Kostenrechnung vgl. die Abschnitte 4.2.1 und 4.2.2.

sind durch Plausibilitätsprüfungen zu identifizieren und anschließend zu korrigieren.[445] Im Ergebnis liegt ein Zeitgerüst für alle relevanten Tätigkeiten der Abrechnungserstellung, differenziert nach Disketten- und Belegabrechnung und nach den ärztlichen Fachgruppen, vor.

Für die hier verfolgten Zwecke der Leistungs- und Kostenrechnung erfolgt ausschließlich die Bewertung der Tätigkeiten zu Kosten.[446] Die Kostensätze werden auf Basis des empirisch ermittelten Auslastungsgrades für die unterschiedlichen Mitarbeiterkategorien bestimmt.

Nach Berücksichtigung weiterer Kostenarten, wie z.B. der Kosten für die Datenverarbeitung, stellt sich heraus, daß die Kosten einer belegmäßigen Abrechnung im Durchschnitt aller Fachgruppen um rund 45 % über den Kosten einer Diskettenabrechnung liegen. Dieser Wert schwankt zwischen den Fachgruppen erheblich. Gleichzeitig zeigt sich, daß es große Differenzen bei den Kosten für die Erstellung einer Quartalsabrechnung zwischen den Fachgruppen gibt. Die Abb. 54 veranschaulicht die Ergebnisse.

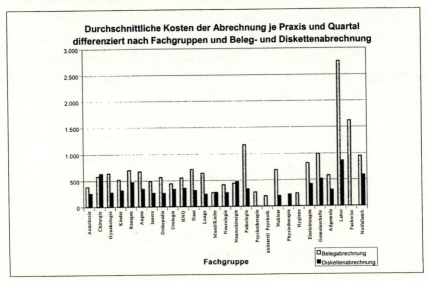

Abb. 54 Kosten der Quartalsabrechnung

---

[445] Im Rahmen des durchgeführten Pilotprojektes haben 76 Mitarbeiter 3 Monate lang die einzelnen Tätigkeiten arztbezogen, minutengenau erfaßt. Der Aufwand für die Zeiterfassung wurde im Nachhinein von den Mitarbeitern und Abteilungsleitern als vertretbar eingeschätzt.

[446] Zu weiteren Bewertungskriterien vgl. Abschnitt 4.2.1.4.

Die unterschiedliche Höhe der Kosten für die Quartalsabrechnungen rechtfertigt eine Differenzierung der Verwaltungskostenumlage nach Fachgruppen und nach Beleg- und Diskettenabrechnern. Die jeweilige Höhe der Differenzierung läßt sich auf Basis der Kostenberechnungen bestimmen. Unabhängig davon bleibt es jedoch eine innerärztliche Entscheidung, ob eine solche Differenzierung stattfinden soll oder ob die Fachgruppen sich gegenseitig subventionieren sollen.[447] Diese Entscheidung obliegt der Vertreterversammlung. Das Controlling hat die Analyseergebnisse objektiv darzustellen sowie Entscheidungsalternativen aufzuzeigen und hinsichtlich der Ziele der KV zu bewerten.

Im Anschluß an die erfolgreiche Durchführung des Pilotprojektes ist eine umfassende Leistungs- und Kostenrechnung für alle Bereiche der KV aufzubauen. Erst die Kenntnis über die tatsächlich erstellten Leistungen und deren Ressourcenverbrauch ermöglicht eine zielorientierte Planung und Budgetierung, Kontrolle und Abweichungsanalyse.

Auf Basis der Erfahrungen im Pilotprojekt können Produktbeschreibungen, Tätigkeitsanalysen, Leistungszuordnungen und –erfassungen sowie Leistungsbewertungen für alle wesentlichen Aufgabenbereiche der KV entwickelt bzw. durchgeführt werden. Durch die anschließende Verknüpfung der Leistungen in den einzelnen Aufgabenbereichen mit den Oberzielen der KV ist auch die Effektivität des Verwaltungshandelns meßbar zu machen. Hierfür sind die Zusammenhänge zwischen dem Verwaltungshandeln und dessen Wirksamkeit bezüglich der Oberziele umfassend zu untersuchen. Das Ziel sollte darin bestehen, alle Ebenen der Effektivität und der Effizienz gemäß der Abb. 5 beurteilen zu können.

---

[447] Zu diesem und weiteren Aspekten der Verbandsfinanzierung vgl. Blümle/Schwarz (1978), pass.

7 Fazit und Ausblick

Das Ziel der vorliegenden Untersuchung bestand darin, Controlling als Führungsfunktion öffentlicher Verwaltungsbetriebe konzeptionell zu gestalten und einzelne, ausgewählte Aspekte praxisnah für einen speziellen Typ öffentlicher Verwaltungsbetriebe zu konkretisieren. Dabei lagen die Schwerpunkte auf:

- der inhaltlichen Abgrenzung des Untersuchungsobjektes „öffentlicher Verwaltungsbetrieb",
- der Diskussion des Zielsystems öffentlicher Verwaltungsbetriebe,
- der Herausarbeitung verwaltungsspezifischer Besonderheiten, die für das Controlling öffentlicher Verwaltungsbetriebe grundsätzliche Bedeutung haben,
- der Entwicklung einer verwaltungsspezifischen Controllingkonzeption und
- der exemplarischen Konkretisierung der Controllingkonzeption anhand ausgewählter Aspekte des Controllingsystems für Kassenärztliche Vereinigungen.

Nach Abschluß der Untersuchung liegen folgende Ergebnisse vor:

- eine umfassende und konkrete Definition des öffentlichen Verwaltungsbetriebes,
- die Entwicklung einer Struktur des Verwaltungscontrolling,
- die Ableitung der indirekten Ziele des Verwaltungscontrolling aus den politischen und gesetzlichen Oberzielen öffentlicher Verwaltungsbetriebe,
- die Ableitung der Aufgaben des strategischen und operativen Verwaltungscontrolling,
- die verwaltungsspezifische Ausgestaltung und Verknüpfung wesentlicher Controllinginstrumente,
- die verwaltungsspezifische Diskussion wesentlicher Aspekte der Organisation des Verwaltungscontrolling und
- die exemplarische, praxisnahe Darstellung ausgewählter Aufgaben und Instrumente des Controlling Kassenärztlicher Vereinigungen als Nachweis der Praxisrelevanz und –tauglichkeit der entwickelten Controllingkonzeption für öffentliche Verwaltungsbetriebe.

Unter dem Neuheitsaspekt sind folgende Ergebnisse der Untersuchung zu betonen:

- Die unterschiedlichen inhaltlichen Abgrenzungen der öffentlichen Verwaltung durch verschiedene Wissenschaftsdisziplinen und Autoren wurden diskutiert und zielorientiert zusammengeführt. Dies ist ein Beitrag zur Verbesserung der fachübergreifenden wissenschaftlichen Diskussion über Fragen der Steuerung öffentlicher Verwaltungsbetriebe.

- Die konsequente Ableitung der Ziele und Aufgaben des Verwaltungscontrolling aus dem Zielsystem öffentlicher Verwaltungsbetriebe unter Beachtung der verwaltungsspezifischen Besonderheiten der öffentlichen Leistungserstellung.
- Die konzeptionelle Weiterentwicklung und Integration verschiedener Instrumente des Verwaltungscontrolling. Speziell hervorzuheben sind die strategische Wirksamkeitsrechnung, Varianten der Portfoliotechnik, das Konzept der Balanced Scorecard, die Leistungs-, Kosten- und Wirkungsrechnung sowie die Verbindung von Budgetierung und Kontraktmanagement in Form des politischen und operativen Kontraktmanagement.

Im Ergebnis der Untersuchung liegt eine universell auf öffentliche Verwaltungsbetriebe anwendbare Konzeption des Verwaltungscontrolling vor. Die konsequente Anwendung eines auf den betrieblichen Gesamtprozeß abstellenden Controllingverständnisses auf die Spezifik öffentlicher Verwaltungsbetriebe stellt eine wesentliche Weiterentwicklung des wissenschaftlichen Diskussionsstandes dar. Auf die Praxisrelevanz wurde besonderes Augenmerk gelegt, so daß die vorliegende Konzeption tatsächlich zur Lösung realer Steuerungsprobleme in öffentlichen Verwaltungsbetrieben geeignet ist.

Nachfolgende Untersuchungen sollten aufzeigen, wie die Verknüpfung des betrieblichen Verwaltungscontrolling mit einem politischen Controlling zu gestalten ist. Im Mittelpunkt steht dabei die Frage, welche Voraussetzungen und Steuerungsmechanismen notwendig sind, damit die grundsätzlich als notwendig anerkannte Aufgabentrennung von Politik und Verwaltung zielorientiert vorangetrieben werden kann.

8 Dissertationsthesen

1. Fragen der Steuerung öffentlicher Institutionen rücken seit einigen Jahren vermehrt in den Mittelpunkt der öffentlichen und wissenschaftlichen Diskussion. Hauptursache ist die Verschlechterung der finanziellen Lage der öffentlichen Haushalte. Die Einnahmenseite ist dabei vorwiegend vom Steueraufkommen abhängig. Auf der Ausgabenseite wirken sich vor allem die steigende Aufgabenvielfalt und die zunehmende Differenzierung des Leistungsangebotes negativ aus. Das Anspruchsdenken der Bürger nimmt zu. Der Legitimationsdruck der öffentlichen Verwaltung gegenüber der Politik und dem Bürger, der sich verstärkt als Kunde verstanden wissen will, steigt. Die öffentliche Verwaltung hat auf der einen Seite die richtigen Leistungen in entsprechender Qualität zu erbringen und auf der anderen Seite den Prozeß der Leistungserstellung möglichst effizient zu gestalten. Beide Aspekte zu unterstützen, ist Aufgabe des Controlling öffentlicher Verwaltungsbetriebe.

2. In der Verwaltungspraxis wird das Controlling oft zur Sicherung des vorhandenen Aufgabenbestandes eingesetzt, weil keine aufgabenadäquate Konzeption zugrunde gelegt wird und die Controllingfunktion an ungeeignete Stellen übertragen wird. Eine derartige Konzeption soll einerseits dem aktuellen Entwicklungsstand des Controlling entsprechen und andererseits grundsätzlich für alle öffentlichen Verwaltungsbetriebe Geltung haben. Die spezifischen Merkmale der Zielbildung und der Leistungserstellung in der öffentlichen Verwaltung sollen den Ausgangspunkt und die Beurteilungsmaßstäbe für Konzeptionen des Verwaltungscontrolling bilden.

3. Das **Ziel der Arbeit** besteht darin, Controlling als Führungsfunktion öffentlicher Verwaltungsbetriebe konzeptionell zu gestalten. Ausdrücklich geht es nicht um die Neugestaltung des politisch-administrativen Systems oder die Entwicklung neuer Managementkonzepte für öffentliche Verwaltungen. Statt dessen wird untersucht, wie das Controlling als Funktion der Führung öffentlicher Verwaltungsbetriebe unter den gegenwärtigen Rahmenbedingungen zu gestalten ist bzw. wie es bei der (realistischen) Modernisierung der öffentlichen Verwaltung mitwirken kann.

4. Die Untersuchung konzentriert sich auf folgende **Schwerpunkte**:
    - Diskussion und Abgrenzung des Untersuchungsgegenstandes, um die Schnittstellen zu anderen Wissenschaftsdisziplinen aufzuzeigen und gleichzeitig eine Abgrenzung vorzunehmen,

- Analyse der rechtlichen Grundsätze und der bürokratischen Struktur öffentlicher Verwaltungsbetriebe als Rahmenbedingungen des Verwaltungshandelns,
- Charakterisierung des Zielbildungsprozesses für öffentliche Verwaltungsbetriebe als Basis für die Ableitung der Ziele des Verwaltungscontrolling,
- Darlegung des Controllingverständnisses, um der Konzeption des Controlling öffentlicher Verwaltungsbetriebe eine klare Struktur zugrunde zu legen,
- Ableitung der Ziele des Controlling öffentlicher Verwaltungsbetriebe,
- Herleitung der Aufgaben des strategischen und des operativen Verwaltungscontrolling,
- Verwaltungsspezifische Ausgestaltung und Verknüpfung wesentlicher Instrumente des Verwaltungscontrolling,
- Verwaltungsspezifische Diskussion wesentlicher Aspekte der Organisation des Verwaltungscontrolling,
- Exemplarische Konkretisierung ausgewählter Aufgaben und Instrumente des Verwaltungscontrolling am Beispiel Kassenärztlicher Vereinigungen.

5. Ein entscheidendes Problem in der wissenschaftlichen Auseinandersetzung mit Fragen der Steuerung öffentlicher Verwaltungsbetriebe liegt zunächst in der unklaren inhaltlichen Bestimmung des jeweiligen Objektbereiches einer Untersuchung. Vor allem fachgebietsübergreifend ist ein sehr heterogenes Bild des Begriffes der öffentlichen Verwaltung zu konstatieren. Unter Berücksichtigung verschiedener Abgrenzungs- und Definitionsversuche aus unterschiedlichen Wissenschaftsdisziplinen sind unter **öffentlichen Verwaltungsbetrieben** Institutionen zu verstehen:

- die nicht zu Gesetzgebung, Rechtsprechung oder Regierung gehören,
- überwiegend öffentliche Aufgaben wahrnehmen,
- kaum marktorientiert und nicht erwerbsorientiert handeln,
- in öffentlich-rechtlicher Trägerschaft stehen,
- deren Tätigkeit überwiegend durch Gesetz oder Regierung fremdbestimmt ist,
- die organisatorisch hinreichend selbständig sind und
- in denen auf Dauer betriebliche Leistungsprozesse vollzogen werden.

6. Charakteristisch für öffentliche Verwaltungsbetriebe ist die **bürokratische Organisationsstruktur**, die in der Realität in unterschiedlicher Ausprägung und mit zahlreichen Modifikationen anzutreffen ist. Der Grad der Bürokratisierung ist u.a. abhängig von der Aufgabenstellung und dem Aufgabenträger. Das Bürokratiemodell stellt

eine Form der Organisationsstruktur dar, die durchaus eine zielgerichtete Aufgabenerfüllung gewährleisten kann. Ein pauschales Urteil über die Wirtschaftlichkeit von Bürokratien kann nicht gefällt werden.

7. Um den besonderen **Rahmenbedingungen** für die Festlegung öffentlicher Ziele und deren Umsetzung durch die öffentliche Verwaltung Rechnung zu tragen, sind die verfassungsrechtlichen Grundsätze bei der Untersuchung von Steuerungsfragen explizit einzubeziehen. Eine zu sehr privatwirtschaftlich geprägte Auseinandersetzung mit der öffentlichen Verwaltung würde die Bemühungen um Konzepte zur Steigerung von Effektivität und Effizienz des Verwaltungshandelns von vornherein zum Scheitern verurteilen. Von besonderer Bedeutung sind das Demokratiegebot, der Grundsatz der Rechtsstaatlichkeit, das Sozialstaatsgebot, der Gleichheitsgrundsatz und die Bürgerfreundlichkeit. Sie stellen einen Rahmen für alle Bestrebungen der Verwaltungsmodernisierung dar. Demzufolge haben auch betriebswirtschaftliche Steuerungsinstrumente diesen Grundsätzen zu genügen.

8. Das Verwaltungshandeln ist nicht ausschließlich auf die Ziele eines Interessenträgers gerichtet, sondern am Prozeß der Zielbildung können sehr viele und sehr unterschiedliche Einflußträger beteiligt sein. Die Entscheidung über die zu verfolgenden Ziele und ihre Gewichtung liegt bei den politischen Entscheidungsträgern. Die öffentliche Verwaltung hat primär eine Aufgaben- und Problemlösungsverantwortung. Neben den Aufgaben des **Politikvollzuges** hat die öffentliche Verwaltung auch die Aufgabe, politische Entscheidungen vorzubereiten. Hierzu gehören die Erhebung, Aufbereitung und Auswertung entscheidungsrelevanter Informationen, die Entwicklung von Lösungsalternativen und die Unterstützung der politischen Entscheidungsträger bei ihrer Entscheidungsfindung. Die **Politikvorbereitung** ist weniger als allgemeine Politikunterstützung anzusehen, sondern ist vor dem Hintergrund eines effektiven und effizienten Politikvollzuges zu betrachten.

9. Aus den im politischen Zielbildungsprozeß festgelegten Zielen werden öffentliche Aufgaben abgeleitet. Öffentliche Aufgaben sind den öffentlichen Zielen nachgelagert. Werden sie von öffentlichen Trägern wahrgenommen, dann handelt es sich um **Aufgaben der öffentlichen Verwaltung**. Hinsichtlich der Handlungsspielräume der Verwaltungsführung besteht ein Zusammenhang zwischen den Aufgaben, den Bedingungen und den Instrumenten des Verwaltungshandelns. Vor allem die Regelgebundenheit und der Freiheitsgrad der Organisationsgestaltung sind abhängig

davon, welche konkreten Aufgaben ein öffentlicher Verwaltungsbetrieb wahrnimmt und in welcher Trägerschaft er sich befindet. Entscheidend für das Controlling öffentlicher Verwaltungsbetriebe ist nicht die Frage, ob bestimmte öffentliche Aufgaben von der öffentlichen Verwaltung wahrgenommen werden sollen, sondern wie dies geschehen soll. Es wird also von einem bestehenden Aufgabenspektrum eines öffentlichen Verwaltungsbetriebes ausgegangen.

10. Die konkreten **betrieblichen Ziele** öffentlicher Verwaltungsbetriebe werden aus den übernommenen öffentlichen Aufgaben abgeleitet. Die Abbildung I zeigt die ablaufende Schrittfolge.

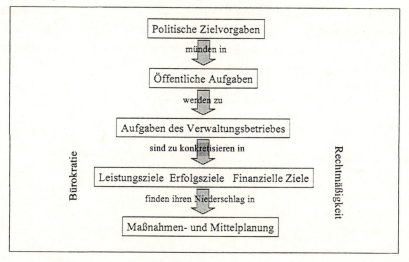

Abbildung I Ablauf des Politikprozesses

11. Die betrieblichen Ziele werden entsprechend der Abbildung II unterschieden in Leistungsziele, Erfolgsziele und finanzielle Ziele. Die Leistungsziele sind weiter zu unterteilen in Leistungen i.e.S. und Leistungen i.w.S. Die Leistungen i.e.S. werden auch als extern orientierte Leistungen bezeichnet und beziehen sich auf diejenigen Leistungen, die der eigentliche Grund für die Existenz der Organisation sind, also auf ihren primären Zweck. Die Leistungen i.w.S. sind alle übrigen Leistungen, die von einem öffentlichen Verwaltungsbetrieb erbracht werden. Erfolgsziele werden unterschieden in gewinnorientierte, kostenorientierte, politische, administrative und rechtliche Erfolgsziele. Gewinnorientierte Erfolgsziele spielen für die öffentliche Verwaltung aufgrund ihres nicht erwerbswirtschaftlichen Charakters keine Rolle. Kostenorientierte Erfolgsziele können

sich sowohl auf die Budgeteinhaltung, das Kostendeckungsprinzip oder auch auf die allgemeine Sparsamkeit beziehen. Politische Erfolgsziele dagegen können auf die Stimmenmaximierung gerichtet sein oder/und der Förderung des Gemeinwohles dienen. Administrative Erfolgsziele beziehen sich auf die öffentliche Verwaltung selbst. Hier steht das Streben nach Budgetmaximierung und der positiven Anerkennung der eigenen Tätigkeit in der Öffentlichkeit im Mittelpunkt. Der rechtliche Aspekt bezieht sich auf den Grundsatz der Rechtmäßigkeit des Verwaltungshandelns. Finanzielle Ziele sind die Sicherung der Liquidität und die langfristige Ausgeglichenheit von Einnahmen und Ausgaben. Im Rahmen der Untersuchung werden schwerpunktmäßig die Leistungsziele öffentlicher Verwaltungsbetriebe i.e.S. betrachtet. Sie sind der zentrale Gegenstand des Verwaltungshandelns, weil sie auf den **eigentlichen Zweck** des Verwaltungsbetriebes gerichtet sind. Je eindeutiger die politischen Zielvorgaben sind, um so zielgerichteter können die Leistungsziele eines öffentlichen Verwaltungsbetriebes abgeleitet werden.

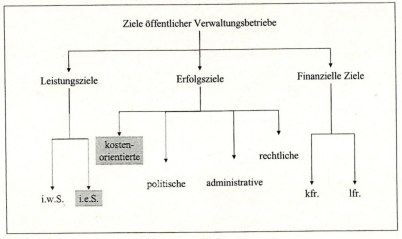

Abbildung II Zielinhalte öffentlicher Verwaltungsbetriebe

In enger Verbindung mit den Leistungszielen stehen auch die kostenorientierten Erfolgsziele. Die Ausgabendeckung und die Sicherung der Rechtmäßigkeit des Verwaltungshandelns sind eher als Nebenbedingungen anzusehen.

12. Das Handeln öffentlicher Verwaltungsbetriebe unterliegt grundsätzlich dem Wirtschaftlichkeitsprinzip. Die Abbildung III konkretisiert verschiedene Relationen zur Beschreibung der **Wirtschaftlichkeit** des Verwaltungshandelns. Welche Form der Wirtschaftlichkeit zugrunde gelegt wird, hängt vom konkreten Analysezweck ab. Für eine

ergebniszielorientierte Verwaltungsführung sind jedoch alle Sichten der Wirtschaftlichkeit gleichermaßen bedeutsam. Effektivitäts- und Effizienzrelationen sind deshalb als Einheit zu betrachten.

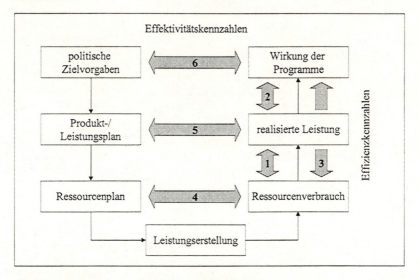

Abbildung III Wirtschaftlichkeit des Verwaltungshandelns

13. Das Verwaltungscontrolling ist eine Komponente der Verwaltungsführung. Seine Funktion besteht in der Koordination des gesamten Führungssystems zur Sicherung einer **ergebniszielorientierten Lenkung**. Controlling umfaßt somit Aspekte der Planung, Kontrolle, Informationsversorgung, Organisation und Personalführung als Einheit, wobei der Schwerpunkt des Controlling in der Koordination von Planungs-, Kontroll- und Informationsversorgungssystem besteht. Die Beziehungen der Führungssubsysteme untereinander verdeutlicht die Abbildung IV. Die Ergebniszielorientierung des Controlling kann sich prinzipiell auf alle Formen von Oberzielen beziehen. In der Privatwirtschaft handelt es sich regelmäßig um Gewinn- oder Rentabilitätsziele. Für öffentliche Verwaltungsbetriebe stellen die Effektivität und die Effizienz des Verwaltungshandelns unter Beachtung der rechtlichen Grundsätze die obersten Ergebnisziele dar.

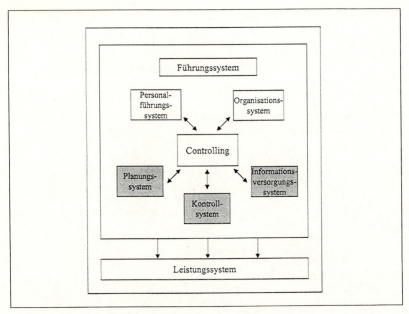

Abbildung IV Controlling im Führungssystem

14. Als Grundlage für eine tragfähige Definition des Verwaltungscontrolling ist eine in sich logische, geschlossene Controllingkonzeption notwendig. Die Struktur des Controlling läßt sich darstellen durch Controllingziele, Controllingaufgaben, die Controllingkonzeption, das Controllingsystem, die Controllinginstrumente und die Controllingorganisation, wobei die Controllingkonzeption als Bezugsrahmen für die konkrete Ausgestaltung des Controllingsystems dient. Mit ihr werden diejenigen Bereiche abgesteckt, die einer inhaltlichen Spezifikation bedürfen. Die **Controllingkonzeption** umfaßt insofern Ziele, Aufgaben, Instrumente und Organisation des Verwaltungscontrolling auf relativ hohem Abstraktionsniveau, ohne den konkreten Bezug zu einer speziellen Organisation. Unter einem **Controllingsystem** wird die branchen- und organisationsbezogene Spezifikation der Controllingkonzeption verstanden. Im Controllingsystem wird festgelegt, welche Aufgaben in welchen Bereichen der Organisation durch das Controlling wahrzunehmen sind, welche Instrumente dabei zum Einsatz gelangen und welche Rechengrößen und Systemelemente dazu verwendet werden.

15. Die **direkten Ziele** des Verwaltungscontrolling bestehen in der Sicherung und Erhaltung der Koordinations-, Reaktions- und Anpassungsfähigkeit der Verwaltungsführung und der

entscheidungsorientierten Informationsversorgung aller Führungsebenen der Verwaltung und der übergeordneten politischen Instanzen. **Indirekte Controllingziele** sind die aus den Oberzielen des öffentlichen Verwaltungsbetriebes abzuleitenden Ziele des Verwaltungscontrolling. Es geht also einerseits darum, den Vollzug der übernommenen öffentlichen Aufgaben so effektiv und so effizient wie möglich unter Beachtung der rechtlichen Grundsätze des Verwaltungshandelns wahrzunehmen. Andererseits sind bereits im Rahmen der Politikvorbereitung die Voraussetzungen für einen effektiven und effizienten Politikvollzug zu schaffen. Im Mittelpunkt des Verwaltungscontrolling stehen die effektivitäts- und effizienzorientierte Planung, Steuerung und Kontrolle der Leistungsziele des Verwaltungsbetriebes i.e.S. In enger Verbindung mit den Leistungszielen stehen aufgrund der Forderung nach effizienter Aufgabenerfüllung auch die kostenorientierten Erfolgsziele im Fokus des Verwaltungscontrolling. Politische und administrative Erfolgsziele sind nicht auf den eigentlichen Zweck öffentlicher Verwaltungsbetriebe gerichtet und sind demzufolge auch keine Controllingziele. Die Abbildung V zeigt zusammenfassend das Controlling als Subsystem der Verwaltungsführung.

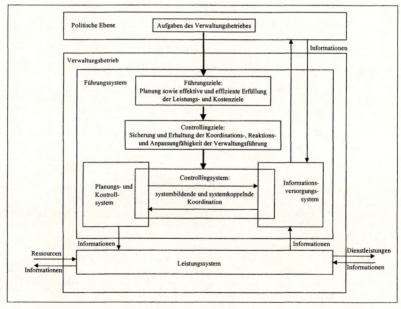

Abbildung V Controlling als Koordinationssubsystem der Verwaltungsführung

16. Die Aufgaben des Verwaltungscontrolling lassen sich grob unterteilen in strategische und operative Controllingaufgaben. Ausgehend vom zugrunde gelegten Controllingverständnis besteht die **Aufgabe des strategischen Verwaltungscontrolling** in der Koordination von strategischer Planung und Kontrolle sowie strategischer Informationsversorgung zur ergebniszielorientierten Unterstützung der strategischen Verwaltungsführung. Der Zeithorizont ist unbeschränkt. Er ergibt sich aus den mit den Strategien abzudeckenden Zeiträumen. Die Zielgrößen des strategischen Controlling in der Privatwirtschaft sind die bestehenden und zukünftigen Erfolgspotentiale und strategischen Fähigkeiten, also die langfristig wirksamen Erfolgsvoraussetzungen, die dem Unternehmen den künftigen Markterfolg sichern sollen. Für öffentliche Verwaltungsbetriebe kann der Erfolg nicht am Markt beurteilt werden. Statt dessen besteht ihr oberstes Ziel in der effektiven und effizienten Erfüllung der ihnen übertragenen öffentlichen Aufgaben. Somit ist die Strategieentwicklung öffentlicher Verwaltungsbetriebe auf die Effektivität und Effizienz der Leistungsziele auszurichten.

Die Aufgaben des strategischen Verwaltungscontrolling bestehen im einzelnen in:

- der Unterstützung des politischen Zielplanungsprozesses,
- der Unterstützung der strategischen Planung des Verwaltungsbetriebes,
- der Koordination der Umsetzung der strategischen Planung in operative Pläne und
- dem Aufbau und der Durchführung der strategischen Kontrolle.

Die Detaillierung der strategischen Controllingaufgaben zeigt die Abbildung VI.

Aufgaben des strategischen Verwaltungscontrolling	Teilaufgaben des strategischen Verwaltungscontrolling
Unterstützung des politischen Zielbildungsprozesses	• Aufdecken von Problemfeldern, • Antizipation von Lösungsalternativen, • Antizipation von Umsetzungsstrategien und • Frühzeitige Abschätzung der anfallenden Kosten von Maßnahmenpaketen.
Unterstützung der strategischen Planung des Verwaltungsbetriebes	• Auswahl und Entwicklung von Planungsinstrumenten, • Unterstützung und Koordination der Gewinnung und Aufbereitung relevanter Informationen, • Standardisierung, Organisation und zeitliche Abstimmung des strategischen Planungsprozesses, • Festlegung und Integration der Teilkomplexe der strategischen Planung, • Beurteilung der Strategiealternativen und • Abstimmung mit der langfristigen Investitions- und Finanzplanung.
Umsetzung der strategischen in operative Pläne	• Koordination und Moderation.
Strategische Kontrolle	• Prämissenkontrolle, • Konsistenzkontrolle, • Durchführungskontrolle und • Strategische Überwachung, jeweils als entscheidungsvorbereitende Abweichungsanalyse.

Abbildung VI Aufgaben des strategischen Controlling öffentlicher Verwaltungsbetriebe

17. Zur Erfüllung der strategischen Controllingaufgaben kommen z.B. die Ermittlung und Analyse der strategischen Erfolgsfaktoren, die strategische Budgetierung, das Erfahrungskurvenkonzept, verschiedene Varianten von Portfolioanalysen und das Konzept der Balanced Scorecard zur Anwendung. Den **Instrumenten** ist gemeinsam, daß sie der Strategieentwicklung und –beurteilung dienen. Sie bauen teilweise aufeinander auf und ergänzen sich gegenseitig.

18. Die **Aufgaben des operativen Verwaltungscontrolling** sind prinzipiell identisch mit denen in privaten Unternehmen. Es ist lediglich eine Anpassung der Zielrichtung an die Ziele öffentlicher Verwaltungsbetriebe vorzunehmen. Im Mittelpunkt steht die Koordination von operativer Planung und Kontrolle sowie operativer Informationsversorgung zur ergebniszielorientierten Unterstützung der operativen

Verwaltungsführung. Der Zeithorizont ist kurz- bis mittelfristig. Die Aufgaben des operativen Verwaltungscontrolling bestehen im einzelnen in:

- der instrumentellen und methodischen Entscheidungsvorbereitung,
- der instrumentellen und prozessualen Unterstützung der operativen Planung und Budgetierung und
- der instrumentellen Unterstützung und/oder Durchführung der laufenden Überwachung.

Die Detaillierung der strategischen Controllingaufgaben zeigt die Abbildung VII.

Aufgaben des operativen Verwaltungscontrolling	Teilaufgaben des operativen Verwaltungscontrolling
Entscheidungsorientierte Informationsversorgung	• Beurteilung kostenmäßiger Auswirkungen von Entscheidungsalternativen, • Beurteilung des Nutzens und der Wirkungen von Handlungsalternativen einschließlich externer Effekte.
Unterstützung der operativen Planung und Budgetierung	• Anstoß von Veränderungen im Planungs- und Budgetierungsprozeß, • Evaluation der ökonomischen Konsequenzen verschiedener Konzepte der Dezentralisierung von Entscheidungskompetenzen, • Gestaltung und Durchführung eines ergebniszielorientierten Budgetierungsprozesses, • Schaffung von Transparenz hinsichtlich zu erbringender Leistungen und deren Ressourcenverzehr.
Operative Kontrolle	• Überwachung der Einhaltung der Budgetansätze, • Überwachung der Leistungsziele, • Ermittlung der Wirksamkeit der erbrachten Leistungen, jeweils als entscheidungsvorbereitende Abweichungsanalyse. • Überwachung der Einhaltung extern/intern vorgegebener Regelungen, • Gestaltung und Pflege eines adressatengerechten Berichtswesens.

Abbildung VII Aufgaben des operativen Controlling öffentlicher Verwaltungsbetriebe

19. Die wesentlichen Instrumente zur Erfüllung der operativen Controllingaufgaben sind die Leistungsrechnung, die Wirkungsrechnung, die Kostenrechnung und die Budgetierung. Die Aufgabe der **Leistungsrechnung** ist es, eine periodenbezogene, nach Leistungsarten differenzierte Erfassung der Leistungen in Zeit-, Mengen- und Qualitätsgrößen

durchzuführen und dadurch eine Leistungsplanung und –kontrolle sowie die gegensteuernde Einflußnahme im Falle von Abweichungen zu ermöglichen. Auch in öffentlichen Verwaltungsbetrieben ist die Leistungsrechnung eine eigenständige Rechnung. Sie ermöglicht Aussagen über den Grad der Sachzielerreichung und soll als Basis für Betriebsvergleiche sowie für die Erfolgsbeurteilung des Verwaltungshandelns dienen. Die Leistungsrechnung zeigt Ansatzpunkte für die Verbesserung der Produktivität auf und ist Grundlage für die Planung, Steuerung und Überwachung der Kapazitäten. Die Leistungsrechnung erfüllt eine Dokumentations- und Legitimationsfunktion, indem sie den Nachweis der Mittelverwendung von der Outputseite her erbringt. Außerdem ist sie ein vorgelagertes Instrument der Kostenrechnung und der indikatorengestützten Wirkungsrechnung. Häufig wird es nicht ausreichen, nur Mengen und Qualitäten der erstellten Leistungen zu betrachten. In dem Moment, wo mehrere Leistungen im Zusammenhang beurteilt werden, erfolgt zumindest implizit eine Gewichtung der Wirkungsbeiträge der einzelnen Leistungen. Deshalb handelt es sich dann bereits um eine Wirkungs- und nicht mehr nur um eine Leistungsrechnung. Die Abbildung VIII faßt die Zwecke der Leistungsrechnung zusammen.

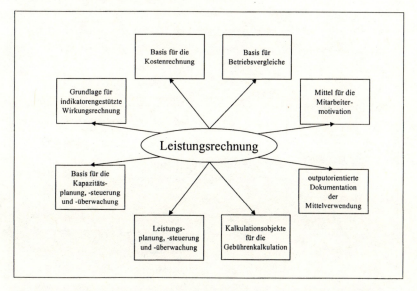

Abbildung VIII Zwecke der Leistungsrechnung in öffentlichen Verwaltungsbetrieben

20. Die **Wirkungsrechnung** dient der Analyse und Bewertung der Wirkungen von Verwaltungsleistungen hinsichtlich der Erfüllung der übergeordneten politischen Zielvorgaben. Durch die Wirkungsrechnung wird der Nutzen der Verwaltungsleistungen für die Leistungsempfänger in die Planung, Steuerung und Kontrolle des Verwaltungshandelns integriert. Da die politischen Ziele i.d.R. schwer zu quantifizieren sind, werden Indikatoren zu ihrer Operationalisierung herangezogen. Die Indikatoren werden als operable Teilziele Bestandteil des Zielsystems öffentlicher Verwaltungsbetriebe. Demzufolge ist die Wirkungsrechnung in Form der Indikatorenrechnung sowohl eine Planungs- als auch eine Kontrollrechnung. Als Planungsrechnung dient sie der Operationalisierung der politischen Zielvorgaben und der wirkungsorientierten Steuerung des Verwaltungshandelns. Als Kontrollrechnung dient sie der Erfolgsermittlung öffentlicher Verwaltungsbetriebe sowohl als Selbstkontrolle der Verwaltungsführung als auch als Wirkungskontrolle durch Parlament und Regierung. Die Wirkungsrechnung erfüllt auch eine Dokumentations- und Legitimationsfunktion, indem sie im Rahmen der externen Rechnungslegung den Nachweis der Mittelverwendung hinsichtlich der erreichten Wirkungen erbringt. Die Abbildung IX faßt die Zwecke der Wirkungsrechnung zusammen.

Abbildung IX Zwecke der Wirkungsrechnung in öffentlichen Verwaltungsbetrieben

21. Die **Budgetierung** kann im öffentlichen Verwaltungsbetrieb vielfältige Funktionen übernehmen. Sie lassen sich, wie in der Abbildung X dargestellt, grob in intern und extern orientierte Funktionen einteilen. Sämtliche internen Funktionen der Budgetierung sind dadurch zu unterstützen, daß **Transparenz** über die zu erbringenden Leistungen und deren Ressourcenverzehr geschaffen wird. Dies bezieht sich sowohl auf Art, Menge und Qualität der Leistungen als auch auf den möglichst konkreten Bezug zu den übergeordneten Zielen. Bezüglich der Kontrolle der Exekutive durch die Legislative wird hierdurch ebenfalls eine höhere Qualität erreicht, da es nicht mehr nur um die Kontrolle des Haushaltsvollzuges geht, sondern die dahinter stehenden Leistungen mit einbezogen werden können. Werden darüber hinaus noch die Wirkungen der Verwaltungsleistungen hinsichtlich der politischen Zielvorgaben einbezogen, entsteht ein geschlossener Regelkreis von der politischen Zielplanung bis zur wirkungsorientierten Kontrolle der Zielerreichung.

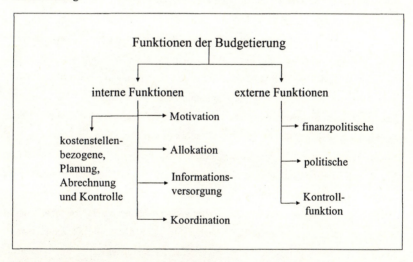

Abbildung X Funktionen der Budgetierung

22. Es sind **input- und outputorientierte Budgetierungsverfahren** zu unterscheiden. Die inputorientierten Verfahren der Budgetierung gehen von einem gegebenen Leistungsspektrum aus. Art, Menge und Qualität der Leistungen werden nicht näher untersucht. Outputorientierte Verfahren, wie z.B. das Zero-Base-Budgeting, sind vorrangig auf Kostensenkung ausgerichtet und wenig ergebniszielorientiert. Um die Eigeninitiative und Kreativität der Verantwortungsträger im Problemlösungsprozeß zu fördern, sind ergebniszielorientierte Formen der Budgetierung, wie z.B. das Kontraktmanagement, anzustreben.

Das **Kontraktmanagement** ist eine Form der Steuerung des Verwaltungshandelns bei weitgehender Dezentralisierung der Ressourcenverantwortung und deren Zusammenführung mit der Fachverantwortung. Das Kontraktmanagement in der öffentlichen Verwaltung ist eine Form des Management by Results. Ergebnisziele und Ressourcenbedarf werden vereinbart. Die Leistungs- und Budgetvereinbarungen erfolgen in einem ersten Schritt zwischen der Politik und dem Management des Verwaltungsbetriebes durch Kontrakte. Gegenstand dieser Kontrakte sind Vereinbarungen über Leistungskomplexe, die nicht sehr detailliert sind, z.B. auf der Ebene von Produktbereichen. Das Ziel sollte darin bestehen, die Vereinbarungen zwischen Politik und Verwaltungsführung wirkungsorientiert zu gestalten. Dazu ist die Problemlösungsverantwortung nahezu vollständig an die Verwaltung abzugeben. Hierfür sind fundierte Wirkungsrechnungen die Voraussetzung. Diese Form der Steuerung durch Kontrakte kann als politisches Kontraktmanagement bezeichnet werden. Innerhalb der Verwaltung sind die Leistungskomplexe anschließend zu konkretisieren. Hierfür werden Vereinbarungen zwischen dem oberen Management der Verwaltung und den Abteilungen der Fachebene getroffen. Diese Form der internen Steuerung durch Kontrakte kann als operatives Kontraktmanagement bezeichnet werden. Die Abbildung XI veranschaulicht das Verhältnis von politischem und operativem Kontraktmanagement im Rahmen der Budgetierung. Auf den unterschiedlichen Vereinbarungsebenen erfolgt eine produktbereichs-, produktgruppen- bzw. produktbezogene Abstimmung der Leistungs- und Maßnahmenplanung mit den jeweiligen bereichsbezogenen Budgets. Die vereinbarten Leistungs- und Ressourcenbudgets sind anschließend die Grundlage und der Maßstab für die Erfolgsbeurteilung der Budgetverantwortlichen.

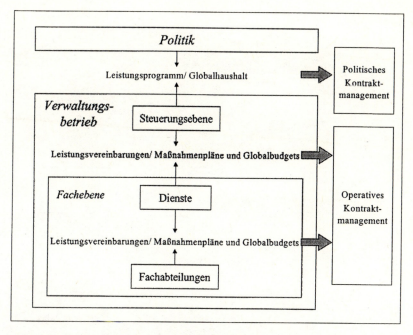

Abbildung XI Budgetierung und Kontraktmanagement

23. Die **Kostenrechnung** erfaßt und überwacht den Ressourcenverbrauch für die Vorhaltung und den Gebrauch der Kapazitäten. Sie ist, den betrieblichen Abläufen folgend, prozeßorientiert zu gestalten. Durch die Kostenrechnung ist sowohl ein Periodenbezug als auch ein Leistungsbezug der Ausgabenpositionen des Haushaltes herzustellen. Der Periodenbezug wird durch die Überführung von Ausgaben in Kosten erreicht, der Leistungsbezug erfordert eine kostenstellen- und eine kostenträgerbezogene Kostenzurechnung. Die Kostenrechnung dient der kostenseitigen Planung und Kontrolle der öffentlichen Leistungserstellung. Damit ermöglicht die Kostenrechnung Aussagen über die Wirtschaftlichkeit des Ressourceneinsatzes und dient als Grundlage für Betriebsvergleiche. Die Kostenrechnung erfüllt auch eine Dokumentations- und Legitimationsfunktion, indem sie den Nachweis der Mittelverwendung von der Inputseite her erbringt. Die Abbildung XII faßt die Zwecke der Kostenrechnung zusammen.

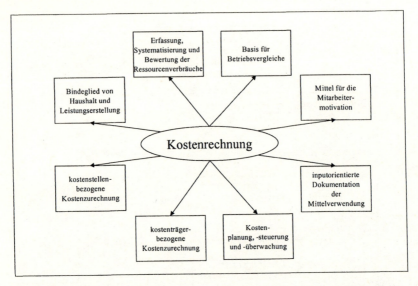

Abbildung XII Zwecke der Kostenrechnung in öffentlichen Verwaltungsbetrieben

24. Zur Wahrnehmung der Controllingaufgaben sind die Aufgaben ganz bestimmten Aufgabenträgern zuzuordnen und die Beziehungen der Aufgabenträger untereinander sowie zwischen ihnen und den übrigen Systemmitgliedern zu klären. Die Abbildung XIII zeigt die verschiedenen Bestimmungsgrößen der **Organisation des Verwaltungscontrolling**. Zentrale Bedeutung haben die konkreten Aufgaben des Verwaltungscontrolling und dessen Entwicklungsstand.

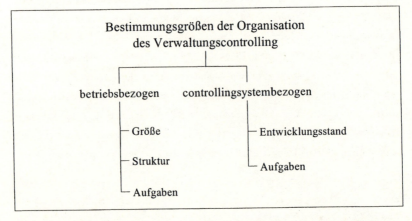

Abbildung XIII Bestimmungsgrößen der Organisation des Verwaltungscontrolling

25. Zusammenfassend gibt die Abbildung XIV eine **Gesamtsicht** der Controllingkonzeption für öffentliche Verwaltungsbetriebe. Besonderer Wert wurde auf die systematische Ableitung der Ziele des Verwaltungscontrolling aus den Aufgaben öffentlicher Verwaltungsbetriebe und den konsequenten Bezug zu den Leistungszielen gelegt. Für die Konzeption des Verwaltungscontrolling ist die systematische Ableitung der Zwecke und der grundsätzlichen Prämissen der Controllinginstrumente bedeutender als deren detaillierte Ausgestaltung. Letzteres ist betriebsindividuell durchzuführen.

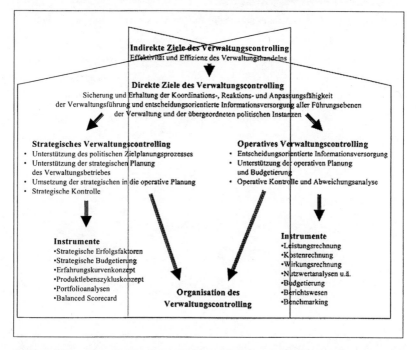

Abbildung XIV Gesamtsicht der Controllingkonzeption öffentlicher Verwaltungsbetriebe

Betriebsindividuell sind auch die Controllingziele und -aufgaben zu spezifizieren. Am Beispiel einer Kassenärztlichen Vereinigung ist nachgewiesen, daß die entwickelte Controllingkonzeption als Bezugsrahmen für die Ausgestaltung konkreter Controllingsysteme geeignet ist.

26. Im **Ergebnis der Untersuchung** liegt eine universell auf öffentliche Verwaltungsbetriebe anwendbare Konzeption des Verwaltungscontrolling vor. Die konsequente Anwendung eines auf den betrieblichen Gesamtprozeß abstellenden Controllingverständnisses auf die

Spezifik öffentlicher Verwaltungsbetriebe stellt eine wesentliche Weiterentwicklung des wissenschaftlichen Diskussionsstandes dar. Auf die Praxisrelevanz wurde besonderes Augenmerk gelegt, so daß die vorliegende Konzeption tatsächlich zur Lösung realer Steuerungsprobleme in öffentlichen Verwaltungsbetrieben geeignet ist.

27. **Künftige Untersuchungen** sollten aufzeigen, wie die Verknüpfung des betrieblichen Verwaltungscontrolling mit einem politischen Controlling zu gestalten ist. Im Mittelpunkt steht dabei die Frage, welche Voraussetzungen und Steuerungsmechanismen notwendig sind, damit die grundsätzlich als notwendig anerkannte Aufgabentrennung von Politik und Verwaltung zielorientiert vorangetrieben werden kann. Weiterhin obliegt es künftigen Arbeiten, sich speziell mit der Ausgestaltung einzelner Instrumente auseinander zu setzen. Hier sollten vor allem die strategische Budgetierung und die Balanced Scorecard für öffentliche Verwaltungsbetriebe im Mittelpunkt stehen. Schwerpunktmäßig ist zu untersuchen, wie die zu verfolgenden Ziele und die benötigten Ressourcen zu quantifizieren sind.

Literaturverzeichnis

Adamaschek, Bernd (1997): Die Kundenorientierung steht im Mittelpunkt - Leistungsmessung und -vergleiche in den USA, in: Verwaltungsführung, Organisation und Personal (VOP), 1997, Heft 11, S. 18-20

Albers, Heinrich/ Hardt, Ulrike (1994): Controlling und die Prinzipien des Verwaltungshandelns, in: Bunde, Jürgen/ Postlep, Rolf-Dieter (Hrsg.): Controlling in Kommunalverwaltungen, Marburg, 1994, S. 111-143

Arnim von, Hans Herbert (1989): Körperschaften des öffentlichen Rechts, in: Chmielewicz, Klaus/ Eichhorn, Peter (Hrsg.): Handwörterbuch der öffentlichen Betriebswirtschaft (HWÖ), Stuttgart, 1989, Sp. 771-778

Back-Hock, Andrea (1988): Lebenszyklusorientiertes Produktcontrolling. Ansätze zur computergestützten Realisierung mit einer Rechnungswesen-Daten und -Methodenbank, Berlin u.a., 1988

Bamberg, Günter (1994): Betriebswirtschaftliche Entscheidungslehre, 8. Aufl., München, 1994

Banner, Gerhard (1991): Von der Behörde zum Dienstleistungsunternehmen, in: Verwaltungsführung, Organisation und Personal (VOP), 1991, Heft 1, S. 6-11

Baumöl, Ulrike (1999): Target costing bei der Softwareentwicklung: eine Controlling-Konzeption und instrumentelle Umsetzung für die Anwendungsentwicklung, München, 1999

Benkenstein, Martin (1996): Produktlebenszyklus, in: Schulte, Christof (Hrsg.): Lexikon des Controlling, München, 1996, S. 614-618.

Blohm, Hans (1974): Die Gestaltung des berieblichen Berichtswesens als Problem der Leistungsorganisation, 2. Aufl., Berlin, 1974

Blümle, Ernst Bernd/ Schwarz, Peter (1978): Finanzmanagement in Verbänden, in: Verbands-Management, 2/1978, S. 18-34

Braun, Günther E. (1986): Stand und Entwicklungsperspektiven der öffentlichen Betriebswirtschaftslehre, in: Betriebswirtschaftliche Forschung und Praxis (BFuP), 38. Jg., 1986, Heft 2, S. 181-198

Braun, Günther E. (1988): Ziele in öffentlicher Verwaltung und privatem Betrieb - Vergleich zwischen öffentlicher Verwaltung und privatem Betrieb sowie eine Analyse der Einsatzbedingungen betriebswirtschaftlicher Planungsmethoden in der öffentlichen Verwaltung, Baden-Baden, 1988

Braun, Günther E./ Bozem, Karlheinz (1990): Ansatzpunkte für Controlling im kommunalen Bereich, in: Braun, Günther E./ Bozem, Karlheinz (Hrsg.): Controlling im kommunalen Bereich, München, 1990, S. 8-27

Brede, Helmut (1989): Ziele öffentlicher Verwaltungen, in: Chmielewicz, Klaus/ Eichhorn, Peter (Hrsg.): Handwörterbuch der öffentlichen Betriebswirtschaft (HWÖ), Stuttgart, 1989, Sp. 1867-1877

Brokemper, Andreas (1997): Kommunales Controlling, in: Verwaltungsmanagement - Handbuch für öffentliche Verwaltungen und öffentliche Betriebe, Sonderdruck Budgetierung und Controlling in der öffentlichen Verwaltung, 1997, Handmarke B 2.9

Brückmann, Friedel/ Walther, Norbert (1997a): Budgetierung - Methoden und Praxis am Beispiel der Stadtverwaltung Offenbach, in: Verwaltungsmanagement - Handbuch für öffentliche Verwaltungen und öffentliche Betriebe, Sonderdruck Budgetierung und Controlling in der öffentlichen Verwaltung, 1997, Handmarke F 1.3

Brückmann, Friedel/ Walther, Norbert (1997b): Controlling, Kennzahlen und Berichtswesen - Mit Hinweisen auf die Praxis in Offenbach, in: Verwaltungsmanagement - Handbuch für öffentliche Verwaltungen und öffentliche Betriebe, Sonderdruck Budgetierung und Controlling in der öffentlichen Verwaltung, 1997, Handmarke B 2.9

Brüggemeier, Martin (1998): Controlling in der öffentlichen Verwaltung, 3. verb. und aktual. Aufl., München u.a., 1998

Brüggemeier, Martin/ Küpper, Willi (1992): Controlling als Steuerungskonzept für die öffentliche Verwaltung?, in: Zeitschrift für Betriebswirtschaft (ZfB), 62. Jg., 1992, Heft 5, S. 567-577

Brümmerhoff, Dieter (1996): Finanzwissenschaft, 7. völlig überarb. Aufl., München, Wien, Oldenburg, 1996

Buchholz, Werner (1984): Ein entscheidungsorientiertes Kosten- und Leistungsrechnungssystem für öffentliche Verwaltungen, in: Das öffentliche Haushaltswesen in Österreich, 1984, Heft 2, S. 81-103

Buchholz, Werner (1985): Zweck, Ziele und Gestalt einer öffentlichen Vermögensrechnung, in: Eichhorn, Peter (Hrsg.): Betriebswirtschaftliche Erkenntnisse für Regierung, Verwaltung und öffentliche Unternehmen, 1. Aufl., Baden-Baden, 1985, S. 235-243

Budäus, Dietrich (1996): Produktbildung als zentrales Element von Verwaltungsreform - Funktionen, Probleme und Kritiken, in: Deutscher Städtetag: Produkte im Mittelpunkt: Städte auf dem Weg zu besseren Leistungen, Reihe A, DST-Beiträge zur Kommunalpolitik, Heft 23, 1996, S. 27-39

Budäus, Dietrich (1997): Neue Wege im Rechnungswesen und Controlling öffentlicher Einrichtungen, in: Baum, Heinz Georg ... (Hrsg.): Controlling öffentlicher Einrichtungen, Stuttgart, 1997, S. 42-55

Buschor, Ernst (1991): Controlling als führungsrelevantes Informationssystem, in: Reinermann, Heinrich (Hrsg.): Führung und Information - Chancen der Informationstechnik für die Führung in Politik und Verwaltung, Heidelberg, 1991, S. 306-320

Buschor, Ernst (1993): Ein wirkungsorientiertes Modell der kommunalen Verwaltungsführung, in: Banner, Gerhard/ Reichard, Christoph (Hrsg.): Kommunale Managementkonzepte in Europa. Anregungen für die deutsche Reformdiskussion, Köln, 1993, S. 177-184

Buschor, Ernst/ Lüder, Klaus (1994): Thesen zur künftigen Gestaltung des öffentlichen Rechnungswesens, in: Lüder, Klaus (Hrsg.): Öffentliches Rechnungswesen 2000 - Vorträge und Diskussionsbeiträge einer wissenschaftlichen Arbeitstagung der Hochschule für Verwaltungs-wissenschaften Speyer, Berlin, 1994, S. 163-188

Busse v. Colbe, Walther (1989): Budgetierung und Planung, in: Szyperski, Norbert (Hrsg.): Handwörterbuch der Planung, Stuttgart, 1989, Sp. 176-182

Chmielewicz, Klaus (1971): Überlegungen zu einer Betriebswirtschaftslehre der öffentlichen Verwaltung, in: Zeitschrift für Betriebswirtschaft (ZfB), 41. Jg., 1971, Heft 9, S. 583-610

Coenenberg, Adolf G./ Baum, Heinz-Georg (1987): Strategisches Controlling, Stuttgart, 1987

Corsten, Hans (1990): Betriebswirtschaftslehre der Dienstleistungsunternehmungen, 2. Aufl., München u.a., 1990

Dammann, Klaus (1989): Bürokratie, in: Chmielewicz, Klaus/ Eichhorn, Peter (Hrsg.): Handwörterbuch der öffentlichen Betriebswirtschaft (HWÖ), Stuttgart, 1989, Sp. 182-190

Deyhle, Albrecht (1993): Controlling-Brevier, 2 Bände, Band 1: Manager & Controller im Team, 6. Aufl., Gauting/München, 1993

Diederich, Helmut (1989): Ziele öffentlicher Unternehmen, in: Chmielewicz, Klaus/ Eichhorn, Peter (Hrsg.): Handwörterbuch der öffentlichen Betriebswirtschaft (HWÖ), Stuttgart, 1989, Sp. 1856-1867

Dieterle, Willi K.M. (1984): Zentrale Verfahren des Gemeinkostenmanagement im Vergleich, in: Kostenrechnungspraxis (krp), 28. Jg., 1984, Heft 5, S. 185-189

Eichhorn, Peter (1971): Öffentliche Haushalte und Betriebswirtschaftslehre, in: Zeitschrift für Betriebswirtschaft (ZfB), 41. Jg., 1971, S. 611-622

Eichhorn, Peter (1976a): Die öffentliche Verwaltung als Dienstleistungsbetrieb, in: Rehkopp, Alfons (Hrsg.): Dienstleistungsbetrieb Öffentliche Verwaltung, Stuttgart, 1976, S. 11-29 und S. 251-252

Eichhorn, Peter (1976b): Gesellschaftsbezogene Unternehmensrechnung und betriebswirtschaftliche Sozialindikatoren, in: Zeitschrift für betriebswirtschaftliche Forschung (ZfbF), Sonderheft 5/1976, S. 159-169

Eichhorn, Peter (1977): Kostendenken im öffentlichen Dienst, in: König, Klaus/ Laubinger, Hans-Werner/ Wagener, Frido (Hrsg.): Öffentlicher Dienst, Festschrift für Carl Herrman Ule zum 70. Geburtstag am 26. Februar 1977, Köln, 1977, S. 33-51

Eichhorn, Peter (1978): Leistungsanreize zur Verbesserung der Verwaltungseffizienz, in: Helmstedter, Ernst (Hrsg.): Neuere Entwicklungen in den Wirtschaftswissenschaften, Schriften des Vereins für Socialpolitik, Band 98, Berlin, 1978, S. 739-754

Eichhorn, Peter (1979): Verwaltung, Produktion in der öffentlichen, in: Kern, Werner (Hrsg.): Handwörterbuch der Produktionswirtschaft (HWProd), 1. Aufl., Stuttgart, 1979, Sp. 2146-2155

Eichhorn, Peter (1984): Betriebswirtschaftslehre und Gemeinwohl, in: Zeitschrift für Betriebswirtschaft (ZfB), 54. Jg., 1984, Heft 3, S. 238-251

Eichhorn, Peter (1989): Wirtschaftlichkeit der Verwaltung, in: Chmielewicz, Klaus/ Eichhorn, Peter (Hrsg.): Handwörterbuch der öffentlichen Betriebswirtschaft (HWÖ), Stuttgart, 1989, Sp. 1795-1803

Eichhorn, Peter (1991a): Effektivität, in: Eichhorn, P. (Hrsg.): Verwaltungslexikon, 2. Aufl., Baden-Baden, 1991, S. 244

Eichhorn, Peter (1991b): Effizienz, in: Eichhorn, P. (Hrsg.): Verwaltungslexikon, 2. Aufl., Baden-Baden, 1991, S. 244

Eichhorn, Peter (1991c): Immaterielle Leistungsanreize im öffentlichen Dienst, in: Verwaltungsführung, Organisation und Personal (VOP), 1991, Heft 3, S. 152-156

Eichhorn, Peter (1991d): Wirtschaftlichkeit, in: Eichhorn, P. (Hrsg.): Verwaltungslexikon, 2. Aufl., Baden-Baden, 1991, S. 956-959

Eichhorn, Peter/ Ludwig, Günter (1975): Quantitative Planungstechniken zur Rationalisierung staatlicher Entscheidungen, in: Der öffentliche Haushalt, Jahrgang 11, Heft 1, S. 7-13

Eichhorn, Peter/ Noll, Werner (1983): Öffentliche Aufgaben im Wandel, in: Eichhorn, Peter/ Münch, Paul (Hrsg.): Aufgaben öffentlicher und gemeinwirtschaftlicher Unternehmen im Wandel, Baden-Baden, 1983, S. 39-52

Engelhardt, Günther (1987): Programmbudgetierung als Anwort auf die Haushaltskrise, in: Mäding, Heinrich (Hrsg.): Haushaltsplanung, Haushaltsvollzug, Haushaltskontrolle, Baden-Baden, 1987, S. 132-152

Erhardt, Manfred (1989): Öffentliche Aufgaben, in: Chmielewicz, Klaus/ Eichhorn, Peter (Hrsg.): Handwörterbuch der öffentlichen Betriebswirtschaft (HWÖ), Stuttgart, 1989, Sp. 1003-1011

Eschenbach, Rolf (Hrsg.) (1994): Controlling, Stuttgart, 1994

Eschenbach, Rolf/ Niedermayr, Rita (1994): Die Konzeption des Controlling, in: Eschenbach, Rolf (Hrsg.): Controlling, Stuttgart, 1994, S. 49-95

Falbe, Jürgen/ Regitz, Manfred (Hrsg.) (1997): Römpp-Lexikon Chemie, 10. völlig überarb. Aufl., Stuttgart, 1997

Fässler, Klaus (1991): Lexikon des Controlling, 5. überarb. und erw. Aufl., Landsberg/Lech, 1991

Felix, Bernd (1997): "Neue Rahmenbedingungen - Neues Controlling" - Mit welchen Umsetzungsschritten läßt sich ein neues Controlling im kommunalen Unternehmen realisieren?, in: Horváth, Péter (Hrsg.): Das neue Steuerungssystem des Controllers: von Balanced scorecard bis US-GAAP, Stuttgart, 1997, S. 71-100

Fischer, Joachim (1996): Prozeßorientiertes Controlling: Ein notwendiger Paradigmenwechsel?, in: Controlling, 9. Jg., 1996, Heft 4, Juli/Aug., S. 222-231

Fischer, Thomas M. (1999): Prozeßkostencontrolling - Gestaltungsoptionen in der öffentlichen Verwaltung, in: Kostenrechnungspraxis (krp), 43. Jg., 1999, Heft 2, S. 115-125

Flämig, Christian (1989): Stiftungen des öffentlichen Rechts, in: Chmielewicz, Klaus/ Eichhorn, Peter (Hrsg.): Handwörterbuch der öffentlichen Betriebswirtschaft (HWÖ), Stuttgart, 1989, Sp. 1518-1526

Gäfgen, Gerhard (1974): Theorie der wirtschaftlichen Entscheidung, 3. Aufl., Tübingen, 1974

Gälweiler, Alois (1981): Zur Kontrolle strategischer Pläne, in: Steinmann, Horst (Hrsg.): Planung und Kontrolle, München, 1981, S. 383-399

Gewald, Stefan (1999): Hotel-Controlling, München u.a., 1999

Gläser, Martin (1990): Controlling im öffentlich-rechtlichen Rundfunk - Ein Wolf im Schafspelz?, in: Weber, Jürgen/ Tylkowski, Otto (Hrsg.): Konzepte und Instrumente von Controllingsystemen in öffentlichen Institutionen, Stuttgart, 1990, S. 317-342

Gleich, Ronald/ Brokemper, Andreas (1997): Prozeßkostenmanagement mit Prozeß-Benchmarking: In vier Phasen zum Benchmarkingerfolg - dargestellt an einem Beispiel aus dem Maschinenbau, in: Horváth, Péter (Hrsg.): Das neue Steuerungssystem des Controllers: von Balanced scorecard bis US-GAAP, Stuttgart, 1997, S. 201-231

Gönnheimer, Petra/ Effinger, Wolfgang/ Brückmann, Friedel (1997): Die Produktbeschreibung - Ein erster Schritt zu einem neuen kommunalen Steuerungssystem, in: Verwaltungsmanagement - Handbuch für öffentliche Verwaltungen und öffentliche Betriebe, Sonderdruck Budgetierung und Controlling in der öffentlichen Verwaltung, 1997, Handmarke F 1.6

Götze, Uwe (1995): Investitionsrechnung: Modelle und Analysen zur Beurteilung von Investitionsvorhaben, 2. überarb. u. erw. Aufl., Berlin u.a., 1995

Grunow, Dieter (1994): Indikator, in: Fuchs-Heinritz, Werner u.a. (Hrsg.): Lexikon der Soziologie, 3. völlig neu bearb. und erw. Aufl., Opladen, 1994, S. 291-292

Günther, Thomas (1991): Erfolgswirkung des Strategischen Controlling, in: Zeitschrift für Betriebswirtschaft (ZfB), Ergänzungsheft Controlling, 3/1991, S. 61-87

Gurtz, Johannes/ Urbich, Andreas (1990): Die Grundsätze der Haushaltswirtschaft, in: Verwaltungsorganisation, 24. Jg., 1990, Heft 7, S. 8-13

Gutenberg, Erich (1983): Grundlagen der Betriebswirtschaftslehre, Band 1, Die Produktion, 24. Aufl., Berlin u.a., 1983

Hablützel, Peter (1991): Plädoyer für eine sinnvolle Verwaltungspolitik, in: Hofmeister, Albert E. (Hrsg.): Anreizsysteme im öffentlichen Bereich, Bd. 16 der Schriftenreihe der Schweizerischen Gesellschaft für Verwaltungswissenschaften, 1991, S. 141-153

Haeseler, Herbert R. (1976): Prolegomena zur Betriebswirtschaftslehre gemeinwirtschaftlicher Betriebe und öffentlicher Verwaltungen, in: Zeitschrift für betriebswirtschaftliche Forschung (ZfbF), Sonderheft 5/1976, S. 9-16

Hahn, Dietger (1991): Strategische Führung und Strategisches Controlling, in: Zeitschrift für Betriebswirtschaft (ZfB), Ergänzungsheft Controlling, 3/1991, S. 121-146

Hahn, Dietger (1994): Ziele des Produktionsmanagement, in: Corsten, Hans (Hrsg.): Handbuch Produktionsmanagement: Strategie - Führung - Technologie - Schnittstellen, Wiesbaden, 1994, S. 23-49

Hahn, Dietger (1996): PuK, Controllingkonzepte, 5. überarb. Aufl., Wiesbaden, 1996

Haiber, Thomas (1997): Controlling für öffentliche Unternehmen, München, 1997

Hanusch, Horst (1987): Nutzen-Kosten-Analyse, München, 1987

Hauschildt, Jürgen (1977): Entscheidungsziele - Zielbildung in innovativen Entscheidungsprozessen: Theoretische Ansätze und empirische Prüfung, Tübingen, 1977

Hauswirth, Iris (1994): Strategisches Controlling: Keine Tagespolitik ohne Zielorientierung, in: Bunde, Jürgen/ Postlep, Rolf-Dieter (Hrsg.): Controlling in Kommunalverwaltungen, Marburg, 1994, S. 43-66

Heinen, Edmund (1976): Das Zielsystem der Unternehmung - Grundlagen betriebswirtschaftlicher Entscheidungen, 3. Aufl., Wiesbaden, 1976

Henderson, Bruce D. (1974): Die Erfahrungskurve in der Unternehmensstrategie, Frankfurt, New York, 1974

Henzler, Herbert (1988): Von der strategischen Planung zur strategischen Führung: Versuch einer Positionsbestimmung, in: Zeitschrift für Betriebswirtschaft (ZfB), 58. Jg., 1988, Heft 12, S. 1286-1307

Herting, Stephan (1996): Der Berliner Produktkatalog, in: Deutscher Städtetag: Produkte im Mittelpunkt: Städte auf dem Weg zu besseren Leistungen, Reihe A, DST-Beiträge zur Kommunalpolitik, Heft 23, 1996, S. 59-64

Hieber, Fritz (1996): Öffentliche Betriebswirtschaftslehre: Grundlagen für das strategische und operative Verwaltungsmanagement, 2. überarb. Aufl., Berlin, 1996

Hieber, Wolfgang L. (1993): Indikator, in: Horvàth, Peter/ Reichmann, Thomas (Hrsg.): Vahlens großes Controllinglexikon, München, 1993, S. 281-282

Hilbertz, Hans-Joachim (1996a): Der Stuttgarter Weg - Controlling in der kommunalen Verwaltung, in: Controlling, 9. Jg., 1996, Heft 4, Juli/Aug., S. 238-250

Hilbertz, Hans-Joachim (1996b): Die Landeshauptstadt Stuttgart im Veränderungsprozeß, in: Deutscher Städtetag: Produkte im Mittelpunkt: Städte auf dem Weg zu besseren Leistungen, Reihe A, DST-Beiträge zur Kommunalpolitik, Heft 23, 1996, S. 65-77

Hilbertz, Hans-Joachim (1997): Der Stuttgarter Weg aus der Finanz- und Funktionskrise, in: Verwaltungsmanagement - Handbuch für öffentliche Verwaltungen und öffentliche Betriebe, Sonderdruck Budgetierung und Controlling in der öffentlichen Verwaltung, 1997, Handmarke B 1.9

Hill, Hermann (1993): Strategische Erfolgsfaktoren in der öffentlichen Verwaltung, in: Die Verwaltung, Band 26, 1993, Heft 2, S. 167-181

Hill, Hermann (1996): Strategisches Controlling in der Kommunalverwaltung, in: Controlling, 9. Jg., 1996, Heft 4, Juli/Aug., S. 232-237

Hill, Hermann/ Rembor, Ralph-Peter (1995): Einstieg in das Kontraktmanagement in der Kommunalverwaltung, in: Die innovative Verwaltung, 1995, Heft 5, S. 42-46

Hoffmann-La Roche AG (Hrsg.) (1993): Roche-Lexikon Medizin, 3. neubearb. Aufl., München u.a., 1993

Hofmann, Jürgen (1981): Erweiterte Nutzen-Kosten-Analyse: zur Bewertung und Auswertung öffentlicher Projekte, Göttingen, 1981

Hood, Christoph/ Schuppert, Gunnar Folke (Hrsg.) (1988): Verselbständigte Verwaltungseinheiten in Westeuropa. Die Erfüllung öffentlicher Aufgaben durch Para-Government Organizations (PGOs), Baden-Baden, 1988

Horváth, Péter (1991a): Controlling, 5. Aufl., München, 1991

Horváth, Péter (1991b): Synergien durch Schnittstellen-Controlling, Stuttgart, 1991

Horváth, Péter (1992): Effektives und schlankes Controlling - Herausforderungen an den Controller, in: Horváth, Péter (Hrsg.): Effektives und schlankes Controlling, Stuttgart, 1992, S. 1-9

Horváth, Péter (1996): Controlling, 6. Aufl., München, 1996

Horváth, Péter (1998): Controlling, 7. vollst. überarb. Aufl., München, 1998

Horváth, Péter/ Herter, Ronald N. (1992): Benchmarking - Vergleich mit den Besten der Besten, in: Controlling, 4. Jg., 1992, Heft 1, Jan./Febr., S. 4-11

Horváth, Péter/ Kaufmann, Lutz (1998): Balanced Scorecard - ein Werkzeug zur Umsetzung von Strategien, in: Harvard Business manager, 5/1998, S. 39-48

Horváth, Péter/ Kieninger, Michael/ Mayer, Reinhold/ Schimank, Christof (1993): Prozeßkostenrechnung - oder wie die Praxis die Theorie überholt, in: Die Betriebswirtschaft (DBW), 53. Jg., 1993, Heft 5, S. 609-628

Hossenfelder, Wolfgang/ Schreyer, Frank (1996): DV-Controlling bei Finanzdienstleistern: Planung und Kontrolle, Wiesbaden, 1996

Huber, Peter M. (1997): Allgemeines Verwaltungsrecht, 2. völlig neubearb. u. erw. Aufl., Heidelberg, 1997

Huber, Rudolf (1987): Gemeinkosten-Wertanalyse - Methoden der Gemeinkosten-Wertanalyse als Element einer Führungsstrategie für die Unternehmensanalyse, 2. Aufl., Bern, Stuttgart, 1987

Hummel, Siegfried/ Männel, Wolfgang (1990): Kostenrechnung, 2. Bände., Bd. 1, Grundlagen, Aufbau und Anwendung, 4. völlig neu bearb. u. erw. Aufl., Wiesbaden, 1990

International Group of Controlling (IGC) (Hrsg.) (1999): Controller-Wörterbuch : 100 wichtige Begriffe der Controllerarbeit mit ausführlichen Erläuterungen, Stuttgart, 1999

Jehle, Egon (1982): Gemeinkostenmanagement. Effizienzsteigerung im Gemeinkostenbereich von Unternehmen durch Overhead-Value-Analysis (OVA), Zero-Base-Budgeting (ZBB) und Administrative Wertanalyse (AWA), in: Die Unternehmung, 36. Jg., 1982, Nr. 1, S. 59-76

Jehle, Egon (1990): Wertanalyse - Ein System zum Lösen komplexer Probleme, in: Wirtschaftswissenschaftliches Studium (WiSt), 20. Jg., 1990, Heft 6, S. 287-294

Jehle, Egon (1992): Gemeinkostenmanagement, in: Männel, Wolfgang (Hrsg.): Handbuch Kostenrechnung, Wiesbaden, 1992, S. 1506-1523

Joerger, Gernot/ Geppert, Manfred (1983): Grundzüge der Verwaltungslehre, 2 Bände, Band 1, 3. erw. Aufl., Stuttgart u.a., 1983

Kaplan, Robert S./ Norton, David P. (1992): In Search of Excellence - der Maßstab muß neu definiert werden, in: Harvard Manager, 4/1992, S. 37-46

Kaplan, Robert S./ Norton, David P. (1997): The Balanced Scorecard - Strategien erfolgreich umsetzen, Stuttgart, 1997

Kemmler, Walter (1990): Controlling für Hochschulen : dargestellt am Beispiel der Universität Zürich, Bern u.a., 1990

KGSt (1994): Verwaltungscontrolling im Neuen Steuerungsmodell, KGSt-Bericht Nr. 15/1994, Köln, 1994

KGSt (1995): Das Neue Steuerungsmodell in kleinen und mittleren Gemeinden, KGSt-Bericht Nr. 8/1995, Köln, 1995

KGSt (1996a): Produktpläne und Produktbeschreibungen für die Kommunalverwaltung, KGSt-(Zwischen-)Bericht Nr. 1/1996, Köln, 1996

KGSt (1996b): Aufgaben und Produkte der Gemeinden, Städte und Kreise für die Bereiche Räumliche Nutzungen, Bau, Kommunale Immobilien und Umweltschutz, KGSt-Bericht Nr. 5/1996, Köln, 1996

KGSt (1996c): Das Verhältnis von Polititk und Verwaltung im Neuen Steuerungsmodell, KGSt-Bericht Nr. 10/1996, Köln, 1996

KGSt (1996d): Aufgaben und Produkte der Gemeinden und Kreise im Bereich Recht, Sicherheit und Ordnung, KGSt-Bericht Nr. 12/1996, Köln, 1996

KGSt (1997): Der Haushaltsplan: Ansätze zur entscheidungs- und verhaltensorientierten Neugestaltung, KGSt-Bericht Nr. 3/1997, Köln, 1997

Kirsch, Werner (1971a): Die Koordination von Entscheidungen in Organisationen, in: Zeitschrift für betriebswirtschaftliche Forschung (ZfbF), 23. Jg., 1971, S. 61-82

Kirsch, Werner (1971b): Entscheidungsprozesse, Band 3, Entscheidungen in Organisationen, Wiesbaden, 1971

Klaus, Alexander/ Dörnemann, Jörg/ Knust, Patrick (1998): Chancen der IT-Unterstützung bei der Balanced Scorecard-Einführung, in: Controlling, 10. Jg., 1998, Heft 6, Nov./Dez., S. 374-380

Klein, Gerd (1996): Das Produktmodell der Produktbörse Baden-Würtemberg - ein interkommunales Projekt, in: Deutscher Städtetag: Produkte im Mittelpunkt: Städte auf dem Weg zu besseren Leistungen, Reihe A, DST-Beiträge zur Kommunalpolitik, Heft 23, 1996, S. 11-22

Klein, Hans H. (1965): Zum Begriff der öffentlichen Aufgabe, in: Die öffentliche Verwaltung (DÖV), 1965, Heft 21-22, S. 755-759

Knauf, Jürgen T. (1997a): Benchmarking - das Lernen vom Besten - Ergebnisse eines interkommunalen Informations- und Erfahrungsaustausches, in: Verwaltungsführung, Organisation und Personal (VOP), 1997, Heft 1-2, S. 23-25

Knauf, Jürgen T. (1997b): Methode der Studie und Kennzahlentypologie - Ergebnisse eines interkommunalen Informations- und Erfahrungsaustausches, in: Verwaltungsführung, Organisation und Personal (VOP), 1997, Heft 3, S. 20-21

Knauf, Jürgen T. (1997c): Einflußgrößen der Verwaltungsproduktivität - Ergebnisse eines interkommunalen Informations- und Erfahrungsaustausches, in: Verwaltungsführung, Organisation und Personal (VOP), 1997, Heft 4, S. 20-21

Knauf, Jürgen T. (1997d): Zusammenspiel von Verwaltung und Politik - Ergebnisse eines interkommunalen Informations- und Erfahrungsaustausches, in: Verwaltungsführung, Organisation und Personal (VOP), 1997, Heft 5, S. 22-23

Knauf, Jürgen T. (1997e): Interkommunales Lernen aus vergleichenden Analysen - Ergebnisse eines interkommunalen Informations- und Erfahrungsaustausches, in: Verwaltungsführung, Organisation und Personal (VOP), 1997, Heft 6-7, S. 28-29

Knauf, Jürgen T. (1997f): Reorganisationsansatz für die Modernisierung - Ergebnisse eines interkommunalen Informations- und Erfahrungsaustausches, in: Verwaltungsführung, Organisation und Personal (VOP), 1997, Heft 8, S. 26-27

Knauf, Jürgen T. (1997g): Erfahrungsaustausch über administrative Grenzen, in: Office Management, 1997, Heft 9, S. 21-24

Knirsch, Hanspeter/ Baans, Christian (1995): Das Produkt als zentrales Element im Neuen Steuerungsmodell, in: Städte- und Gemeinderat, 1995, Heft 6, S. 199-204

Kohn, Leopold (1978): Effizienz des öffentlichen Sektors als Politikeffizienz, in: Schweizerische Zeitschrift für Volkswirtschaft und Statistik, 114. Jg., 1978, Heft 3, S. 315-330

Korndörfer, Wolfgang (1989): Unternehmensführung: Einführung, Entscheidungslogik, soziale Komponenten im Entscheidungsprozeß, 7. Aufl., Wiesbaden, 1989

Kosiol, Erich (1961): Erkenntnisstand und methodischer Standort der Betriebswirtschaftslehre, in: Zeitschrift für Betriebswirtschaft (ZfB), 31. Jg., 1961, S. 129-136

Kosiol, Erich (1972): Die Unternehmung als wirtschaftliches Aktionszentrum, Reinbek, 1972

Krahe, Andreas (1999): Balanced scorecard - Baustein zu einem prozeßorientierten Controlling?, in: controller magazin, 23. Jg., 1999, Heft 2/99, S. 116-122

Kräkel, Matthias (1998): Internes Benchmarking und relative Leistungsturniere, in: Zeitschrift für betriebswirtschaftliche Forschung (ZfbF), 50. Jg., 1998, S. 1010-1027

Krawitz, Norbert (1994): Statische Investitionsrechnung, in: Busse v. Colbe, Walther (Hrsg.): Lexikon des Rechnungswesens: Handbuch der Bilanzierung und Prüfung, der Erlös-, Finanz-, Investitions- und Kostenrechnung, 3. überarb. u. erw. Aufl., München u.a., 1994, S. 582-585

Krönes, Gerhard (1998): Operationalisierung von Zielen öffentlicher Unternehmen, in: Zeitschrift für öffentliche und gemeinwirtschaftliche Unternehmen (ZögU), 21. Jg., 1998, Heft 3, S. 277-292

Küpper, Hans-Ulrich (1997): Controlling: Konzeption, Aufgaben und Instrumente, 2. akt. u. erg. Aufl., Stuttgart, 1997

Küpper, Hans-Ulrich/ Weber, Jürgen/ Zünd, André (1990): Zum Verständnis und Selbstverständnis des Controlling, in: Zeitschrift für Betriebswirtschaft (ZfB), 60. Jg., 1990, Heft 3, S. 281-293

Lange, Hermann (1985): Aufgabenkritik und Entbürokratisierung - Berechtigte Hoffnung oder Selbsttäuschung?, in: Die öffentliche Verwaltung (DÖV), 1985, Heft 5, S. 169-178

Läpple, Friedel (1998): Leistungsvergleiche in der Polizeiarbeit, in: Verwaltungsführung, Organisation und Personal (VOP), 1998, Heft 10, S. 20-22

Laske, Stefan (1978): Zum Partizipationspotential eines zielgesteuerten Organisationslenkungskonzeptes, in: Bartölke, Klaus u.a. (Hrsg.): Arbeitsqualität in Organisationen, Wiesbaden, 1978, S. 189-197

Lehmann, Frank Oliver (1991a): Strategische Budgetierung - Grundüberlegungen zu einem Instrument des strategischen Controlling, in: Zeitschrift für Betriebswirtschaft (ZfB), Ergänzungsheft Controlling, 3/1991, S. 101-120

Lehmann, Frank Oliver (1991b): Strategische Budgetierung - Instrument des Controlling in einem Unternehmen der Verlagsbranche, in: Zeitschrift für Planung (ZP), Bd.2, 1991, S. 319-336

Lehmann, Frank Oliver (1993): Strategische Budgetierung. Entwurf und Fundierung eines Instruments des strategischen Controlling, Frankfurt a.M. u.a., 1993

Liessmann, Konrad (1993): Strategisches Controlling, in: Mayer, Elmar (Hrsg.): Controlling-Konzepte: Führung - strategisches und operatives Controlling-Franchising - internationales Controlling, 3. völlig überarb. und erw. Aufl., Wiesbaden, 1993, S. 117-210

Lüder, Klaus (1982): Betriebswirtschaftslehre und öffentliche Verwaltung - Bestandsaufnahme und Entwicklungsperspektiven, in: Zeitschrift für Betriebswirtschaft (ZfB), 52. Jg., 1982, S. 538-554

Lüder, Klaus (1993): Verwaltungscontrolling, in: Die öffentliche Verwaltung (DÖV), 1993, Heft 7, S. 265-272

Lüder, Klaus (1994): Finanzielles Rechnungswesen, in: Lüder, Klaus (Hrsg.): Öffentliches Rechnungswesen 2000 - Vorträge und Diskussionsbeiträge einer wissenschaftlichen Arbeitstagung der Hochschule für Verwaltungswissenschaften Speyer, Berlin, 1994, S. 164-177

Maleri, Rudolf (1997): Grundlagen der Dienstleistungsproduktion, 4. vollst. überarb. und erw. Aufl., Berlin u.a., 1997

Mann, Rudolf (1987): Praxis Strategisches Controlling mit Checklists und Arbeitsformularen. Von der strategischen Planung zur ganzheitlichen Unternehmensführung, 4. Aufl., Landsberg/Lech, 1987

Männel, Wolfgang (1990): Internes Rechnungswesen öffentlicher Verwaltungen und Unternehmen als zentrales Controlling-Instrument, in: Kostenrechnungspraxis (krp), 34. Jg., 1990, Heft 6, S. 361-367

Marzinzik, Christian (1998): Leistungsverrechnung als Instrument eines kostenorientierten Informationscontrolling, Hamburg, 1998

Mattern, Karl-Heinz (Hrsg.) (1994): Allgemeine Verwaltungslehre, 4. Aufl., Berlin u.a., 1994

Mayer, Reinhold (1993): Gemeinkostenwertanalyse (GWA), in: Horváth, Peter/ Reichmann, Thomas (Hrsg.): Vahlens großes Controllinglexikon, München, 1993, S. 266-267

Mayer, Reinhold (1998): Prozeßkostenrechnung - State of the Art, in: Horváth & Partner GmbH (Hrsg.): Prozeßkostenmanagement, 2. Aufl., Stuttgart, 1998, S. 3-27

Mayntz, Renate (1997): Soziologie der öffentlichen Verwaltung, 4. Aufl., Heidelberg, 1997

Meffert, Heribert/ Bruhn, Manfred (1997): Dienstleistungsmarketing: Grundlagen - Konzepte - Methoden; mit Fallbeispielen, 2. überarb. u. erw. Aufl., Wiesbaden, 1997

Meffert, Heribert (1998): Marketing: Grundlagen marktorientierter Unternehmensführung, 8. vollst. neubearb. u. erw. Aufl., Wiesbaden, 1998

Meinhold-Henschel, Sigrid/ Dumont du Voitel, Roland (1997): Kontrakte zwischen Politik und Verwaltung, in: Verwaltungsführung, Organisation und Personal (VOP), 1997, Heft 12, S. 19-21

Mellerowicz, Konrad (1976): Unternehmenspolitik, Bd.1, 2. Aufl., Freiburg, 1976

Mensch, Gerhard (1993): Budgetierung, in: Die Betriebswirtschaft (DBW), 53. Jg., 1993, Heft 6, S. 819-827

Meyer, Jürgen (1996): Benchmarking - Ein Prozeß zur unternehmerischen Spitzenleistung, in: Meyer, Jürgen (Hrsg.): Benchmarking : Spitzenleistungen durch Lernen von den Besten, Stuttgart, 1996, S. 3-26

Meyer-Piening, Arnulf (1989): Zero-Base-Budgeting, in: Szyperski, Norbert (Hrsg.): Handwörterbuch der Planung, Stuttgart, 1989, Sp. 2277-2296

Michaelis, Ulrich (1991): Produktivitätsbestimmung in indirekten Bereichen, Berlin u.a., 1991

Mühlenkamp, Holger (1994): Kosten-Nutzen-Analyse, München u.a., 1994

Naschold, Frieder (1994): Produktivität öffentlicher Dienstleistungen, in: Naschold, Frieder/ Pröhl, Marga (Hrsg.): Produktivität öffentlicher Dienstleistungen, Gütersloh, 1994, S. 363-413

Naschold, Frieder (1995): Modernisierung des Staates: Zur Ordnungs- und Innovationspolitik des öffentlichen Sektors, in: Schriftenreihe: Modernisierung des öffentlichen Sektors, Bd. 1, 3. unveränderte Aufl., Berlin, 1995

Nau, Hans-Rainer/ Wallner, Gerhard (1998): Verwaltungs-Controlling für Einsteiger: Kosten- und Leistungsrechnung für öffentliche Unternehmen und Verwaltungen, 1. Aufl., Freiburg i.Br. u.a., 1998

o.V. (1996): Der Hagener Weg - Zwischenbericht, in: Deutscher Städtetag: Produkte im Mittelpunkt: Städte auf dem Weg zu besseren Leistungen, Reihe A, DST-Beiträge zur Kommunalpolitik, Heft 23, 1996, S. 109-126

Oettle, Karl (1966): Über den Charakter öffentlich-wirtschaftlicher Zielsetzungen, in: Zeitschrift für betriebswirtschaftliche Forschung (ZfbF), 18. Jg., 1966, S. 251-270

Oettle, Karl (1998): Organisatorische und inhaltliche, echte und unechte, offene und verdeckte Privatisierungen öffentlicher Dienste - leistungs- wie finanzwirtschaftliche Beschreibung und Bewertung; Festvortrag aus Anlaß der Ehrenpromotion, in: Eilenberger, Guido (Hrsg.): Öffentliche Dienste in marktlicher Konkurrenz: Ehrenpromotion von Herrn Prof. Dr. Karl Oettle zum Dr. rer. pol. h.c. der Wirtschafts- und Sozialwissenschaftlichen Fakultät der Universität Rostock am 26. Oktober 1998, S. 25-45

Oettle, Karl/ Thiemeyer, Theo (1969): Thesen über die Unterschiede zwischen privatunternehmerischen und öffentlich-wirtschaftlichen Zielen, in: Die öffentliche Wirtschaft, 1969, Heft 1, S. 5-7

Ott, Marc C. (1992): Controlling steigert die Leistung von Non-Profit-Organisationen, in: io Management Zeitschrift, 61. Jg., 1992, Nr. 12, S. 87-90

Peemöller, Volker H. (1999): Strategisches Controlling, in: Datenverarbeitung-Steuer-Wirtschaft-Recht (DSWR), 28. Jg., 1999, Heft 4, S. 90-95

Pfeiffer, Werner/ Bischof, Peter (1975): Überleben durch Produktplanung auf der Basis von Produktlebenszyklen, in: Fortschrittliche Betriebsführung und Industrial Engineering, 24. Jg, 1975, Nr. 6, S. 343-348

Pfeiffer, Werner/ Bischof, Peter (1981): Produktlebenszyklen. Instrumente jeder strategischen Planung, in: Steinmann, Horst (Hrsg.): Planung und Kontrolle, München, 1981, S. 133-165

Picot, Arnold/ Wolff, Brigitta (1994): Zur ökonomischen Organisation öffentlicher Leistungen: "Lean Management" im öffentlichen Sektor?, in: Naschold, Frieder/ Pröhl, Marga (Hrsg.): Produktivität öffentlicher Dienstleistungen, Gütersloh, 1994, S. 51-120

Plamper, Harald (1996): Das Produkt-Modell der KGSt, in: Deutscher Städtetag: Produkte im Mittelpunkt: Städte auf dem Weg zu besseren Leistungen, Reihe A, DST-Beiträge zur Kommunalpolitik, Heft 23, 1996, S. 23-25

Postlep, Rolf-Dieter (1994): Controlling zur Rationalisierung der Kommunalpolitik, in: Bunde, Jürgen/ Postlep, Rolf-Dieter (Hrsg.): Controlling in Kommunalverwaltungen, Marburg, 1994, S. 9-41

Pradel, Michael (1998): Differenzierte Kosten- und Leistungsrechnung (KLR) zur Führungsunterstützung in der öffentlichen Verwaltung, in: Kostenrechnungspraxis (krp), 42. Jg., 1998, Heft 5, S. 267-273

Promberger, Kurt (1995): Controlling für Politik und Verwaltung, Wien, 1995

Reese, Jürgen u.a. (1988): Zwischen Markt und Staat. Der gesellschaftliche Beitrag von Organisationen des dritten Sektors, 1988

Reichard, Christoph (1973): Managementkonzeption des öffentlichen Verwaltungsbetriebes, Berlin, 1973

Reichard, Christoph (1987): Betriebswirtschaftslehre der öffentlichen Verwaltung, 2. Aufl., New York, 1987

Reichard, Christoph (1988): Der Dritte Sektor - Entstehung, Funktion und Problematik von "Nonprofit"-Organisationen aus verwaltungs-wissenschaftlicher Sicht, in: Die öffentliche Verwaltung (DÖV), 1988, Heft 9, S. 363-370

Reichard, Christoph (1989): Anwendung eines Indikatorensystems für das Controlling von Entwicklungsprojekten in der technischen Zusammenarbeit, in: Weber, Jürgen/ Tylkowski, Otto (Hrsg.): Controlling in öffentlichen Institutionen: Konzepte - Instrumente - Entwicklungen, Stuttgart, 1989, S. 157-183

Reichard, Christoph (1990): Verselbständigte Verwaltungseinheiten im Vergleich, in: Die Verwaltung, Band 23, 1990, Heft 4, S. 491-509

Reichard, Christoph (1994): Umdenken im Rathaus. Neue Steuerungsmodelle in der deutschen Kommunalverwaltung, in: Schriftenreihe: Modernisierung des öffentlichen Sektors; Bd. 3, Berlin, 1994

Reichard, Christoph (1996): Der deutsche Weg des Produktkatalogs - eine Sackgasse?, in: Deutscher Städtetag: Produkte im Mittelpunkt: Städte auf dem Weg zu besseren Leistungen, Reihe A, DST-Beiträge zur Kommunalpolitik, Heft 23, 1996, S. 41-57

Reichmann, Thomas (1997): Controlling mit Kennzahlen und Managementberichten, 5. Aufl., München, 1997

Reichmann, Thomas/ Haiber, Thomas (1994): Kommunales Ziel- und Ressourcen-Controlling, in: Controlling, 6. Jg., 1994, Heft 4, Juli/Aug., S. 184-195

Reichwald, Ralf (1979): Zur empirischen betriebswirtschaftlichen Zielforschung, in: Zeitschrift für Betriebswirtschaft (ZfB), 49. Jg., 1979, S. 528-535

Reinermann, Heinrich (1976): Nutzenstiftung und Grenzen der Anwendung des Programmhaushaltes in öffentlichen Verwaltungen, in: Zeitschrift für betriebswirtschaftliche Forschung (ZfbF), Sonderheft 5, 1976, S. 137-150

Reinermann, Heinrich (1984): Controlling in mittleren und kleineren Kommunalverwaltungen, in: Die Betriebswirtschaft (DBW), 44. Jg., 1984, Heft 1, S. 85-97

Reinermann, Heinrich (1985): Was kann die Betriebswirtschaftslehre zur Entbürokratisierung öffentlicher Verwaltungen beitragen?, in: Eichhorn, Peter (Hrsg.): Betriebswirtschaftliche Erkenntnisse für Regierung, Verwaltung und öffentliche Unternehmen, 1. Aufl., Baden-Baden, 1985, S. 105-117

Reinermann, Heinrich (1992): Marktwirtschaftliches Verhalten in der öffentlichen Verwaltung - Ein Beitrag aus Sicht der Verwaltungsinformatik, in: Die öffentliche Verwaltung (DÖV), 4/1992, S. 133-144

Rexroth, Günther (1991): Controlling in öffentlichen Verwaltungen im Spannungsfeld zwischen privatwirtschaftlicher Erfahrung, politischen Einflüssen und bürokratischer Tradition, in: Weber, Jürgen/ Tylkowski, Otto (Hrsg.): Perspektiven der Controlling-Entwicklung in öffentlichen Institutionen, Stuttgart, 1991, S. 1-14

Riedel, Henrik (1998a): Kritische Erfolgsfaktoren für Leistungsvergleiche, in: Verwaltungsführung, Organisation und Personal (VOP), 1998, Heft 12, S. 20-21

Riedel, Henrik (1998b): Sächsische Städte vergleichen ihre Leistungen, in: Verwaltungsführung, Organisation und Personal (VOP), 1998, Heft 1-2, S. 15-17

Roever, Michael (1980): Gemeinkosten-Wertanalyse - Erfolgreiche Anwort auf die Gemeinkostenproblematik, in: Zeitschrift für Betriebswirtschaft (ZfB), 50. Jg., 1980, Heft 6, S. 686-690

Roever, Michael (1982): Gemeinkosten-Wertanalyse. Erfolgreiche Anwort auf den wachsenden Gemeinkostendruck, in: Zeitschrift für Organisation (zfo), 51. Jg., 1982, Heft 5-6, S. 249-253

Röhrig, Richard (1991): Krankenhaus-Controlling, in: Weber, Jürgen/ Tylkowski, Otto (Hrsg.): Perspektiven der Controlling-Entwicklung in öffentlichen Institutionen, Stuttgart, 1991, S. 131-156

Rosen, Harvey S. (1992): Finanzwissenschaft, München u.a., 1992

Rüd, Michael (1995): Die Break-even-Analyse als Instrument des Controlling in der öffentlichen Verwaltung, in: controller magazin, 20. Jg., 1995, Heft 6/95, S. 363-366

Rüfner, Wolfgang (1989): Anstalten des öffentlichen Rechts, in: Chmielewicz, Klaus/ Eichhorn, Peter (Hrsg.): Handwörterbuch der öffentlichen Betriebswirtschaft (HWÖ), Stuttgart, 1989, Sp. 8-14

Schaich, Eberhard (1977): Schätz- und Testmethoden für Sozialwissenschaftler, München, 1977

Schauer, Reinbert (1984): Öffentliche Verwaltungen, 2 Bände, Band 1, Linz, 1984

Schauer, Reinbert (1989): Controlling in Non-Profit-Organisationen, in: Seicht, Gerhard (Hrsg.): Jahrbuch für Controlling und Rechnungswesen, Wien, 1989, S. 283-314

Schedler, Kuno (1995): Ansätze einer wirkungsorientierten Verwaltungsführung, Bern, 1995

Scheer, August-Wilhelm (1998): ARIS - Vom Geschäftsprozeß zum Anwendungssystem, 3. völlig neub. u. erw. Aufl., Berlin u.a., 1998

Schierenbeck, Henner (1998): Grundzüge der Betriebswirtschaftslehre, 13. Aufl., München u.a., 1998

Schmidberger, Jürgen (1994): Controlling für öffentliche Verwaltungen, 2. aktual. Aufl., Wiesbaden, 1994

Schmidt, Kerstin (1997): Vom Zahlenwerk zur Organisationsentwicklung, in: Verwaltungsführung, Organisation und Personal (VOP), 1997, Heft 10, S. 22-24

Schmidt, Kerstin (1998): Perspektiven für Theater durch Leistungsvergleiche, in: Verwaltungsführung, Organisation und Personal (VOP), 1998, Heft 5, S. 23-25

Schmidt, Ralf-Bodo (1993): Zielsysteme der Unternehmung, in: Wittmann, Waldemar (Hrsg.): Handwörterbuch der Betriebswirtschaft, 5. Aufl., Stuttgart, 1993, Sp. 4794-4802

Schneider, Siegried (1998): Die Planung von Bereichszielen bei öffentlichen Verwaltungen unter spezieller Berücksichtigung der Kommunalverwaltungen, in: Zeitschrift für betriebswirtschaftliche Forschung (ZfbF), 30. Jg., 1998, S. 561-585

Schöneich, Michael (1996): Produkte - zentrales Element der Verwaltungsmodernisierung, in: Deutscher Städtetag: Produkte im Mittelpunkt: Städte auf dem Weg zu besseren Leistungen, Reihe A, DST-Beiträge zur Kommunalpolitik, Heft 23, 1996, S. 7-10

Schreyögg, Georg/ Steinmann, Horst (1985): Strategische Kontrolle, in: Zeitschrift für betriebswirtschaftliche Forschung (ZfbF), 37. Jg., Heft 5, 1985, S. 391-410

Schulte, Christof (Hrsg.) (1996): Lexikon des Controlling, München u.a., 1996

Schuppert, Gunnar Folke (1980): Die öffentliche Aufgabe als Schlüsselbegriff der Verwaltungswissenschaft, in: Verwaltungsarchiv, Band 71, 1980, Heft 4, S. 309-344

Seicht, Gerhard (1994): Kosten-/Nutzen-Analyse, in: Busse v. Colbe, Walther (Hrsg.): Lexikon des Rechnungswesens: Handbuch der Bilanzierung und Prüfung, der Erlös-, Finanz-, Investitions- und Kostenrechnung, 3. überarb. u. erw. Aufl., München u.a., 1994, S. 391-394

Seidenschwarz, Barbara (1992): Entwicklung eines Controllingkonzeptes für öffentliche Institutionen, München, 1992

Semper, Lothar (1982): Produktivitätsanalysen für kommunale Dienstleistungen. Theoretische Grundlagen und empirische Ergebnisse, Augsburg, 1982

Siegwart, Hans (1987): Budgets als Führungsinstrument, in: Kieser, Alfred (Hrsg.): Handwörterbuch der Führung, Stuttgart, 1987, Sp. 105-115

Siegwart, Hans/ Senti, Richard (1995): Product Life Cycle Management. Die Gestaltung eines integrierten Produktlebenszyklus, Stuttgart, 1995

Spies, Werner (1979): Das Budget als Führungsinstrument öffentlicher Wirtschaftseinheiten, Augsburg, 1979

Spohr, Hermann-Josef (1996): Das Verwaltungscontrolling zur Führungs-unterstützung, in: controller magazin, 21. Jg., 1996, Heft 6/96, S. 346-350

Staehle, Wolfgang H. (1994): Management. Eine verhaltenswissenschaftliche Perspektive, 7. Aufl., München, 1994

Staib, Rüdiger/ Kegelmann, Jürgen (1998): Optimierte Steuerung in der Sozialhilfe, in: Verwaltungsführung, Organisation und Personal (VOP), 1998, Heft 4, S. 19-22

Steinbrenner, Jörg (1994): Kommunales Controlling - Verwaltungsreform im Kreis Pinneberg, in: Controlling, 7. Jg., 1994, Heft 5, Sept./Okt., S. 288-297

Strebel, Heinz (1978): Überlegungen zu einer entscheidungsorientierten Betriebswirtschaftslehre öffentlicher Betriebe, in: Betriebswirtschaftliche Forschung und Praxis (BFuP), 30. Jg., 1978, Heft 1, S. 64-76

Strebel, Heinz (1981): Zielsysteme und Zielforschung, in: Die Betriebswirtschaft (DBW), 41. Jg., 1981, Heft 3, S. 457-475

Strunz, Herbert (1990): Organisationsform und Management, in: Journal für Betriebswirtschaft (JfB), 3-4, 1990, S. 161-186

Strunz, Herbert (1993): Verwaltung: Einführung in das Management von Organisationen, München, 1993

Süberkrüb, Cay (1998): Neues Steuerungsmodell im Schulbereich, in: Verwaltungsführung, Organisation und Personal (VOP), 1998, Heft 7-8, S. 27-29

Suplie, Frank/ Finke, Willy/ Sundermann, Welf/ Vahle, Jürgen (1987): Allgemeine Verwaltungskunde, 7. Aufl., Herford, 1987

Trutzel, Klaus u.a. (1996): Leitlinien für die Abgrenzung der Produkte und Zuordnung der Kosten und Erlöse (Nürnberg), in: Deutscher Städtetag: Produkte im Mittelpunkt: Städte auf dem Weg zu besseren Leistungen, Reihe A, DST-Beiträge zur Kommunalpolitik, Heft 23, 1996, S. 79-107

Wacker, Peter-Alexander (1980): Die Erfahrungskurve in der Unternehmensplanung, München, 1980

Weber, Jürgen (1983a): Ausgewählte Aspekte des Controlling in öffentlichen Institutionen, in: Zeitschrift für öffentliche und gemeinwirtschaftliche Unternehmen (ZögU), 6. Jg., 1983, Heft 4, S. 438-461

Weber, Jürgen (1983b): Zielorientiertes Rechnungswesen öffentlicher Betriebe - dargestellt am Beispiel von Studentenwerken, Baden-Baden, 1983

Weber, Jürgen (1987): Controlling in öffentlichen Unternehmen und Verwaltungen, in: controller magazin, 12. Jg., 1987, Heft 6/87, S. 265-270

Weber, Jürgen (1988): Controlling - Möglichkeiten und Grenzen der Übertragbarkeit eines erwerbswirtschaftlichen Führungsinstruments auf öffentliche Institutionen, in: Die Betriebswirtschaft (DBW), 48. Jg., 1988, Heft 2, S. 171-194

Weber, Jürgen (1990): Überblick über die spezifischen Rahmenbedingungen des Controlling in öffentlichen Institutionen, in: Mayer, Elmar/ Weber, Jürgen (Hrsg.): Handbuch Controlling, Stuttgart, 1990, S. 581-608

Weber, Jürgen (1991): Controlling als Koordinationsfunktion innerhalb der Verwaltungs- bzw. Unternehmensführung, in: Weber, Jürgen/ Tylkowski, Otto (Hrsg.): Perspektiven der Controlling-Entwicklung in öffentlichen Institutionen, Stuttgart, 1991, S. 15-54

Weber, Jürgen (1995): Einführung in das Controlling, 6. Aufl., Stuttgart, 1995

Weber, Jürgen/ Schäffer, Utz (1998): Balanced Scorecard - Reihe: Advanced Controlling - Neue Aufgabenfelder und Instrumente, Band 8, Vallendar, 1998

Weber, Max (1972): Wirtschaft und Gesellschaft: Grundriß der verstehenden Soziologie, 5. Aufl., Tübingen, 1972

Weeke, Ralf (1997): Beteiligungscontrolling in der Stadt Detmold - Praxisansätze zur Steuerung kommunaler Eigengesellschaften: Das Beteiligungsberichtswesen der städtischen Holding Energie und Verkehr Detmold (EVD) GmbH, in: Controlling, 9. Jg., 1997, Heft 6, Nov./Dez., S. 406-413

Willms, Manfred/ Riechel, Klaus W. (1988): Indikatoren, in: Albers, Willi u.a. (Hrsg.): Handwörterbuch der Wirtschaftswissenschaft (HdWW); zugl. Neuauflage d. Handwörterbuches der Sozialwissenschaft, Stuttgart u.a., 1988, S. 109-141

Zimmermann, Gebhard (1992): Prozeßorientierte Kostenrechnung in der öffentlichen Verwaltung - Ein Ansatz zur Entgeltkalkulation und für ein wirkungsvolles Controlling?, in: Controlling, 4. Jg., 1992, Heft 4, Juli/Aug., S. 196-202

Aus unserem Verlagsprogramm:

> **Rostocker Beiträge zu Controlling und Rechnungswesen**

Christian Marzinzik
Leistungsverrechnung als Instrument eines kostenorientierten Informationscontrolling
Ein prozeßkostengestützter Ansatz zur Steuerung der Wirtschaftlichkeit der warenwirtschaftlichen Informationsverarbeitung von Handelsunternehmen
Hamburg 1998   /   368 Seiten   /   ISBN 3-86064-778-4

Außerdem vom Herausgeber der Schriftenreihe erschienen:

Jürgen Graßhoff
Betriebliches Rechungswesen und Controlling
*Band 1   Betriebliches Rechnungswesen
            2. überarbeitete Auflage 1997*
Hamburg 1997   /   640 Seiten   /   ISBN 3-86064-313-4

Jürgen Graßhoff
Betriebliches Rechungswesen und Controlling
*Band 2   Rechnungswesen und Controlling
            2. überarbeitete Auflage 1998*
Hamburg 1998   /   614 Seiten   /   ISBN 3-86064-314-2

Verlag Dr. Kovač ¨ Postfach 50 08 47 ¨ 22708 Hamburg ¨ Fax: 040 - 389 56 20

Einfach Wohlfahrtsmarken helfen!